KB092030

외국인을 위한 한국문화 30강

외국인을 위한 한국문화 30강

초판 1쇄 발행   2014년 5월 15일
초판 4쇄 발행   2019년 9월 16일

지 은 이   양승국 외

펴 낸 이   박찬익
편 집 장   김려생
디 자 인   황인옥
펴 낸 곳   도서출판 박이정
주   소   서울시 동대문구 천호대로 16가길 4
전   화   02)922-1192~3
팩   스   02)928-4683
홈페이지   www.pjbook.com
이 메 일   pijbook@naver.com
등   록   1991년 3월 12일 제1-1182호

ISBN 978-89-6292-651-4 (03300)

*책 값은 뒤표지에 있습니다.

외국인을 위한

한국문화 30강

Korean
Culture for
Foreigners

양승국 · 박성창 · 안경화

도서
출판 박이정

> ❝
> 한국이 경제적으로 성장하고
> 문화와 예술이 발전하면서
> 세계적으로 한국어를 배우려는
> 열기가 뜨겁다
> ❞

한국이 경제적으로 성장하고 한국문화와 예술이 널리 소개되면서 세계적으로 한국과 한국문화, 한국어를 배우려는 열기가 그 어느 때보다 뜨겁다. 2013년 기준으로 78개국에 1,000개 가까운 한류 동호회가 결성되어 회원이 900만 명에 이르고 국외에서 한국어 및 한국학 강좌를 개설한 대학 수는 94개국 977개교로 크게 증가했다. 이렇게 한국어와 한국 문화에 대한 깊이 있는 정보를 원하는 외국인들이 크게 늘고 있지만 이들을 위한 한국학이나 한국 문화 교재는 크게 부족하다. 특히 한국어로 직접 한국 관련 자료를 읽으며 한국의 과거와 현대를 접하고 미래를 조망하게 하는 고급 수준의 한국학 교재는 매우 드문 실정이다.

《외국인을 위한 한국문화 30강》은 한국 자료를 한국어로 읽고자 하는 외국인 중 고급 한국어 학습자나 한국학 전공 외국인을 위해 개발되었다. 한국과 한국 문화를 다루는 만큼 이 책에는 어느 한 특정 지식에 편중되거나 시대에 뒤떨어진 정보가 수록되지 않도록 주의하면서 한국에 관련된 정통적인 내용을 담도록 노력하였다. 이 책에는 한국 문화의 전통과 현대를 아우르는 30개 주제가 수록되어 있다. 자연과 환경, 전통과 역사, 정치·경제·사회, 언어, 예술과 대중문화, 여가와 일상생활 그리고 문학으로 구성된 주제들은 이 책을 읽는 외국인들에게 한국의 역사, 지리, 정치, 경제, 사회, 문학 등 한국 문화 전반에 대한 깊이 있는 이해를 가능하게 해 줄 것으로 믿는다.

　　한국어 강독 교재인 《외국인을 위한 한국문화 30강》은 한국 문화를 통해 한국어 학습자들이 한국에 대한 정보를 얻음과 동시에 한국어 능력도 함께 향상시킬 수 있도록 설계되었다. 주요 어휘에 대해 한자를 병기하고 한글과 영어 뜻풀이를 달아 학습자들의 어휘력을 향상시키고 사전을 찾아야 하는 부담을 덜어 주고자 노력하였다. 일방적인 설명식 기술을 지양하고 내용 이해를 돕는 확인 학습과 심화 학습 문제를 수록하여 지문을 읽고 문제를 풀어 보는 과정에서 읽기 능력이 자연스럽게 배양되도록 구성하였다.

　　이 책은 2009년 한국학중앙연구원의 지원으로 폴란드의 한국학 전공 학부생들을 위하여 집필된 내용을 대폭 손질하여 모든 외국인을 위한 범용 교재로 다시 개발한 것이다. 이 책을 통하여 많은 외국인들이 한국문화에 대한 이해를 높이고 한국어 활용 능력을 한층 키워 나갈 수 있기를 기대한다.

　　마지막으로 고급 수준의 한국어 능력을 지닌 외국인 독자들만을 대상으로 하여서는 큰 수익을 기대하기 어렵다는 점을 알면서도 흔쾌히 이 책의 출판을 허락해 주신 도서출판 박이정의 박찬익 사장님과 편집부 여러분들께 깊은 감사의 마음을 전한다.

2014년 4월 저자 일동

V 예술과 대중문화

VI 여가와 일상생활

VII 문학

I

자연과 환경

01

한국의 지리적 환경

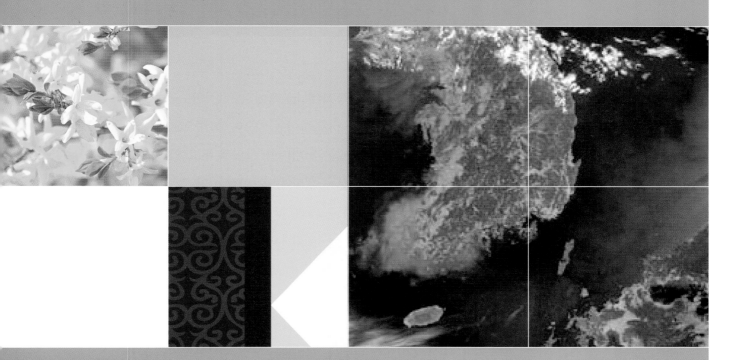

1. 일반적으로 한 나라의 수도가 어떤 특징을 지니고 있는지 이야기해 봅시다.
2. 대한민국의 수도 서울에 대해 알고 있는 것을 이야기해 봅시다.

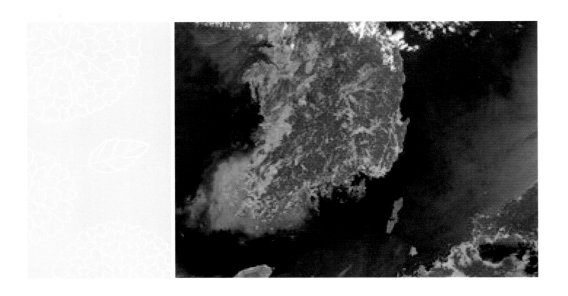

　대한민국(大韓民國)은 유라시아 대륙(大陸)의 동북(東北) 쪽에 위치한 반도국(半島國)이다. 북위(北緯) 33°~43° 사이, 동경(東經) 124°~132° 사이에 있으며, 북쪽으로는 중국, 러시아와 국경(國境)을 접하고 있고 남쪽으로는 일본과 바다를 사이에 두고 있다. 한국의 영토(領土)는 한반도[1]와 3,000개가 넘는 섬으로 구성되며, 총 면적은 약 22만㎢이다. 삼면이 바다로 둘러싸인 한반도는 동서의 폭이 약 300㎞이며 남북의 길이는 약 1,100㎞로 전체적으로 남북으로 길게 뻗어 있다. 한반도는 휴전선(休戰線)[2]을 사이에 두고 남한과 북한으로 나뉘어 있는데 남한의 면적은 약 9.9만㎢이다. 현재 남한 인구는 약 5,000만 명이고 북한 인구는 2,300만 명이 넘는 것으로 추정된다.

　한반도는 전체적으로 북동쪽이 높고 남서쪽이 낮은 동고서저형(東高西低型)[3] 지형(地形)으로 산간 지역, 평야 지역, 해안 지역으로 나뉜다. 한반도는 70% 정도가 산간 지역인데, 대부분의 산지는 500m 내외의 낮은 산으로 경사가 완만하다. 1,000m가 넘는 산은 주로 북동쪽에 분포한다. 평야 지역은 주로 남쪽과 서쪽에 있는데, 큰 강을 중심으로 평야가 펼쳐진다. 이곳에서는 예로부터 벼농사와 밭농사가 이루어졌고, 교통이 편리하여 가까이에 대도시가 자리 잡았고 제조업이 발달하였다. 삼면이 바다로 둘러싸인 한반도는

1) 한반도(韓半島) 한국의 국토 전역을 포함하는 반도. 한국을 지형적인 관점에서 일컫는 말이다.
2) 휴전선(休戰線) 1953년 7월 27일, 6 · 25전쟁의 휴전에 따라서 한반도의 가운데를 가로질러 설정된 군사 경계선.
3) 동고서저형 지형 (東高西低型 地形) 동쪽 지역은 높고 서쪽 지역은 낮은 지형.

해안 지역이 발달했다. 바다와 육지가 만나는 해안 지역에는 대규모의 양식장이 있고, 일본과 중국과의 무역항(貿易港)과 중공업(重工業)이 발달한 도시들이 있다.

한국은 온대기후(溫帶氣候) 지역에 속하며, 사계절의 변화가 뚜렷하다. 이러한 계절의 변화로 한국인들은 다양한 환경에 적응하며 살아왔다. 추운 겨울 다음에 오는 봄은 꽃샘추위[4]나 황사[5]가 있기는 하지만 활동하기가 좋아서 '상춘(賞春)[6]'이라 하여 나들이를 다니고 학교나 농사일을 시작하는 계절이다. 무더운 여름이 되면 사람들이 휴가를 떠나고 지친 몸에 원기를 회복시켜 주는 삼계탕(蔘鷄湯)[7]을 먹는다. 또한 태풍이 불어 큰 피해를 입기도 한다. 가을은 예로부터 천고마비(天高馬肥)[8]의 계절이라 불렸듯이 하늘이 높고 푸르며 농작물의 수확으로 먹거리가 풍부한 계절이다. 겨울은 춥고 건조하며 눈도 내리는데, 겨울에는 식물이 자라지 않아서 한국인들은 가을에 채소를 말리거나 김장[9]을 하여 부족한 채소를 보충하였다. 최근의 지구온난화(地球溫暖化)로 한반도에도 여름의 이상폭

---

4) 꽃샘추위 이른 봄, 꽃이 필 무렵의 추위. 추위가 꽃이 피는 것을 샘낸다고 하여 붙여진 말.

5) 황사(黃砂) 강한 바람을 타고 한반도까지 날아 온, 중국대륙의 사막이나 황토 지대에 있던 가는 모래.

6) 상춘(賞春) 봄을 맞아 경치를 구경하며 즐김.

7) 삼계탕(蔘鷄湯) 어린 햇닭의 내장을 빼고 인삼, 대추, 찹쌀 따위를 넣어서 고아 만드는 보양 음식. 여름에 더위에 지친 몸에 영양을 주는 음식으로 초복, 중복, 말복 등의 삼복에 많이 먹는다.

8) 천고마비(天高馬肥) 하늘이 높고 말이 살찐다는 뜻으로, 하늘이 맑아 높푸르게 보이고 온갖 곡식이 익는 가을철을 이르는 말.

9) 김장 겨울동안 먹기 위하여 김치를 12월 초에 한꺼번에 많이 담그는 일. 또는 그렇게 담근 김치.

염, 겨울의 이상고온과 기록적인 한파 등의 이상기후(異常氣候)가 매년 계속되고 있다.

한반도에는 예로부터 금수강산(錦繡江山)[10]이라고 불릴 정도로 아름다운 산천이 있다. 아울러 위치와 기후 면에서도 사람이 생활하기에 좋은 조건을 갖추고 있다. 유라시아 대륙에 위치하고 태평양에 면한 반도국으로 대륙과 해양의 양방향으로 진출하거나 교류하기에 유리한 지점에 자리 잡고 있고, 인간이 활동하기에 비교적 편한 기후인 북반구의 온대 기후 지역에 속해 있다. 이렇게 지리적으로 유리한 점이 있는 반면에 국토가 넓지 않고 천연자원(天然資源)이 많지 않다는 한계도 있다. 한국은 이런 한계를 극복하기 위해 교육을 통해 우수한 인적 자원(人的資源)을 양성하고 무역을 통해서 선진국으로 도약하고자 힘쓰고 있다. 대륙과 해양에 면한 지리적인 여건을 활용하고 환경 변화에 대한 적응력을 키우며 환경의 한계를 극복하고자 하는 한국의 노력은 앞으로도 계속될 것이다.

---

10) 금수강산(錦繡江山) 비단에 수를 놓은 것처럼 아름다운 산천이라는 뜻으로, 한국의 산천을 비유적으로 이르는 말.

확인 학습

1 한반도의 지리적 특징을 정리해 봅시다.

1) 위치   2) 면적   3) 인구

2 다음 지역의 특징을 찾아 써 봅시다.

1) 산간 지역   2) 평야 지역   3) 해안 지역

3 한국의 계절과 특징을 연결해 봅시다.

1) 봄   ·   · 김장
2) 여름 ·   · 태풍
3) 가을 ·   · 꽃샘추위
4) 겨울 ·   · 천고마비의 계절

4 한국의 지리적 상황과 한국인의 생활과의 관계를 정리해 봅시다.

5 아래에서 맞는 것에는 ○표, 틀린 것에는 ×표 하세요.

1) 한반도 주변국으로는 중국, 러시아, 일본이 있다. (   )
2) 한반도의 평야 지역에는 제조업 공장과 대도시가 발달했다. (   )
3) 최근에는 지구온난화로 한반도에서는 겨울에도 따뜻한 날씨가 계속된다. (   )
4) 한국은 풍요로운 천연자원을 이용하여 무역에 힘쓰고 있다. (   )

심화 학습

1 한국의 지리적 환경과 의식주의 관련성을 알아봅시다.

2 한국과 여러분 나라의 지리적 특징을 비교해 봅시다.

02

한국의 수도, 서울

1. 일반적으로 한 나라의 수도는 어떤 특징을 지니고 있는지 이야기해 봅시다.
2. 대한민국의 수도 서울에 대해 알고 있는 것을 이야기해 봅시다.

한국의 수도는 서울이다. 서울의 인구는 2015년 현재 10,297,138명이고, 면적은 605.25㎢로 세계에서 여섯 번째로 높은 인구밀도(人口密度)를 보이고 있다. 한국 전체 인구의 약 1/4이 모여 살고 있을 정도로 많은 사람들이 서울에서 생활하고 있다. 서울은 중심에 262m의 남산이 솟아 있고 주변에는 북한산, 도봉산, 관악산 등 600m 이상의 높은 산들이 있다. 서울의 한가운데에는 폭(幅)이 최대 1㎞인 한강이 동서로 흐르고 있는데, 이를 기준으로 서울은 강남과 강북으로 나뉘며, 모두 31개의 다리로 강남과 강북이 연결되고 있다.

서울의 면적은 남한의 0.6%에 불과하지만 한국 GDP의 21%가 서울에서 창출(創出)된다. 금융(金融)의 50% 이상, 첨단(尖端) 기술을 보유한 벤처 기업들의 43% 이상, 한국 전체 대학의 27%가 서울에 집중되어 있어, 서울은 한국의 경제, 문화, 교육의 중심지라고 말할 수 있다. 서울은 한국의 수도인 동시에 동북아 비즈니스의 중심지이며 한국 산업의 집적지(集積地)로 아시아 최대 시장인 중국과 일본 사이에 위치해 있다. 세계적 소비 시장과 물류(物流)의 거점(據點)인 서울은 공항과 고속철도, 고속도로 및 주변 항만(港灣) 시설에 이르기까지 뛰어난 교통 체계를 갖추고 있다. 항공편을 이용하면 3시간 반

안에 18억 소비자와 전 세계 GDP의 22%를 점유(占有)하는 동북아 시장에 빠르게 접근할 수 있다. 오늘날 서울은 금융과 물류, 첨단 디지털 산업 및 지식 산업의 강한 경쟁력을 가지고 동북아 비즈니스의 허브 역할을 수행하고 있다.

서울은 조선(朝鮮)의 건국과 함께 1394년부터 수도로 자리 잡았다. 조선 시대에는 '한양(漢陽)'으로, 일제시대(日帝時代)에는 '경성부(京城府)'로 불리던 서울은 1945년 8월 15일 광복(光復)과 함께 서울로 개칭(改稱)되었다. 1948년 대한민국 정부가 수립(樹立)되면서 다시 수도가 되었고 1949년에 지금의 서울특별시가 되었다. 이처럼 서울은 600여 년 전부터 한국의 수도였기 때문에 사람들은 도심(都心) 속에서도 전통 문화를 쉽게 접할 수 있다. 경복궁, 창경궁, 창덕궁, 덕수궁 등의 궁궐(宮闕)과 종묘(宗廟), 숭례문(남대문), 흥인지문(동대문), 북촌과 남산의 한옥 마을 등은 한국 전통 건축물의 다양한 특성을 잘 보여 준다. 이 중 특히 창덕궁의 후원(後苑)은 인간과 자연의 조화를 추구하는 한국적인 조경(造景) 양식을 잘 간직하고 있어 세계적으로 유명하다. 이밖에도 종묘제례(宗廟祭禮)[1]와 어가(御駕) 행렬, 궁궐 수문장(守門將)[2] 교대식(交代式) 등의 궁중(宮中) 문화와, 남산골[3] 단오(端午)[4] 축제와 송파산대놀이[5] 등의 민속 문화도 서울에서 체험할 수 있다.

또한 서울의 곳곳에서는 현대의 다양한 문화도 즐길 수 있다. 공연 문화의 거리 대학로, 클럽 문화와 재즈 음악의 중심지인 홍대 앞, 그리고 유행과 패션의 거리 압구정 등은 항상 젊은이들로 넘쳐난다. 인사동에서는 전통 문화 상품과 현대 미술품들을 쉽게 만날 수 있고, 이태원에서는 세계 곳곳의 이국적(異國的)인 문화를 경험할 수 있다. 명동과 남대문시장은 다양한 매장(賣場)과 상품을 갖추어 국내외 쇼핑객에게 인기가 높다. 최근에

---

1) 종묘제례(宗廟祭禮) 조선 시대의 역대 제왕과 왕후의 제사를 지내는 왕실의 전통 제례 의식.
2) 수문장(守門將) 조선 시대 도성 및 궁문을 지키던 무관직(武官職).
3) 남산골 서울의 중구 필동 일대 남산의 북쪽 지역. 1998년 한옥 마을을 개장하여 한국의 전통 정원을 꾸며 놓았다.
   (http://hanokmaeul.seoul.go.kr/ 참고)
4) 단오(端午) 한국 명절의 하나로 음력 5월 5일.
5) 송파산대놀이 서울에서 공연하던 탈춤의 하나.

는 청계천[6]이 복원(復元)되어 많은 사람들이 도심 속의 하천에서 휴식을 취하면서 일상
(日常)의 여유를 찾는다. 서울은 이처럼 자연과 사람, 전통과 현대가 함께 살아 숨 쉬는
대표적인 도시라고 할 수 있다.

6) 청계천 서울의 한복판인 종로구와 중구의 경계를 흐르는 하천. 1960년 복개(覆蓋)되어 도로로 사용되었으나 2005년 복원
　　되어 다시 하천의 모습을 찾았다.

※ 서울의 지하철 노선도

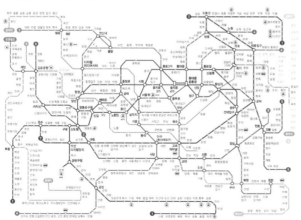

※ 한국 지역 인구

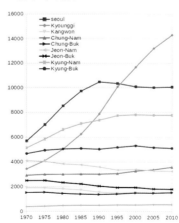

확인 학습

1 위의 글을 통해 알 수 있는 서울의 특징을 정리해 봅시다.

　1) 자연 환경　　　2) 역사　　　　3) 경제적 역할　　　　4) 문화

2 한국에서 서울이 차지하는 비중에 대하여 말해 봅시다.

3 서울이 '자연과 사람, 전통과 현대'가 조화된 도시라고 할 수 있는 근거를 말해 봅시다.

4 서울이 오늘날과 같이 발전할 수 있었던 근거를 말해 봅시다.

5 다음의 내용 중 맞으면 ○표, 틀리면 ×표를 하세요.

　1) 서울에는 한국 인구의 약 절반이 살고 있다. (　　)
　2) 서울은 아시아 최대 시장으로 평가된다. (　　)
　3) 서울은 일제시대 이전부터 한국의 수도였다. (　　)
　4) 명동은 외국 관광객들의 쇼핑 장소로 유명하다. (　　)

심화 학습

1 서울의 지하철과 각 지방을 연결하는 교통망에 대해 알아봅시다.

2 서울과 여러분 나라의 수도의 특징을 비교해 봅시다.

확인 학습

1 '신토불이'가 무엇인지 이 글에서 찾아 써 봅시다.

2 현대 한국인의 옷차림의 구체적인 예를 이 글에서 세 가지 이상 찾아 써 봅시다.

3 현대 식생활에 남아 있는 전통적인 식문화의 예를 이 글에서 세 가지 이상 찾아 써 봅시다.

4 한국인들이 선호하는 현대적인 주거 방식과 전통적인 주거 양식은 무엇인지 찾아 써 봅시다.

5 아래에서 맞는 것에는 ○표, 틀린 것에는 ×표 하세요.

1) 한국인들은 전통적으로 편리하고 효율적인 생활 방식을 추구한다. (　　)
2) 특별한 행사 때에는 현대적 디자인의 개량한복을 입는다. (　　)
3) 일반 가정에서는 밥, 국, 떡을 올리는 삼첩반상으로 상을 차린다. (　　)
4) 최근에는 온돌 난방과 마루를 두는 아파트가 인기를 끌고 있다. (　　)

심화 학습

1 한국의 대표적인 의식주 생활에는 어떤 것이 있는지 더 알아봅시다.

2 여러분 나라의 현대식 생활에 남아 있는 전통적인 생활 방식에 대해 말해 봅시다.

04

한국의 문화유산

1. 세계 여러 나라의 문화유산을 보전하려는 노력에 대해 말해 봅시다.
2. 한 나라의 문화유산에 미친 종교의 영향에 대해 알아봅시다.

문화유산(文化遺産)은 한 나라의 문화적 역량과 문화 창조의 저력을 보여 주는 징표(徵標)이다. 문화유산은 문화를 창조하는 능력과 문화를 보존하는 능력이 함께 있어야만 가능하다. 단지 눈에 보이는 유적이나 선조로부터 물려받은 유품만이 문화유산이 되는 것은 아니다. 민족 구성원 모두가 공유하는 정신적 가치도 문화유산에 포함된다. 예를 들어 박물관에 소장된 《훈민정음(訓民正音)》도 소중한 문화재(文化財)이지만, 한국인이면 누구나 쓰고 있는 한글도 한국의 자랑스러운 문화유산이다.

　　한국인은 예로부터 훌륭한 문화를 창조해 왔고, 그 문화를 소중히 간직하려고 노력해 왔다. 물론 한국의 지정학적(地政學的) 위상으로 인한 여러 번의 외침(外侵)으로 소중한 문화재가 약탈되고 소실되는 경우도 있었다. 해외로 유출된 대표적인 문화재로 16세

기 말 임진왜란(壬辰倭亂) 시기에 일본이 약탈해 간 몽유도원도(夢遊桃園圖)[1] 같은 그림과 국보급의 서적, 도자기 등이 있다. 조선 시대 말기 프랑스 군대에 의해 약탈당한 외규장각(外奎章閣)[2] 고서도 대표적인 사례로 꼽을 만하다.

문화 소실의 위험으로부터 민족문화를 보존하려는 노력 또한 치열하게 이루어졌다. 예를 들어 《조선왕조실록(朝鮮王朝實錄)》[3]을 보관하는 서고(書庫)를 여러 고장에 설치한 사례라든지, 서울의 규장각 이외에 강화도에 따로 외규장각을 세운 사례 등은 국가 차원에서 문화유산의 보존에 노력을 기울인 본보기라 할 만하다. 또한 일제 식민 통치하에서 전영필 선생(1906~1962)이 전 재산을 들여, 일본인의 손에 넘어간 민족문화의 유산을 되찾아 모은 사례는 개인적인 차원에서 이루어진 문화유산 보전의 사례이다. 최근에는 프랑스 정부가 외규장작 도서를 한국에 반환(返還)하기로 결정하여 실행에 옮긴 것에서 볼 수 있듯이 해외로 유출된 문화재 반환이 성과를 거두고 있다.

정부는 1995년 유네스코의 '세계 문화 및 자연유산 보호에 관한 협약(協約)'에 가입한 이후 1997년을 '문화유산의 해'로 정해 한국의 문화유산을 전 세계에 알리는 노력을 하고 있다. 유네스코가 지정한 세계유산은 세계문화유산(世界文化遺産), 세계기록유산(世界記錄遺産), 세계무형유산(世界無形遺産) 등으로 구분되는데, 현재 한국의 독특한 문화유산이 세계유산으로 지정되어 국제적으로 그 가치를 인정받고 있다. 이제 한국의 문화유산은 한국인만의 것이 아니라, 세계적인 차원에서 보존해야 할 가치가 있는 전 인류의 자산이다.

---

1) 몽유도원도(夢遊桃園圖) 1447년(세종 29년)에 안평대군(安平大君)이 꿈에 도원에서 논 광경을 화가 안견에게 말하여 그리게 한 것으로, 중국의 문인 도연명(陶淵明)의 《도화원기(桃花源記)》와도 밀접한 관계가 있다. 안견의 그림과 안평대군을 비롯한 선비들이 쓴 시문은 현재 2개의 두루마리로 나뉘어 표구되어 있는데, 이들 시문은 저마다 친필로 되어 있어 그 내용의 문학적 성격은 물론, 서예사적으로 큰 가치를 지니고 있다. 또한 그림은 안견의 대표적인 작품으로, 그 후의 한국 산수화 발전에 큰 영향을 끼쳤다.

2) 외규장각(外奎章閣) 1782년 2월 정조(正祖)가 왕실 관련 서적을 보관할 목적으로 강화도에 설치한 도서관으로, 조선 후기의 왕실 학문 연구 기관이자 왕실 도서관인 규장각(奎章閣)의 부속 도서관 역할을 하였다.

3) 조선왕조실록(朝鮮王朝實錄) 조선 왕조의 시작인 태조 임금으로부터 25대 철종 임금까지 472년간의 역사를 연, 월, 일의 순서에 따라 기록한 책이다. 총 1,893권 888책으로 세계 역사상 가장 오랜 세월 동안 가장 방대한 양이 기록된 역사서이다. 특히 실록의 내용에 대한 진실성을 높게 평가받았는데, 그 이유는 당시 역사를 기록하는 사관(史官)은 기술(記述)에 대한 비밀을 보장 받았기 때문이다. 즉 사관의 기록은 왕이라고 해도 함부로 볼 수 없도록 정해 두었다.

　　지난 수천 년 동안 한국 민족과 한국문화에 가장 커다란 영향을 미친 사상은 불교(佛敎)와 유교(儒敎)이기 때문에, 한국의 문화유산에는 불교와 유교의 흔적이 짙게 남아 있다. 예컨대 통일신라시대의 걸작품으로서 세계문화유산에 지정된 석굴암(石窟庵)과 불국사(佛國寺)는 심오한 불교 사상을 완벽한 조형(造形)으로 구체화한 한국의 대표적인 문화유산이다. 또한 경주(慶州)는 한국 문화의 원형(原型)이 되는 신라 시대의 역사와 문화의 자취를 고스란히 간직한 특별한 도시로서 도시 전체가 문화유산이라 할 만하다. 최근에 세계문화유산으로 지정된 안동(安東)의 하회마을과 경주의 양동마을은 마을 전체가 문화유산으로 지정된 흔치 않은 경우로, 유교의 정신적 가치가 한국인의 삶에 미친 막대한 영향을 짐작하게 한다.

확인 학습

1 《조선왕조실록》을 보관하기 위해서 한국이 어떠한 노력을 기울였는지 말해 봅시다.

2 외규장각 도서가 프랑스로 유출된 경위와 반환의 노력에 대해 알아봅시다.

3 경주는 한국의 중요한 문화유산이 모여 있는 한국문화의 보물과 같은 곳입니다. 경주의 문화유산 가운데 반드시 기억해야 할 몇 가지에 대해 말해 봅시다.

4 안동 하회마을은 1999년 영국의 엘리자베스 여왕이 방문하여 유명해진 곳이기도 합니다. 안동 하회마을이 한국에서 꼭 들러야 할 중요한 문화유산이 된 이유는 무엇인지 알아봅시다.

5 아래에서 맞는 것에는 ○표, 틀린 것에는 ×표 하세요.

1) 해외로 유출된 한국의 문화재는 대부분 개인들이 소장하고 있다. (   )
2) 규장각은 전국 각지에 설치된 문화재 보관기관이다. (   )
3) 임진왜란 시기에 많은 문화재들이 중국으로 유출되었다. (   )
4) 《훈민정음》은 유네스코에 의해 세계무형유산으로 지정되었다. (   )

심화 학습

1 경주 석굴암의 불상이 자랑하는 완벽한 조형미에 대해 알아봅시다.

2 여러분 나라의 문화재 유출 및 반환의 노력에 대해 알아보고 한국의 경우와 비교해 봅시다.

01. 한국의 지리적 환경

경사傾斜 비스듬히 기울어짐. slope

교류交流 문화나 사상 따위가 서로 오고 감. exchange, interchange

국경國境 나라와 나라의 영역을 가르는 경계. border

극복하다克服-- 나쁜 조건이나 고생 따위를 이겨 내다. overcome

농사農事 곡류, 과일, 채소류 따위의 씨나 잎을 심어 기르는 따위의 일. farming

농작물農作物 논밭에 심어 가꾸는 곡식이나 채소. crop

대륙大陸 넓은 면적을 가지고 바다의 영향이 직접적으로 미치지 않는 육지. continent

도약하다跳躍-- 더 높은 단계로 발전하다. leap

동경東經 지구 동쪽 반구의 경도. east longitude

둘러싸이다 둘러서 감싸게 하다. be surrounded

면적面積 넓이의 크기. area

면하다面-- 어떤 대상이나 방향으로 향하다. face

무역貿易 나라와 나라 사이에 서로 물품을 사고파는 일. trade

무역항貿易港 다른 나라의 배가 드나들면서 무역을 하는 항구. trade port

반도半島 삼면이 바다로 둘러싸이고 한 면은 육지에 이어진 땅. 대륙에서 바다 쪽으로 좁다랗게 나온 육지를 말한다. peninsula

밭 물을 대지 아니하거나 필요한 때에만 물을 대어서 야채나 곡류를 심어 농사를 짓는 땅. farm

보충하다補充-- 부족한 것을 보태어 채우다. supplement

북반구北半球 적도를 경계로 지구를 둘로 나누었을 때의 북쪽 부분. the northern hemisphere

북위北緯 적도로부터 북극에 이르기까지의 위도. north(ern) latitude

분포하다分布-- 일정한 범위에 흩어져 퍼져 있다. be distributed

산간山間 산과 산 사이에 산골짜기가 많은 곳. mountainous territory

선진국先進國 다른 나라보다 정치·경제·문화 따위의 발달이 앞선 나라. advanced country

수확收穫 익은 농작물을 거두어들이다. reap

양성하다養成-- 가르쳐서 유능한 사람을 길러 내다. train

양식장養殖場 물고기나 미역, 김, 버섯 따위의 양식을 전문적으로 하는 곳이나 기관. farm

여건與件 주어진 조건. conditions

영토領土 국가의 통치권이 미치는 구역. territory

온대溫帶 열대와 한대 사이의 지역. temperate climate regions

완만하다緩慢-- 기울어진 정도가 급하지 않다. gentle, gradual (slope)

유라시아 유럽과 아시아를 아울러 이르는 이름. Eurasia

인구人口 일정한 지역에 사는 사람의 수. population

인적 자원人的資源 사람의 노동력을 생산 자원의 하나로 이르는 말. manpower human resources

접하다接-- 맞닿아 있다. border

제조업製造業 물품을 대량으로 만드는 사업. manufacturing business

중공업重工業 부피에 비하여 무게가 비교적 무거운 물건을 만드는 공업. heavy industry.

지구온난화地球溫暖化 지구의 기온이 높아지는 현상. global warming

지형地形 땅의 생긴 모양이나 형세. geographical features

진출하다進出-- 어떤 방면으로 활동 범위나 세력을 넓혀 나아가다. advance

천연자원天然資源 천연적으로 존재하여 인간 생활이나 생산 활동에 이용할 수 있는 물자나 에너지를 통틀어 이르는 말. natural resources

추정推定 미루어 생각하여 판정함. estimation, assumption

태평양太平洋 오대양의 하나. the Pacific (Ocean)

태풍颱風 북태평양 서남부에서 발생하여 아시아 대륙 동부로 불어오는, 폭풍우를 수반한 맹렬한 열대 저기압. typhoon

평야平野 기복이 매우 작고, 지표면이 평평하고 너른 들. plain(s)

폭幅 너비. width

폭염暴炎 매우 심한 더위. heat wave

피해被害 생명이나 신체, 재산, 명예 따위에 손해를 입음. damage

한계限界 사물이나 능력, 책임 따위가 실제 작용할 수 있는 범위. 또는 그런 범위를 나타내는 선. limit

한파寒波 겨울철에 기온이 갑자기 내려가는 현상. cold wave

해안海岸 바다와 육지가 맞닿은 부분. coast

휴전休戰 전쟁 중인 나라들이 서로 합의하여, 전쟁을 얼마 동안 멈추는 일. ceasefire

02. 한국의 수도, 서울

간직하다 물건 따위를 어떤 장소에 잘 간수하여 두다. keep

개칭改稱 이름이나 부르는 호칭 따위를 고침. rename

거점據點 어떤 활동의 근거가 되는 중요한 지점. base

궁궐宮闕 임금이 사는 집. (royal) palace

궁중宮中 대궐 안. (royal/imperial) court

금융金融 은행이나 보험 등에서 돈을 돌려서 쓰는 일. finance

기준基準 기본이 되는 표준. standard

도심都心 도시의 중심부. downtown

동북아東北亞 아시아의 동북부 지역. Northeast Asia

물류物流 물건의 유통. distribution

민속民俗 민간 생활과 관련된 신앙, 습관, 풍속, 전설, 기술, 전
승 문화 따위를 모두 이르는 말. folklore

벤처 기업venture 企業 높은 수준의 전문 지식과 새로운 기
술을 가지고 창조적·모험적 경영을 전개하는 중소기업.
venture company

보유保有 가지고 있거나 간직하고 있음. possession

복원復元 원래대로 회복함. restoration

산업産業 인간의 생활을 경제적으로 풍요롭게 하기 위하여 돈
이나 서비스를 창출하는 생산적 기업이나 조직. industry

솟다 물체가 아래에서 위로, 또는 속에서 겉으로 힘있게 움직
이다. rise

수립하다樹立-- 국가나 정부, 제도, 계획 따위를 이룩하여
세우다. establish

양식洋式 일정한 모양이나 형식. style

인구 밀도人口密度 일정한 지역의 단위 면적에 대한 인구수
의 비율. population density

일제日帝 일본 제국주의. Japanese imperialism

점유하다占有-- 물건이나 영역, 지위 따위를 차지하다.
occupy

조경造景 경치를 아름답게 꾸밈. landscaping

종묘宗廟 조선 시대에, 역대 임금과 왕비의 위패를 모시던 왕
실의 사당. Jongmyo Shrine

집적지集積地 특정 분야에서 상호 연관된 기업들과 유관 산업
및 대학 연구소 등의 관련 기관들이 지리적으로 집중되어
있는 곳. industrial cluster

창출創出 전에 없던 것을 처음으로 생각하여 만들어 냄.
creation

첨단尖端 시대 학문, 유행 따위의 가장 앞선 끝. cutting edge

추구하다追求-- 목적을 이룰 때까지 뒤쫓아 구하다.
pursue

폭幅 너비. width

항공편航空便 항공기가 오고가는 기회나 수단. flight

항만港灣 바닷가가 굽어 들어가서 배가 안전하게 머물 수 있
고, 화물 및 사람이 배로부터 육지에 오르내리기에 편리한
곳. port

행렬行列 여럿이 줄지어 감. 또는 그런 줄. line

허브 중심이 되는 곳. hub

효율성效率性 들인 노력과 얻은 결과의 비율이 높은 특성.
effectiveness

후원後園 집 뒤에 있는 정원이나 작은 동산. backyard,

GDP국내 총생산國內總生産 gross domestic product

03. 한국인의 의식주

고전적古典的 옛날의 의식이나 법식을 따르는. classical

곡선曲線 모나지 아니하고 부드럽게 굽은 선. curve

근대화近代化 근대적인 상태가 됨. modernization

대변代辯 어떤 사람이나 단체를 대신하여 그의 의견이나 태도
를 대표함. representation

데우다 식었거나 찬 것을 덥게 하다. heat

문물文物 문화의 산물. culture

보급普及 널리 펴서 많은 사람들에게 골고루 미치게 하여 누리
게 함. propagatation

상차림 음식상을 차리는 일. table setting

서구화西歐化 서구인의 문화나 생활방식에 영향을 받아 닮아
감. westernization

서양식西洋式 서양의 양식이나 격식. Western style

선인先人 전대(前代)의 사람. foregoer

소재素材 어떤 것을 만드는 데 바탕이 되는 재료. material

수저 숟가락과 젓가락을 아울러 이르는 말. spoon and (a pair
of) chopsticks

순수하다純粹-- 전혀 다른 것의 섞임이 없다. pure

식판食板 밥, 국, 서너 가지의 반찬을 담을 수 있도록 오목하게
칸을 나누어 만든 식기. food tray

양식洋式 서양식. Western style

여느 다른 보통의. usual

우아하다優雅-- 고상하고 기품이 있으며 아름답다. elegant

의례儀禮 의식. ceremony

재평가再評價 다시 평가함. revaluation
점차漸次 차례를 따라 조금씩. gradually
조화調和 서로 잘 어울림. harmony
주거住居 일정한 곳에 머물러 삶. dwelling
직선直線 꺾이거나 굽은 데가 없는 곧은 선. straight line
진흙 빛깔이 붉고 차진 흙. mud
추구하다追求-- 목적을 이룰 때까지 뒤쫓아 구하다.
    pursue
편의성便宜性 형편이나 조건 따위가 편하고 좋은 특성.
    convenience
효율성效率性 들인 노력과 얻은 결과의 비율이 높은 특성.
    effectiveness

04. 한국의 문화유산

가치價値 사물이 지니고 있는 쓸모. value, worth
간직하다 물건 따위를 어떤 장소에 잘 간수하여 두다. 생각이
    나 기억 따위를 마음속에 깊이 새겨 두다. keep
걸작傑作 매우 훌륭한 작품. masterpiece,
고서古書 아주 오래전에 간행된 책. old book
고스란하다 건드리지 아니하여 조금도 축이 나거나 변하지
    아니하고 그대로 온전하다. remain untouched, (be) just
    as it was
고장 사람이 많이 사는 지방이나 지역. region, area
공유하다共有-- 두 사람 이상이 한 물건을 공동으로 소유하
    다. share
기울이다 정성이나 노력 따위를 한곳으로 모으다. devote
    oneself
단지但只 다만. only, just, simply
도자기陶瓷器 질그릇 따위를 통틀어 이르는 말. ceramics
독특하다獨特-- 특별하게 다르다. distinctive
문화유산文化遺産 장래의 문화적 발전을 위하여 다음 세
    대에게 계승할 만한 가치를 지닌 것들을 통칭하는 말.
    cultural heritage
문화재文化財 문화 활동에 의하여 창조된 가치가 뛰어난 사
    물. cultural asset, cultural properties
반환返還 빌리거나 차지했던 것을 되돌려 줌. return
보존保存 잘 보호하고 간수하여 남김. preservation
보호保護 위험이나 곤란 따위가 미치지 아니하도록 잘 보살펴
    돌봄. protection

본보기 어떤 사실을 설명하거나 증명하기 위하여 내세워 보이
    는 대표적인 것. model, example
사상思想 어떠한 사물에 대하여 가지고 있는 구체적인 사고나
    생각. idea
서고書庫 책을 보관하는 집이나 방. library
서적書籍 책. book, publication
선조先祖 먼 윗대의 조상. ancestors
성과成果 이루어 낸 결실. 보람. fruitful outcome
소실消失 사라져 없어짐. 또는 그렇게 잃어버림.
    disappearance
소장所藏 자기의 것으로 지니어 간직함. 또는 그 물건.
    possession
식민植民 본국과는 다른 차별적 지배를 받고 있는 지역에 자국
    민이 영주할 목적으로 이주하여 경제적으로 개척하며 활동
    하는 일. colonization
심오하다深奧-- 사상이나 이론 따위가 깊이가 있고 오묘하
    다. profound
약탈掠奪 폭력을 써서 남의 것을 억지로 빼앗음. plunder
역량力量 어떤 일을 해낼 수 있는 힘. capability
외침外侵 다른 나라나 외부로부터의 침입. invasion
원형原型 같거나 비슷한 여러 개가 만들어져 나온 본바탕. the
    original
위상位相 어떤 사물이 다른 사물과의 관계 속에서 가지는 위치
    나 상태. status
유산遺産 앞 세대가 물려준 사물 또는 문화. heritage
유적遺蹟/遺跡 남아 있는 자취. ruin
유출流出 밖으로 흘러 나가거나 흘려 내보냄. spill, leak
유품遺品 죽은 사람이 살아있을 때 쓰다가 남긴 물건. article
    left by the deceased
인류人類 사람을 다른 동물과 구별하여 이르는 말. humanity
일제日帝 일본 제국주의. japanese imperialism
자산資産 개인이나 법인이 소유하고 있는 경제적 가치가 있는
    유형·무형의 재산. assets, property
자취 어떤 것이 남긴 표시나 자리. trace
저력底力 속에 간직하고 있는 든든한 힘. potential energy
조형造形 여러 가지 재료를 이용하여 구체적인 형태나 형상을
    만듦. model, shape
지정하다指定-- 가리키어 확실하게 정하다. designate
지정학적地政學的 정치 현상과 지리적 조건의 관계를 연구
    하는 학문과 관계된. geopolitices

짐작하다斟酌-- 사정이나 형편 따위를 어림잡아 헤아리다.
　　guess

징표徵標 어떤 것과 다른 것을 드러내 보이는 뚜렷한 점. note,
　　mark

짙다 빛깔을 나타내는 물질이 많이 들어 있어 보통 정도보다
　　빛깔이 강하다. deep, dark

차원次元 사물을 보거나 생각하는 처지. level

창조創造 전에 없던 것을 처음으로 만듦. creation

치열하다熾烈-- 기세나 세력 따위가 불길같이 맹렬하다.
　　fierce

통치統治 나라나 지역을 도맡아 다스림. rule

협약協約 단체와 개인, 또는 단체와 단체 사이에 협정을 체결
　　함. agreement

흔적痕迹 어떤 현상이나 실체가 없어졌거나 지나간 뒤에 남은
　　자국이나 자취. trace

II

전통과 역사

한국인은 인종적(人種的)으로 아시아 인종의 하나인 북방 몽고 인종에 속하며, 한국어는 언어학적으로 알타이 언어군에 속한다고 알려져 있다. 한국인이 처음으로 한반도에 정착(定着)한 것은 지금부터 약 70만 년 전, 구석기 시대였다. 한국의 국가는 만주와 한반도에 이주하여 활동하던 인종들에 의해 아주 오래 전에 세워졌다. 첫 국가는 청동 기 시대에 성립한 고조선(古朝鮮)이다. 고조선은 천신(天神)의 아들인 환웅(桓雄)과 곰에서 변신한 웅녀(熊女)의 사이에서 태어난 단군왕검(檀君王儉)에 의하여 B.C. 2333년에 건국되었다고 전해진다.

고조선은 B.C. 4세기(世紀)경 철기 문화를 바탕으로 한반도와 만주 일대에 넓은 영토를 지녀 중국과 대립하였다. 고조선은 노비(奴婢)와 귀족, 왕이 있는 신분제(身分制) 사회였고 8조법(條法)[1]과 같은 법률이 있었다. 이후 중국의 연(燕)나라[2] 사람 위만(衛滿)이 고조선에 망명하여 임금 준왕(準王)을 쫓아내고 왕위를 찬탈(簒奪)하여 위만조선(衛滿朝鮮)이 성립했다. 위만의 손자 우거왕(右渠王)이 중국 한(漢)나라[3]와 대립하자 전쟁이 일어나 B.C. 108년 고조선은 한나라에 의해 망하고 말았다. 한나라는 고조선에 4개의 군현(郡縣)을 설치하고 통치하였다.

B.C. 1세기 무렵부터 만주와 한반도에 여러 나라들이 건국되기 시작하였다. 이 나라들 중 고구려(高句麗), 백제(百濟), 신라(新羅)의 세 나라가 한반도를 중심으로 세력을 형성하여 이 시기를 삼국시대(三國時代)라고 부른다. 고구려, 백제, 신라는 각자 고유(固有)의 건국 신화를 가지고 있으며 그 시작을 정확히 알기는 어려우나 기원전(紀元前) 1세기 무렵부터 주변의 소국을 흡수하여 강대해졌다.

평양을 도읍(都邑)으로 정한 고구려 사람들은 검소하고 무예를 숭상하여 말 타기, 활쏘기에 능하였다. 고구려는 문학, 음악, 미술 분야에 상당히 뛰어났는데 이 중 고구려의 기상(氣像)을 잘 보여주는 대표적인 예는 고분벽화(古墳壁畵)[4]이다. 고구려는 4~5세기경

---

1) 8조법(條法) 고조선 시대에 시행된 8개의 조항으로 된 법률.
2) 연나라 중국 춘추전국시대(春秋戰國時代) 7개 강국 중의 하나로 기원전 222년에 진(秦)에 멸망되었다.
3) 한나라 진(秦)에 이어지는 중국의 통일 왕조(B.C. 202~A.D. 220).
4) 고분벽화(古墳壁畵) 무덤 안의 천정이나 벽면에 그린 벽화.

광개토왕(廣開土王)과 장수왕(長壽王) 시대에
전성기를 맞았다. 광개토왕은 고구려의 영토를
크게 확장하고 내정(內政) 정비(整備)에 노력하
는 한편, 불교(佛敎)를 적극 장려(奬勵)하였다.

한강 유역에 자리 잡은 백제는 고구려의 북
방 문화를 바탕으로 중국 남조(南朝)[5] 문화를
받아들여 세련되고 고상한 문화를 발전시켰다.

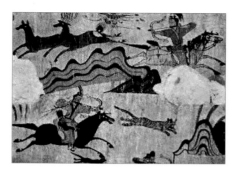

고구려 벽화

백제는 6세기 초 무령왕(武寧王)과 성왕(聖王) 시대에 문화를 고도로 발전시켰고, 불경
(佛經)과 의학, 천문 등 전문 지식을 일본에 전해 주어 일본 문화 발전에 지대한 영향을
미쳤다. 고구려와 백제는 7세기 말 신라와 당(唐)나라[6]의 연합군에 의하여 멸망하였다.

신라는 경주 지역에서 기원전 57년경에 건국되었다. 신라는 삼국 중 가장 먼저 세워졌
지만 국가의 틀을 세우는 데는 가장 늦었다. 4세기 내물(奈勿) 이사금(尼師今)[7] 때 신라
는 중앙 집권 국가로 발전하기 시작하였으며, 이때부터 김씨(金氏)에 의한 왕위 계승권(繼
承權)이 확립되었다. 지증왕(智證王) 때에 이르러서는 정치 제도가 더욱 정비되어 국호(國
號)를 신라로 바꾸고, 군주의 칭호(稱號)도 마립간(麻立干)[8]에서 왕으로 고쳤다. 6세기 중
반 진흥왕(眞興王)은 화랑도(花郎徒)[9]를 국가적인 조직으로 개편하고, 불교 교단(敎團)을
정비하여 사상적 통합을 도모(圖謀)하였다. 이러한 제도 정비를 토대(土臺)로 신라는 삼
국 통일을 달성할 수 있었다.

통일신라는 936년 고려(高麗)에 복속(服屬)될 때까지 불교문화를 고도로 발전시켰다.
6세기에 처음 지어진, 수도 경주에 있는 불국사(佛國寺)는 신라 불교를 대표하는 사원(寺

---

5) 남조 중국 남북조시대 중 5~6세기에 양쯔강[揚子江] 하류 지역을 점거하고 건강(建康, 南京)을 국도(國都)로 한 4왕조에
  대한 총칭. 4왕조는 송(宋, 420~479), 제(齊, 479~502), 양(梁, 502~557), 진(陳, 557~589) 등을 가리키며, 화북 지방을 점
  거한 북조(北朝)에 대하여 남조라 한다.
6) 당(唐)나라 수에 이어지는 중국의 왕조(A.D. 618~A.D. 907).
7) 이사금 신라에서 군주를 뜻했던 칭호 중 하나로, 신라 제3대 왕인 유리 이사금부터 18대 실성 이사금까지 사용된 명칭.
8) 마립간 신라의 17대 왕인 내물 마립간부터 21대 군주인 소지 마립간까지 사용된 임금의 칭호.
9) 화랑도 신라 때에 있었던 화랑의 무리. 꽃처럼 아름다운 남성의 무리라는 뜻.

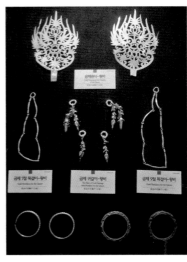
백제 무령왕릉에서 출토된 금장식품들

院)이다. 불국사 경내(境內)에 있는 다보탑(多寶塔)과 석가탑(釋迦塔)은 신라 예술을 대표하는 것으로 아름다운 조화미(調和美)와 균형미(均衡美)를 갖춘 걸작(傑作)들이다. 경주 봉덕사(奉德寺)의 '성덕대왕신종(聖德大王神鐘)'은 크고 웅장하면서 선과 무늬가 섬세하고 아름다운 세계 최고의 범종(梵鐘)으로 평가받고 있다. 또한 8세기에 건립된 석굴(石窟) 사원인 석굴암(石窟庵)은 신라의 종교, 자연, 예술 그리고 과학이 어우러져 이루어진 것으로 여기에 있는 각 보살상(菩薩像)[10]들은 온화하면서도 힘이 넘치는 조화미를 보여 주는 걸작들이다. 통일신라시대에는 향찰(鄕札)이라는 고유의 문자 표기 방식을 발명하여 많은 노래들을 창작하였는데 이를 '향가(鄕歌)'라고 부른다. 이 시기에는 인쇄술(印刷術)과 제지술(製紙術)도 발달하여 석가탑에서 발견된 '무구정광대다라니경(無垢淨光大陀羅尼經)'은 목판(木版)으로 인쇄되어 남아 있는 것 중 세계에서 가장 오래된 인쇄물이며, 이 불경이 인쇄되어 있는 종이는 세계에서 가장 오래된 종이이다.

---

10) 보살상(菩薩像) 불교의 수행자(修行者)를 형상한 조각이나 그림.

통일신라시대에 건축된 불국사 내의 다보탑과 석가탑

※ 단군 신화

옛날, 환인의 서자(庶子) 환웅이 인간 세계를 다스리기를 원하였다. 그러자 아버지 환인이 인간세계를 굽어보니 삼위태백(三危太伯)이 인간을 유익하게 하기[弘益人間]에 적합한 곳으로 여겨지므로, 아들 환웅에게 천부인 3개를 주며 환웅으로 하여금 그곳으로 가 인간세계를 다스리는 것을 허락했다. 그러자 환웅이 풍백(風伯), 우사(雨師), 운사(雲師)를 비롯한 3,000명의 수하를 이끌고 태백산 정상 신단수(神壇樹) 아래로 내려와 그곳을 신시(神市)라 칭하며 다스리니 환웅천왕(桓雄天王)이라 불렸다. 그는 곡(穀, 곡식), 명(命, 목숨), 병(病, 질병), 형(刑, 징벌), 선함(善), 악함(惡) 등 360가지 일을 맡아 인간세계를 다스렸다.

그러자 같은 동굴에 사는 곰과 호랑이 한 마리가 환웅을 찾아와 인간이 되게 해 달라고 늘 간청했다. 이들의 간청을 들은 환웅이 이들에게 신령(神靈)한 쑥 1자루와 마늘 20쪽을 주며 이것만 먹고 100일간 햇빛을 보지 않으면 사람이 될 수 있다고 하였다. 곰은 인내하고 근신하여 삼칠일(3×7, 21일) 만에 인간 여자로 변하였으나 호랑이는 참지 못하고 뛰쳐나가 사람이 되지 못했다.

웅녀는 자신과 혼인하는 사람이 없자 신단수 아래에서 환웅에게 아이 갖기를 기원했다. 그러자 환웅은 잠시 인간으로 변해 웅녀와 혼인하였다. 그 후 웅녀가 아들을 낳았는데, 그가 단군왕검이다. 왕검은 [당고(唐高), 당고는 요임금을 말함] 즉위 50년 후인 경인년[요임금이 즉위한 때는 무진년으로 그 50년 후는 정사년임. 따라서 기록의 오류로 보임]에 평양에 도읍하고 국호를 조선이라 했다. 훗날 도읍지를 백악산(白岳山) 아래 아사달로 옮겼다. 단군은 이후 1,500년간 조선을 다스리고 주나라 무왕(武王) 즉위년에 기자를 조선 왕으로 봉하고 자신은 장당경(藏唐京)으로 옮겨갔다가 뒷날 아사달로 돌아와 산신이 되었는데 그때 단군의 나이 1,908세였다.

1 위의 글을 통해 알 수 있는 한국의 역사를 정리해 봅시다.

1) 고조선　　　　2) 고구려　　　　3) 백제　　　　4) 신라

2 한국의 인종과 언어적 특성을 알아봅시다.

3 신라가 삼국을 통일할 수 있었던 요인을 말해 봅시다.

4 각 시대의 대표적인 예술품에 대하여 말해 봅시다.

5 다음의 내용 중 맞으면 ○표, 틀리면 ×표 하세요.

1) 고조선은 위만이 건국하였다. (　　)
2) 고구려는 광개토왕 시대에 영토가 크게 확장되었다. (　　)
3) 신라가 삼국을 통일할 수 있었던 힘은 화랑도와 관계있다. (　　)
4) 이두는 통일신라시대의 독창적인 노래이다. (　　)

심화 학습

1 한국의 건국신화와 여러분 나라의 신화를 비교해 봅시다.

2 고대 한국의 영토가 어디까지 뻗어 있었는지 지도에서 확인해 봅시다.

한국의 역사 2:
고려에서 대한민국 건국까지

1. '코리아'라는 이름의 유래를 아세요?
2. 역사에서 국가 간의 전쟁이 문화에 미치는 영향에 대하여 이야기해 봅시다.

고려(高麗)는 지금의 개성을 수도로 하여 918년에 건국되었으며 936년 한반도(韓半島)를 재통일(再統一)한 이후 1392년 조선(朝鮮)에 멸망할 때까지 약 470여 년간 한반도를 지배하였다. 고려는 10~11세기 외적(外敵)의 침입을 물리치면서 성장하여 문물(文物)이 크게 발전하였다. 그러나 13세기 강성(强盛)해진 몽골의 침략에 따른 전쟁으로 국토가 황폐(荒廢)해지고 많은 문화재가 소실되었다. 고려는 팔만대장경(八萬大藏經)[1] 등을 조판(組版)하면서 몽골에 저항하였으나 결국 항복하였고, 이후 몽골의 정치적 간섭으로 사회 모순이 격화되었다. 원(元)이 쇠퇴한 후 공민왕(恭愍王)의 개혁이 실패로 끝나고 홍건적(紅巾賊)[2]과 왜구(倭寇)[3]의 침입이 빈번(頻繁)하자 정치 기강(紀綱)이 문란(紊亂)해지고 백성들의 삶은 더욱 어려워졌다. 결국 고려는 신진 사대부(士大夫)[4] 계층과 결합한 신흥(新興) 무인(武人) 세력을 대표하는 이성계(李成桂)에 의하여 멸망하고 말았다.

고려는 불교 국가였다. 고려는 태조(太祖) 왕건(王建)이 건국할 때부터 불교를 진흥(振興)시킬 것을 유훈(遺訓)으로 남길 만큼 불교를 숭상하였다. 고려는 수도인 개성에 10개의 사찰(寺刹)을 지어 각종 불교 행사를 실시하였는데 정월(正月) 보름의 연등회(燃燈會)[5], 11월 15일의 팔관회(八關會)[6] 같은 것이 대표적인 것이었다. 고려 시대에는 귀족적, 불교적 색채를 띤 호화로운 예술 문화가 발달하였다. 이 중 대표적인 것이 고려청자(高麗青瓷)이다. 고려청자는 중국 송(宋)나라의 영향을 벗어난 독창적인 상감(象嵌)청자로 발전하였다. 상감청자는 엷은 청색의 청자에 양각(陽刻)과 음각(陰刻)의 무늬를 넣고 백토(白土)와 흑토(黑土)를 그릇 표면에 새겨 넣어 구워 낸 고려 고유의 청자로서 세계적으로 아름다운 예술품이다. 고려 시대에는 활판(活版) 인쇄술도 발전하여 1377년 금속활자(金屬

---

1) 팔만대장경(八萬大藏經) 몽고의 침입을 불교의 힘을 빌려 물리치고자 1236년부터 1251년까지 제조한 경판(經板). 판의 개수가 8만 개가 넘어 세칭(世稱) 팔만대장경이라고 부른다.

2) 홍건적(紅巾賊) 중국의 원 말기에 백련교도가 중심이 되어 봉기한 한족의 농민 반란군. 머리에 붉은 수건을 둘렀기 때문에 홍건적이라는 이름이 붙었다.

3) 왜구(倭寇) 13세기부터 16세기까지 중국과 한국의 연안에서 활동하였던 일본 해적.

4) 사대부(士大夫) 문무(文武) 양반을 높여 부르는 말.

5) 연등회(燃燈會) 정월 대보름에 등불을 밝히고 부처에게 복을 비는 불교 행사. 신라 진흥왕 12년 팔관회와 함께 국가적 차원으로 열리기 시작하였고, 특히 고려 시대 때 성행하여 국가적 행사로 자리 잡았다.

6) 팔관회(八關會) 신라에서 시작되어 고려 때까지 이어진 불교 행사로서 8가지 불계를 지키는 의식이다.

活字)로 찍어낸 《직지심체 요절(直指心體要節)》(직지심경, 直指心經)이 오늘날까지 전해진다. 이 활자본(活字本)은 현존하는, 세계에서 가장 오래된 금속활자본으로 평가된다.

고려청자

고려를 멸망시키고 건국한 조선은 서울을 도읍으로 정한 후 성리학(性理學)[7]을 바탕으로 하여 빠른 속도로 안정을 찾았다. 특히 4대 임금 세종(世宗)은 안정된 정치적 기반(基盤)을 바탕으로 학문, 군사, 과학, 문화 방면에 많은 업적을 쌓았다. 무엇보다도 1443년 세종이 만든 '훈민정음(訓民正音, 한글)[8]은 말을 소리 나는 대로 적을 수 있는 과학적 원리의 문자로서 조선의 문화를 획기적(劃期的)으로 발전시킨 수단이었다. 그뿐만 아니라 세종은 측우기(測雨器)[9]를 개발하고 금속활자를 개량하였으며 음악을 정리하는 등 많은 업적을 남겼다. 이러한 조선 시대의 역사는 왕조(王朝) 중심의 편년체(編年體)[10]로 서술된 《조선왕조실록(朝鮮王朝實錄)》에 자세히 기록되어 있다. 《조선왕조실록》은 조선 태조에서 철종(哲宗)까지 472년간의 역사를 기록한 책으로 유네스코 세계기록유산으로 등재(登載)되어 있다.

1592년 일본이 조선을 침략하여 7년간 전쟁을 치렀는데 이를 임진왜란(壬辰倭亂)이라 부른다. 미처 전쟁 준비가 되어 있지 않던 조선은 육지 전투에서 크게 패했지만, 이순신(李舜臣)의 해전(海戰)에서의 연전연승(連戰連勝)과 의병(義兵)들의 활약으로 일본을 물리칠 수 있었다. 이후 중국의 명(明)[11]나라와 청(淸)나라[12] 사이에서 중립적인 외교를 취하던

---

7) 성리학(性理學) 중국 송나라·명나라 때에 주돈이(周敦頤), 정호, 정이 등에서 비롯하고 주희가 집대성한 유학의 한 파. 이기설(理氣說)과 심성론(心性論)에 입각하여 격물치지(格物致知)를 중시하는 실천 도덕과 인격과 학문의 성취를 역설하였다. 우리나라에는 고려 말기에 들어와 조선의 통치 이념이 되었고, 길재, 정도전, 권근, 김종직에 이어 이이, 이황에 이르러 조선 성리학으로 체계화되었다.

8) 훈민정음 '백성을 가르치는 바른 소리'라는 뜻으로 한글의 원래 이름.

9) 측우기(測雨器) 조선 세종 때 처음 만들어져 전국에 배치된 강우량 측정기. 세계 최초의 강우량 측정기이다.

10) 편년체(編年體) 역사적 사실을 연대(年代) 순서로 기술하는 방법.

11) 명(明)나라 한족(漢族)이 몽골족이 세운 원(元)나라를 멸망시키고 세운 통일 왕조(1368~1644).

12) 청(淸)나라 명(明)나라 이후 만주족 누르하치[努爾哈赤]가 세운 중국 최후의 통일 왕조(1636~1912).

조선이 명나라에 친선 정책을 펼치자 청나라는 1627년과 1636년 두 차례에 걸쳐 조선을 침략하였다. 조선은 이 전쟁에서 패하여 청나라를 섬기게 되었고 많은 간섭을 받게 되었다.

이러한 커다란 전쟁을 계속 치른 조선에서는 종래(從來)의 성리학을 반성하고 현실을 중시(重視)하는 '실사구시(實事求是)'[13]의 학문, 즉 실학(實學)[14]이 크게 융성하였다. 17세기 후반부터 19세기 전반까지 크게 유행한 실학(實學)은 개혁을 주장하고 근대를 지향하는 유학(儒學)의 한 분파(分派)이다. 중국의 청을 통해 서양의 새로운 문물을 받아들이면서 이들 학자들은 종래의 정치, 경제, 교육 제도 등을 강하게 비판하였다. 그러나 과학적 사고와 합리적 세계관을 바탕으로 제도의 개혁을 지향하였지만 현실 정치의 벽(壁)을 넘지는 못하였다. 조선은 봉건제도(封建制度)의 모순(矛盾)을 극복하지 못하여 힘을 잃게 되었고, 결국 1910년 일본에게 주권(主權)을 강제로 빼앗기고 말았다.

조선 세종시대 때 발명된 측우기

조선 시대에는 훈민정음의 창제(創製)에 힘입어 많은 수의 한글 문학작품이 창작되었다. 운문 문학에서는 시조(時調)와 가사(歌詞)라고 하는 고유의 시 형식이 고안(考案)되어 많은 노래들이 만들어져 불렸다. 특히 시조는 절제(節制)된 형식과 내용을 지닌 정형(定型)의 노래로서 수천 편이 지금까지 전해진다. 이 밖에 한국의 고유한 노래 형식으로 판소리가 있다. 판소리는 조선 후기에 만들어진 서민(庶民) 들의 극 노래로서 전문(專門) 광대(廣大)[15]들이 부르는 1인의 장편 양식인데 그 내용은 소설로도 기록되었다. 판소리는 오늘날에도 계승되어 한국 음악의 한 양식으로 자리 잡고 있으며 '창극(唱劇)'[16]이라는 연극 양식으로도 발전되어 공연되

---

13) 실사구시(實事求是) 사실에 토대를 두어 진리를 구함.

14) 실학 조선 후기 17세기부터 19세기 전반에 전통 유학에서 벗어나 새로운 방향을 모색한 유학의 한 사상 운동. 근대 지향 의식과 민족의식을 바탕으로 실사구시와 이용후생(利用厚生), 기술의 존중과 국민 경제 생활의 향상에 대하여 연구하였다. 이익. 정약용. 최한기 등이 대표적 학자이다.

15) 광대(廣大) 판소리나 탈춤을 연행하던 사람을 낮추어 부르는 말.

16) 창극(唱劇) 판소리를 새로 꾸며 만든 연극.

고 있다. 한편 조선 후기에는 많은 소설들이 창작되었는데, 대부분의 소설들은 수십 권의 분량에 해당하는 장편 소설들로서 주로 부녀자들이 즐겨 읽었다.

1910년 일본의 강제 병합(倂合)으로 조선이 망하고 일제가 조선을 지배하게 되었다. 주권을 잃은 조선인들은 정치 운동이 불가능한 현실을 문학과 예술로써 달래어 많은 작품들이 창작되었다. 한편으로는 일본에 의한 강제적인 근대화에 의하여 서구 문물이 소개되고 활용되기도 하였지만 이로 인해 얻은 경제적 이득은 고스란히 일본의 국력 증강을 위하여 소모(消耗)되었다. 뜻있는 조선인들은 만주(滿洲)와 미주(美洲) 등지의 해외로 망명하여 조선의 독립을 도모하였지만 성공하지 못하였다. 그러나 조선인들은 1919년 3·1만세 운동 등과 해외 무장 투쟁 등을 통하여 끊임없이 일제(日帝)에 저항하면서 독립 의지를 결코 꺾지 않았다. 결국 태평양전쟁(太平洋戰爭)의 패배로 일본이 연합군에 항복하게됨에 따라 1945년 8월 15일 조선은 마침내 해방(解放)을 맞게 되었고, 3년 후인 1948년 8월 15일 대한민국 정부가 수립되었다.

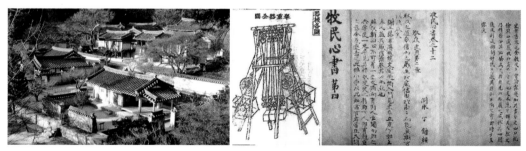

도산서원 전경   실학자 정약용이 저술한 목민심서와 거중기의 설계도면

1 위의 글을 통해 알 수 있는 각 역사적 특성을 말해 봅시다.

　1) 고려의 쇠퇴　　2) 세종의 업적　　3) 임진왜란　　4) 실학

2 조선이 건국될 수 있었던 요인을 말해 봅시다.

3 훈민정음의 창제가 문화에 미친 영향을 말해 봅시다.

4 조선이 멸망하게 된 원인을 말해 봅시다.

5 다음의 내용 중 맞으면 ○표, 틀리면 ×표 하세요.

　1) 조선은 신흥 사대부와 무인 세력에 의해 건국되었다. (　　)
　2) 고려청자의 독창적인 특성은 상감 기법에 있다. (　　)
　3) 한글은 임진왜란 이후 발명되었다. (　　)
　4) 조선은 일본의 도움이 없었으면 경제적 발전을 이룰 수 없었다. (　　)

1 일제강점기 한국의 독립 운동에 대하여 더 알아봅시다.

2 한국의 근대사를 여러분 나라의 역사와 비교해 봅시다.

유교와 선비 문화

1. 유교가 한국 사회에 미친 영향에 대해 알아봅시다.
2. 한국의 전통적인 지식인의 덕목에 대해 알아봅시다.

유교는 공자(孔子)에 의해 집대성(集大成)된 가르침이다. 다른 종교가 현재의 삶보다는 죽은 뒤의 영생(永生)과 행복을 추구하는 것과는 달리 유교는 현실의 삶 속에서 어떻게 인간답게 살 것인가 하는 문제에 큰 비중을 둔다. 유교는 인(仁)을 모든 도덕을 일관하는 최고 이념으로 삼고, 일상생활에서의 구체적이고 실천적인 삶을 강조한다. 한국은 기본적으로 동아시아 유교문화권에 속하는 나라이다. 일찍이 중국에서 수입된 유교는 삼국 시대 이래 2,000여 년간 국가 통치와 지배층 양성을 위한 교육 수단이 되었다. 그러나 한국이 본격적으로 유교를 받아들인 것은 조선 시대에 이르러서였다.

조선 왕조는 정치, 사회, 문화 전반에 걸친 유교화를 국가의 중요 정책으로 삼았다. 특히 조선 사회는 유교를 통해 사회를 이루는 세 가지 기본적인 질서를 확립했다. 유교는 군신(君臣)의 의리를 기초로 하는 국가 윤리, 부자(父子)와 부부를 중심으로 하는 가족 윤리, 벗들 사이의 믿음과 어른과 어린이 사이의 서열(序列)[1]을 기본으로 하는 향당(鄕黨) 윤리의 중심을 이루었다. 특히 임금과 신하, 어버이와 자식, 남편과 아내 사이에 마땅히 지켜야 할 도

---

1) 서열(序列) 일정한 기준에 따라 늘어선 순서.

리를 뜻하는 '삼강오륜(三綱五倫)[2]'은 중국뿐만 아니라 한국에서도 오랫동안 사회의 기본 적 윤리로 존중되어 왔으며, 지금도 일상생활에 깊이 뿌리박혀 있다.

　유교는 '인'과 더불어 '예(禮)'를 중시했는데, 이는 조선 사회에서 제례(祭禮)[3]의 모습으로 나타났다. 유교 문화가 뿌리 깊게 박혀 있던 조선 사회에서는 조상에 대한 제사(祭祀)를 매우 중요하게 생각했다. 제사는 종류도 많고 빈번했을 뿐만 아니라 들어가는 비용도 만만치 않았다. 제례는 대표적인 유교적 삶과 사유(思惟)의 모습으로 오늘날까지도 전해지고 있다. 한국의 가정에서는 설날이나 추석날 조상님께 차례를 지내고, 부모님이나 조부모님이 돌아가신 날 모여 제사를 지낸다. 제사 의식에는 전통적인 '효(孝)'의 정신이 담겨 있는데, 이 또한 유교가 한국 사회에 남긴 중요한 가치이다.

---

2) 삼강오륜(三綱五倫) 삼강은 군위신강(君爲臣綱)·부위자강(父爲子綱)·부위부강(夫爲婦綱)을 말하며 이것은 글자 그대로 임금과 신하, 어버이와 자식, 남편과 아내 사이에 마땅히 지켜야 할 도리이다. 오륜은 《맹자(孟子)》에 나오는 부자유친(父子有親)·군신유의(君臣有義)·부부유별(夫婦有別)·장유유서(長幼有序)·붕우유신(朋友有信)의 5가지를 말한다. 이는 각각 아버지와 아들 사이의 도(道)는 친애(親愛)에 있으며, 임금과 신하의 도리는 의리에 있고, 부부 사이에는 서로 침범치 못할 인륜(人倫)의 구별이 있으며, 어른과 어린이 사이에는 차례와 질서가 있어야 하며, 벗의 도리는 믿음에 있음을 뜻한다.

3) 제례(祭禮) 제사를 지내는 예절과 격식.

선비란 일반적으로 유교의 인문학적 소양(素養)을 갖춘 조선 사회의 지식인, 즉 양반을 일컫는다. 양반은 선비로서 유교에서 강조하는 인의예지(仁義禮智)[4]의 도덕적 가치를 삶에서 구현하고자 애썼다. 조선 시대의 선비는 도덕적 수양과 실천이 유학자의 모든 활동에 기초가 되고 우선한다는 근본적인 믿음을 갖고 있었다. 조선 중기의 대표적인 유학자 퇴계(退溪) 이황(李滉, 1501~1570) 선생은 조선 시대의 대표적인 선비라고 할 만하다. 그는 선비정신을 "깊은 산 숲 속에서 종일토록 맑은 향기를 뿜으면서도 제 스스로 그 향기를 알지 못하는" 한 떨기 난초[5]에 비유했다. 조선 사회가 세계 왕조 사상 유례가 드물게 500년이나 지속되었던 이유도 지조(志操)[6]나 절개(節槪)를 강조했던 선비정신에서 찾을 수 있다.

과거 한국 사회를 지배했던 유교는 현대의 한국인들에게도 많은 영향을 끼치고 있다. 실리보다는 남의 이목에, 내실보다는 겉모습에 치중하는 한국인의 모습에서 유교의 영향을 찾는 부정적인 견해도 있으나, 유교는 경제적 근대화의 기본적인 가치를 마련했다는 평가를 받기도 한다. 유교와 선비 문화는 체면을 중시하는 풍토나 서열 의식(序列意識), 남성 위주의 가부장제(家父長制)와 같은 부정적인 영향을 미치기도 했지만, 최선을 다해 부모나 조상을 공경하는 예절이나 국가와 사회를 위한 봉사 정신과 같은 도덕적 가치를 강조한다는 점에서 한국의 정신문화에서 중요한 위치를 차지한다.

---

4) 인의예지(仁義禮智) 유학에서, 사람이 마땅히 갖추어야 할 네 가지 성품. 곧 어질고, 의롭고, 예의 바르고, 지혜로움을 이른다.

5) 난초 사군자(四君子)의 하나. 사군자는 동양화에서 매화·난초·국화·대나무를 그린 그림. 또는 그 소재. 지조와 절개 그리고 고결함을 상징으로 하는 문인화의 대표적 소재이다. 한국에서는 고려 시대부터 성행하여 조선에 계승되어 사대부의 유교 교양의 일부로 널리 퍼졌다.

6) 지조(志操) 원칙과 신념을 굽히지 아니하고 끝까지 지켜 나가는 꿋꿋한 태도.

확인 학습

1 유교가 한국의 역사에서 가장 큰 영향력을 행사한 시대는 언제입니까?

2 한국인의 '효도정신'에 대해 말해 봅시다.

3 퇴계 이황 선생이 한국의 대표적인 선비로 꼽히는 이유에 대해 알아봅시다.

4 한국인은 제사를 통해 무엇을 확인합니까?

5 아래에서 맞는 것에는 ○표, 틀린 것에는 ×표 하세요.

1) '효도'는 가족이라는 울타리 안에서만 가치가 있다. ( )
2) 유교는 한국에서 생겨난 종교의 일종이다. ( )
3) 선비와 양반은 조선 시대의 지식인을 가리키는 말이다. ( )
4) 한국사회가 핵가족 제도로 변하면서 제사를 지내는 의식은 사라졌다. ( )

심화 학습

1 '효도'와 관련된 한국의 옛날이야기를 찾아봅시다.

2 여러분 나라의 종교가 일상생활에 미치는 영향에 대해 알아보고 유교의 경우와 비교해 봅시다.

08

한국인의 종교 생활

1. 한국에서 가장 영향력이 큰 종교는 무엇일지 추측해 봅시다.
2. 한국의 공휴일 중 종교와 관련이 있는 것이 무엇인지 알고 있습니까?

　　한국인들은 다양한 종교 활동을 영위(營爲)한다. 심지어 한 가족 구성원들이 서로 다른 종교를 갖고 있는 경우도 있다. 한국에서는 석가(釋迦)가 탄생한 음력 4월 8일과 예수의 탄생일인 크리스마스가 함께 공휴일일 정도로 특정한 종교가 지배적이지 않으며, 상대의 종교 활동을 존중해 주기 때문에 종교로 인한 사회적 갈등은 거의 일어나지 않는다. 한국인들은 종교를 자유롭게 선택하며 종교들 간에 우열을 두지 않는다. 일부 배타적인 기독교(基督敎) 신자들이 한국의 전통적 유교나 무속(巫俗) 신앙을 비판하는 것을 제외하면, 대부분의 한국인들은 상대방의 종교 활동에 대해서 매우 너그럽다.

　　이러한 종교 중에 가장 오랜 역사를 갖고 있는 것은 단연(斷然) 무속이다. 무속 일을 전문으로 하는 직업인들을 '무당(巫堂)'이라고 부르며 무당의 무속 행사를 '굿'이라고 한다. 오늘날 일상생활에서 '굿'을 보기는 매우 힘들어졌으며 무당이 예술인으로 대접받을 정도로 무당의 수도 매우 줄어들었다. 그러나 여전히 많은 사람들은 이사할 때나 결혼할 때 이른바 '길일(吉日)'을 고르며, 선거나 입시철이 되면 무속인의 집을 찾아 '점'을 본다. 심지어 배우자(配偶者)를 선택할 때도 사주(四柱)[1]를 견주어 자격을 따지기도 할 정도로 여전히 무속은 한국인의 생활 속에 매우 큰 영향을 미치고 있다. 일부 기독교 집안을 제외한 대다수의 집에서는 명절과 기일(忌日)에 음식을 차려놓고 조상을 기리는데 이를 제사(祭

---

1) 사주(四柱) 태어난 해, 달, 날, 시(時). 주로 결혼할 때와 운명을 점칠 때 견주어 본다.

祀)라고 한다. 제사는 무속과 불교, 유교의 관습(慣習)이 결합된 한국의 고유한 종교 행사라고 할 수 있다.

불교는 4세기 말 고구려에 처음으로 전파되어 삼국(三國)으로 확대되고 국교(國敎)로 숭상(崇尙)되어 많은 문화를 발전시켰다. 불교는 고려 시대에 가장 융성하였으나 조선 시대에는 불교를 억압하고 유교를 숭상하는 정책에 의해 크게 쇠퇴하였다. 오늘날 대부분의 불교 사찰은 깊은 산중으로 물러가게 되었지만 도심의 한복판에서도 일부 큰 절을 볼 수 있을 정도로 불교는 한국인들의 생활과 밀접하게 연관되어 있다. 불교는 현재 한국에서 가장 많은 신자 수를 가지고 있는 종교이다.

유교도 불교와 마찬가지로 중국으로부터 4세기 말 고구려에 들어 왔다. 삼국 시대와 고려 시대에 유교는 지배층(支配層)의 정치적 목적으로 활용되고 교육되었다. 특히 조선 시대에는 유교의 한 분파인 성리학(性理學)이 지배 이념으로 자리를 굳히고 종교적 성격까지 띠면서 점차 엄격해진 생활 규범으로까지 작용하게 되었다. 이러한 유교 사상은 오늘날 사회의 질서를 바로 세우고 효(孝) 사상을 유지하는 긍정적인 기능을 지니기도 하지만, 지나치게 형식에 얽매이고 서열(序列)을 강조하고 남녀를 차별하는 등 부정적으로 작용하기도 한다.

출처 : 연합뉴스

기독교의 전래(傳來)는 17세기 초 중국 청(淸)나라를 통해 들어온 천주교(天主敎, 가톨릭)로부터 비롯되었다. 한국에서 최초로 1842년 김대건(金大建)이 신부(神父)가 되었지만 이후 극심한 박해(迫害)를 받으며 쇠퇴하였다가 오늘날에는 5천 명에 이르는 성직자(聖職者)와 두 명의 추기경(樞機卿)을 가진 큰 종교로 자리 잡았다. 한국 천주교 200주년이 되는 1984년에 교황 바오로 2세가 내한(來韓)하여 순교자(殉敎者) 103명을 성인품(聖人品)에 올리는 시성식(諡聖式)을 거행하여 한국 가톨릭의 지위가 국제적으로도 확고해졌다. 개신교(改新敎)는 19세기 초 조선(朝鮮)이 서양과 수교(修交)한 뒤 서양의 선교사(宣敎師)들이 별다른 저항 없이 선교하면서 교세(敎勢)를 확장하게 되었다. 개신교는 오늘날 인구의 20% 정도의 신자 수를 가질 만큼 한국의 중요 종교로 자리 잡았다. 이 밖의 한국 고유의 종교로는 천도교(天道敎)[2]와 원불교(圓佛敎)[3], 증산교(甑山敎)[4] 등이 있다.

---

2) **천도교** 조선 후기 1860년에 최제우를 교조로 하는 동학(東學)을 1905년 제3대 교주 손병희가 개칭한 종교. 인격적이며 초월적인 유일신 한울님을 신앙 대상으로 하며, 천인합일(天人合一, '하늘과 사람은 하나')의 인내천(人乃天, '사람이 곧 하늘임') 사상과 사인여천(事人如天, '사람을 하늘처럼 대하라') 사상을 바탕으로 한 현세주의적 종교이다.

3) **원불교** 1916년에 박중빈이 전라북도 익산시에 총본사를 두고 세운 불교 교파. 우주의 근본원리인 일원상(一圓相, 즉 ○의 모양)의 진리를 신앙의 대상과 수행의 표본으로 삼는 종교로, 진리적 신앙과 사실적 도덕의 훈련을 통하여 낙원세계를 실현시키려는 이상을 내세우고 있다. 불교의 현대화, 생활화, 대중화를 주창하여 각자 직업에 종사하며 교화 사업을 한다.

4) **증산교** 1894년 동학농민운동이 실패로 끝난 뒤 증산(甑山) 강일순이 1901년 깨달음을 얻고 해원(解寃), 상생(相生), 보은(報恩) 원시반본(原始返本, '인간과 사회의 원래 모습으로 돌아감') 등의 이념을 바탕으로 후천세계의 건설을 위한 종교의식인 천지공사를 집행하였다. 이 천지공사가 바로 증산교의 기본 교리로, 천상의 신명세계를 통일하기 위한 신도공사(神道公事), 땅의 기운을 통일하기 위한 지운통일공사(地運統一公事), 새로운 세계질서를 세우기 위한 세운공사(世運公事), 새로운 통일 종교의 출현을 위한 도운공사(道運公事)로 세분된다.

　지폐(紙幣) 중에서 가장 많이 쓰이는 천 원권의 지폐에는 퇴계 이황(1501~1570)의 모습이 그려져 있다. 퇴계 이황은 고려 말에 들어 온 성리학을 토착화(土着化)시킴으로써 조선 시대의 성리학을 집대성(集大成)한 학자로 추앙받으며 '동방(東方)의 주자(朱子)[6]'로 불리기도 한다. 퇴계 이황은 권력(權力)에 연연하지 않고 관직을 사양하고 학문(學問)에 정진하였으며 도산서원을 세워 후학(後學)의 양성에 힘썼다. 또한 성리학의 사회윤리를 실현하고자 노력하여 예안[7] 향약[8]을 제정하며 향촌(鄕村)의 안전을 꾀하기도 하였다.

　오천 원권 지폐에는 조선 시대 중기(中期)의 학자이자 정치가인 율곡 이이(1536~1584)의 모습이 그려져 있다. 율곡 이이는 20여 년간 주요 관직을 거치며 백성을 위한 사회정책(社會政策)을 펴고자 노력하였다. 아울러 시대에 맞게 나라의 제도를 바꾸어야 한다는 개혁 이론을 담은 《만언봉사(萬言封事)》, 유교적 이상을 담은 제왕의 정치 교과서라고 할

---

6) 주자(朱子) 중국 남송의 유학자(1130~1200). 주자학을 집대성하였는데, 주자학은 오랫동안 봉건사회의 이데올로기 역할을 하였다.

7) 예안 향약(禮安鄕約) 조선 시대에 이황(李滉)이 중국의 여씨향약(呂氏鄕約)을 본떠서, 경북 안동 예안 지역의 향촌 사회를 가르치고 이끌기 위해 만든 향약. 특히 잘못을 저지르지 않도록 서로 규제하는 과실상규(過失相規)를 중요한 덕목으로 규정하고 있다.

8) 향약(鄕約) 조선 시대에, 권선징악(勸善懲惡)과 상부상조(相扶相助)를 목적으로 만든 향촌의 자치 규약. 중국 송나라 (960~1279) 때의 여씨향약(呂氏鄕約)을 본뜬 것이다.

《성학집요(聖學輯要)》[9] 등을 지어 어지러운 정치를 바로잡고 국정(國政) 전반을 개혁하고 자 노력하였다. 또한 십만 양병설[10]을 주장하며 국력(國力)이 튼튼해야 함을 역설(力說)하였다. 이이의 주장은 점진적인 개혁이었지만, 그의 생전에 받아들여지지 않았다. 그의 사후에 조선의 조정이 임진왜란을 겪고 당면한 국난을 극복하는 과정에서 이이의 주장이 다시 평가되게 되었다.

만 원권 지폐에 나오는 세종대왕(재위 1418~1450)은 한국의 임금 중에서 한국인들에게 가장 사랑받고 존경받는 인물이다. 세종대왕은 조선의 제4대 왕으로 한글, 즉 훈민정음(訓民正音)[11]을 창제하고 측우기(測雨器) 등의 과학 기구를 제작하여 백성들의 생활을 실질적으로 향상시킨 임금으로 평가된다. 이상적 유교(儒敎) 정치를 구현(具現)하고자 했고 계급(階級)에 구애받지 않고 젊고 유능한 학자들을 등용(登用)하여 조선의 문화(文化)를 일으키기 위해 노력하였으며, 북방의 4군 6진을 개척하여 국토를 정비하는 등 정치·경제·문화면에 역대(歷代) 어느 임금보다도 탁월한 치적을 쌓았다.

9) 성학집요(聖學輯要) 조선 시대에 이이가 《대학(大學)》의 본뜻을 따라서 성현들의 말을 인용하고 설명을 붙인 책. 통설(統說), 수기(修己), 정가(正家), 위정(爲政), 성학도통(聖學道統)의 다섯 편으로 되어 있다. 선조 8년(1575)에 간행되었다. 13권 7책.

10) 십만 양병설(十萬養兵說) 나라를 지키기 위해 십만 군인을 양성하자는 이이의 주장.

11) 훈민정음(訓民正音) 백성을 가르치는 바른 소리라는 뜻으로, 1443년에 세종이 창제한 글자를 이르는 말.

율곡 이이의 어머니인 신사임당(1504~1551)은 현모양처(賢母良妻)의 귀감이 되는 위인으로 오만 원권 지폐에 그 모습이 그려져 있다. 재능을 살리는 자녀 교육과 가정을 지킨 부덕(婦德)으로 추앙받는 인물이며, 한시[12]를 여러 편 남기는 등 시문이 뛰어났고, 섬세함과 정교함이 돋보이는 초충도(草蟲圖)[13]를 즐겨 그린 한국 최고의 여류 화가로 평가받는다. 한국의 화폐에 등장하는 유일한 여성이라는 상징성은 한국 사회의 남녀평등의식(男女平等意識)을 고취하는 의미를 지닌다.

---

12) 한시(漢詩) 한문으로 이루어진 정형시.
13) 초충도(草蟲圖) 풀과 풀벌레를 그린 그림.

※ 한국인이 존경하는 역사적 인물

한국인들은 역사적 인물 가운데 누구를 가장 존경할까? 조사 대상자의 연령이나 조사 시기에 따라 조금씩 달라지지만, 설문 결과에서 상위 순위를 늘 지키는 인물로는 세종대왕, 이순신 장군과 박정희 대통령이 있다. 이들 가운데 박정희 대통령은 한국의 경제 성장을 이룩한 대통령으로 많은 사람들의 존경을 받고 있지만 동시에 민주주의를 억압했다는 부정적인 평가도 받고 있다.

박정희(1917~1979) 대통령은 한국의 제5, 6, 7, 8, 9대 대통령으로, 쿠데타로 정권을 장악한 이후 18년 5개월간을 집권하였다. 1962년부터 경제개발5개년계획을 추진하였고 1965년에 한국과 일본의 국교를 정상화시켰다. 1970년대에는 새마을운동을 전개하여 낙후된 농어촌을 근대화시켰고, 연간 10%를 넘나드는 비약적인 경제 성장을 이끌었다. 그러나 대통령에게 강력한 권한을 부여하는 유신 헌법을 도입하고 수많은 정치인, 지식인, 학생들의 민주적 요구를 탄압하여 독재자라는 비판을 받기도 한다.

1 화폐에는 어떤 인물들의 초상이 들어갑니까?

2 이순신 장군에 대해 다음과 같이 정리해 봅시다.

1) 생존 연대   2) 주요 업적

3 퇴계 이황과 율곡 이이의 삶은 어떤 점에서 서로 비교가 됩니까?

4 신사임당이 왜 사람들의 존경을 받는지 찾아 써 봅시다.

5 아래에서 맞는 것에는 ○표, 틀린 것에는 ×표 하세요.

1) 한국의 모든 화폐에는 조선 시대 인물의 초상이 들어 있다. (　　)
2) 이순신 장군은 천 원짜리 화폐에 등장한다. (　　)
3) 세종대왕은 정치면보다는 문화면에서 탁월한 업적을 남겼다. (　　)
4) 한국의 화폐에 여성은 2명 등장한다. (　　)

심화 학습

1 최근 한국 사람들이 존경하는 인물들은 누구인지 알아봅시다.

2 폴란드의 화폐에 등장하는 인물의 특징과 한국 화폐에 등장하는 인물의 특징을 비교해 봅시다.

어휘

05. 한국의 역사 1: 고조선에서 통일 신라까지

강대하다強大-- 나라나 조직 따위의 역량이 강하고 크다. powerful

개편하다改編-- 고쳐 다시 엮거나 편성하다. reform

거느리다 부양해야 할 손아랫사람을 데리고 있다. take care of 부하나 군대 따위를 통솔하여 이끌다. command

거란契丹 5세기 중엽부터 내몽골의 시라무렌 강 유역에 나타나 살던 유목 민족. the Kitan

건국建國 나라가 세워짐. 또는 나라를 세움. found a country

건립建立 건물, 기념비, 동상, 탑 따위를 만들어 세움. build

걸작傑作 매우 훌륭한 작품. masterpiece

검소하다儉素-- 사치하지 않고 꾸밈없이 수수하다. frugal

경내境內 일정한 지역의 안. the precincts

계승권繼承權 왕위, 업적 따위를 물려받아 이어 나갈 권리. the right of succession

고도高度 1. 평균 해수면 따위를 0으로 하여 측정한 대상 물체의 높이. altitude
2. 수준이나 정도 따위가 매우 높거나 뛰어남. 또는 그런 정도. high-degree

고상하다高尚-- 품위나 몸가짐이 속되지 아니하고 훌륭하다. elegant

곰 포유강 식육목 곰과의 동물을 통틀어 이르는 말. bear

교단教團 같은 교의를 믿는 사람들끼리 모여서 만든 종교 단체. order, brotherhood

교류交流 문화나 사상 따위가 서로 통하다. exchange, interchange

구석기舊石器 인류가 만들어 쓴 뗀석기. paleolith

국호國號 나라의 이름. 국명(國名). the name of country

군주君主 세습적으로 나라를 다스리는 최고 지위에 있는 사람. monarch

군현郡縣 지방의 행정 구역. counties and prefectures

귀족貴族 가문이나 신분 따위가 좋아 정치적·사회적 특권을 가진 계층. aristocrat

기상氣像 사람이 타고난 기개나 마음씨. spirit

기원전紀元前 예수가 태어나기 이전. B.C.

내정內政 국내의 정치. internal affairs

노비奴婢 사내종과 계집종을 아울러 이르는 말. slave

능하다能-- 어떤 일 따위에 뛰어나다. skilled

달성하다達成-- 목적한 것을 이루다. achieve

대립對立 의견이나 처지, 속성 따위가 서로 반대됨. conflict, opposition

도모圖謀 어떤 일을 이루기 위하여 대책과 방법을 세움. plan

도읍都邑 수도. capital

망하다亡-- 개인, 가정, 단체 따위가 제 구실을 하지 못하고 끝장이 나다. fail, go broke

망명하다 자기 나라에서 박해를 받고 있거나 박해를 받을 위험이 있는 사람이 이를 피하기 위하여 외국으로 몸을 옮기다. exile

멸망하다滅亡-- 망하여 없어지다. fall, collapse

목판木版 나무에 글이나 그림 따위를 새긴 인쇄용 판. woodblock

몽고蒙古 몽골. Mongolia

무늬 물건의 거죽에 나타난 어떤 모양. pattern

무예武藝 무도에 관한 재주. martial arts

범종梵鐘 절에 매달아 놓고, 대중을 모이게 하거나 시각을 알리기 위하여 치는 종. Buddhist temple bell

법률法律 법. law, legislation

변신變身 몸의 모양이나 태도 따위를 바꿈. transformation

복속服屬 복종하여 붙좇음. subjugation

북방北方 북쪽, 북쪽지방. north (region)

불경佛經 불교의 교리를 밝혀 놓은 전적(典籍)을 통틀어 이르는 말. Buddhist scriptures

사상思想 어떠한 사물에 대하여 가지고 있는 구체적인 사고나 생각. idea

사원寺院 종교의 교당을 통틀어 이르는 말. temple

석굴石窟 바위에 뚫린 굴. stone cave

섬세纖細 곱고 가늚. delicacy, fineness

성립成立 일이나 관계 따위가 제대로 이루어짐. be established

세력勢力 권력이나 기세의 힘. power

속하다 관계되어 딸리다. belong to

숭상하다崇尚-- 높여 소중히 여기다. revere

시대時代 역사적으로 어떤 표준에 의하여 구분한 일정한 기간. period

실질적實質的 실제로 있는 본바탕과 같거나 그것에 근거하는. 또는 그런 것. actual

알타이 러시아 연방 시베리아 서남부에 있는 지구. Altai

언어군言語群 유사한 특성을 가진 서로 다른 언어들의 집합. group of languages

연합군聯合軍 공통의 목적을 위하여 연합한 나라. the allied nations

온화하다溫和-- 1. 날씨가 맑고 따뜻하며 바람이 부드럽다. mild
　　　2. 성격, 태도 따위가 온순하고 부드럽다. gentle

왕위王位 임금의 자리. the throne

웅장하다雄壯-- 규모 따위가 거대하고 성대하다. grand

유역流域 강물이 흐르는 언저리. river valley

인쇄술印刷術 인쇄하는 기술. technology of printing

인종人種 인류를 지역과 신체적 특성에 따라 구분한 종류. race

일대一帶 일정한 범위의 어느 지역 전부. the whole area

일컫다 가리켜 말하다. refer to

장군將軍 군의 우두머리로 군을 지휘하고 통솔하는 무관. general

장려奬勵 좋은 일에 힘쓰도록 북돋아 줌. encourage ment

장악掌握 무엇을 마음대로 할 수 있게 됨을 이르는 말. domination, control

전성기全盛期 형세나 세력 따위가 한창 왕성한 시기. golden age

정비하다整備-- 흐트러진 체계를 정리하여 제대로 갖추다. organize, repair

정착하다定着-- 일정한 곳에 자리를 잡아 붙박이로 있거나 머물러 살다. settle

제지술製紙術 종이를 만드는 기술. technology of making paper

조직組織 특정한 목적을 달성하기 위하여 여러 개체나 요소를 모아서 체계 있는 집단을 이룸. 또는 그 집단. group

조화미調和美 서로 잘 어울려 모순됨이나 어긋남이 없이 잘 어울리는 아름다움. beauty of harmony

중앙 집권中央 集權 국가의 통치 권력이 지방에 분산되어 있지 아니하고 중앙 정부에 집중되어 있는 통치 형태. centralized authoritarian rule

지대하다至大-- 더할 수 없이 크다. enormous

찬탈簒奪 왕위, 국가 주권 따위를 억지로 빼앗음. usurpation

창작創作 방안이나 물건 따위를 처음으로 만들어 냄. creation

천문天文 우주와 천체의 온갖 현상과 그에 내재된 법칙성. astronomy

천신天神 하늘에 있다는 신. the gods of heaven

철기鐵器 쇠로 만든 그릇이나 기구. ironware

청동기靑銅器 청동으로 만든 그릇이나 기구. bronzeware

침입侵入 침범하여 들어가거나 들어옴. trespassing

칭호稱號 어떠한 뜻으로 일컫는 이름. title

토대로土臺 근거하여. on the basis of

통합統合 둘 이상의 조직이나 기구 따위를 하나로 합침. integration, consolidation

틀 물건을 만드는 데 본이 되는 물건. mold

표기表記 적어서 나타냄. 또는 그런 기록. writing

한나라漢-- 중국에서 존재하였던 나라. Han dynasty

현존하다現存-- 현재에 살아있다. exist, present

형성形成 어떤 형상을 이룸. formation

확립確立 체계나 견해, 조직 따위가 굳게 섬. establishment

확장擴張 범위, 규모, 세력 따위를 늘려서 넓힘. extension

흡수하다吸收-- 빨아서 거두어들이다. absorb

06. 한국의 역사 2: 고려에서 대한민국 건국까지

간섭干涉 직접 관계가 없는 남의 일에 부당하게 참견함. interference

강성하다强盛-- 힘이 강하고 번성하다. powerful

강제强制 힘으로 다른 사람을 눌러 원하지 않는 일을 억지로 시킴. compulsion

개혁改革 제도나 기구 따위를 새롭게 뜯어고침. reform

계층階層 사회적 지위가 비슷한 사람들의 층. class, stratum

고스란하다 건드리지 아니하여 조금도 나빠지지 않고 그대로의 상태이다. (remain) intact

고안考案 연구하여 새로운 안을 생각해 냄. a design, a device

귀족貴族 가문이나 신분 따위가 좋아 정치적·사회적 특권을 가진 계층. aristocrat, noble

극복하다克服-- 악조건이나 고생 따위를 이겨 내다. overcome

금속활자金屬活字 납이나 구리 따위의 금속으로 만든 활자. metal type

기강紀綱 규율과 법도. discipline

기반基盤 기초가 되는 바탕. base, groundwork

달래다 슬프거나 고통스럽거나 흥분한 감정 따위를 가라앉게 하다. soothe, calm (down)

당나라唐-- 중국의 당 왕조(618-907)가 지배했던 나라. Tang

도모圖謀 어떤 일을 이루기 위하여 대책과 방법을 세움. plan

72

도읍都邑 한 나라의 수도. capital

등재登載 기록하여 올림. registration, record

만주滿洲 중국 동북 지방을 이르는 말. Manchuria

명나라明-- 1368년부터 1644년까지 중국을 지배했던 나라.
　　ming dynasty

모순矛盾 어떤 사실의 앞뒤, 또는 두 사실이 논리적으로 서로
　　맞지 않음. contradiction

무인武人 무술을 배워 싸움을 직업으로 하는 사람. warrior

무장武裝 전투에 필요한 장비를 갖춤. armed

문란紊亂 도덕, 질서, 규범 따위가 지켜지지 않아 어지러움.

문물文物 정치, 경제, 종교 등 문화에 관한 모든 산물.
　　products of civilization

미주美洲 아메리카의 음역어. the Americas

백성百姓 예전의 일반 국민. subjects, the people

백토白土 빛깔이 희고 부드러우며 고운 흙. white clay

병합倂合 둘 이상의 기구나 단체, 나라 따위가 하나로 합쳐짐.
　　merger

봉건제도封建制度 지방 관리가 각 지방을 독립적으로 다
　　스리고 중앙에 세금이나 노동의 의무를 지는 국가 제도.
　　feudal system

분파分派 여러 갈래로 나뉘어 갈라짐. faction

상감象嵌 금속이나 도자기 따위의 표면에 여러 가지 무늬를 새
　　겨서 그 속에 같은 모양의 금, 뼈, 조개껍질 따위를 박아 넣
　　는 공예 기법. inlaid work

섬기다 윗사람을 잘 모시어 받들다. serve

세력勢力 힘을 가진 집단. power, force

소모消耗 써서 없앰. consumption

소실消失 사라져 없어짐. disappearance

송나라宋 960년부터 1279년까지 중국을 지배했던 나라.
　　Sung Dynasty

쇠퇴衰退 전보다 힘이나 세력이 약해지거나 줄어듦. decline,
　　decadence

수립樹立 국가나 정부, 제도, 계획 따위를 이룩하여 세움.
　　establishment, founding

숭상하다崇尙-- 높여 소중히 여기다. revere

신진新進 어떤 사회나 분야에 새로 나섬. rising

신흥新興 어떤 사회적 사실이나 현상이 새로 일어남.
　　emerging

양각陽刻 조각에서, 평평한 면에 글자나 그림 따위를 도드라지
　　게 새기는 일. embossed carving

왕조王朝 왕가가 다스리는 시대. dynasty

외교外交 다른 나라와 정치적, 경제적, 문화적 관계를 맺는 일.
　　diplomacy

외적外敵 외국으로부터 쳐들어오는 적. foreign enemy

운문韻文 언어의 배열이 음의 강약이나 장단, 반복으로 이루어
　　진 글. verse

원元 1279년부터 1368년까지 중국을 지배했던 몽골족이 세운
　　나라. Yuan Dynasty

원리原理 사물의 근본이 되는 이치. principle

유학儒學 공자의 가르침을 연구하는 학문. Confucianism

유훈遺訓 죽은 사람이 남긴 타이르는 말. dying instructions

융성隆盛 힘있게 일어나거나 대단히 활발하게 이루어짐.
　　prosperity

음각陰刻 조각에서, 평평한 면에 글자나 그림 따위를 안으로
　　들어가게 새기는 일. intaglio, engraving

의병義兵 외적의 침입을 물리치기 위하여 백성들이 스스로 조
　　직한 군대. army raised in the cause of justice

이득利得 이익을 얻음. profit, gain

일제日帝 '일본 제국주의'가 줄어든 말. Japanese
　　imperialism

저항抵抗 어떤 힘이나 조건에 지지 않고 반대하거나 버팀.
　　resistance

전투戰鬪 두 편의 군대가 조직적으로 무장하여 싸움. combat,
　　battle

절제節制 정도에 넘지 아니하도록 알맞게 조절하여 제한함.
　　moderation, self-control

정형定型 일정한 형식이나 틀. a set pattern, a (fixed,
　　regular) type

조판하다組版-- 원고에 따라서 골라 뽑은 활자를 원고의 지
　　시대로 순서, 행수, 자간, 행간, 위치 따위를 맞추어 짜다.
　　typeset

주권主權 국가의 의사를 최종적으로 스스로 결정하는 권력.
　　(national) sovereignty

중립中立 어느 편에도 치우치지 아니하고 공평하게 행동함.
　　neutrality

지향志向 어떤 목표로 뜻이 향함. oriented orientation,
　　direction

진흥振興 널리 알려서 일어남. promotion

청나라淸-- 1636년부터 1912년까지 중국을 지배했던 나라.
　　Qing Dynasty

정자靑瓷, 靑磁 푸른색의 자기. celadon

친선親善 서로 간에 친밀하여 사이가 좋음. friendly relations

침략하다侵略-- 정당한 이유 없이 남의 나라에 쳐들어가다.
　　invade
침입侵入 침범하여 들어가거나 들어옴. intrusion
투쟁鬪爭 어떤 대상을 이기거나 극복하기 위한 싸움. fight,
　　struggle
표면表面 겉으로 나타나거나 눈에 띄는 부분. surface
합리合理 이론이나 이치에 맞음. rationality
항복降伏 적이나 상대편의 힘에 눌려 시키는 대로 함.
　　surrender
해전海戰 바다에서 벌이는 싸움. naval battle
활약活躍 활발히 활동함. an active role
활판活版 활자로 짜서 만든 인쇄용 판. type printing
황폐하다荒廢-- 거칠어져 못 쓰게 되다. devastated,
　　ruined
획기적劃期的 어떤 과정이나 분야에서 전혀 새로운 시기를 열
　　어 놓을 만큼 뚜렷이 구분되는. epoch-making
흑토黑土 빛깔이 검은 흙. black soil

07. 유교와 선비 문화

가부장제家父長制 가장인 아버지가 가족에 대한 지배권을
　　행사하는 가족 형태. patriarchy, patriarchal system
견해見解 어떤 사물이나 현상에 대한 자기의 의견이나 생각.
　　opinion
공경恭敬 공손히 받들어 모심. respect
공자孔子 중국 춘추 시대의 사상가·학자(B.C.551~B.C.479).
구현하다具現-- 어떤 내용을 구체적인 사실로 나타나게 하
　　다. realize
군신君臣 임금과 신하를 아울러 이르는 말. sovereign and
　　subject
난초蘭草 식물의 이름. orchid
내실內實 내적인 가치나 충실성. internal stability
도리道理 사람이 어떤 입장에서 마땅히 행하여야 할 바른 길.
　　duty
마땅히 그렇게 하거나 되는 것이 이치로 보아 옳게. justly,
　　properly
만만하다 쉽게 다루거나 대할 만하다. easy to deal with
본격적本格的 일이 제대로 적극적으로 이루어지는. full-
　　scale, full-dress

비유하다比喻. 譬喻-- 어떤 현상이나 사물을 직접 설명하지
　　아니하고 다른 비슷한 현상이나 사물에 빗대어서 설명하다.
　　compare
비중比重 다른 것과 비교할 때 차지하는 중요도. importance
빈번하다頻繁-- 일어나는 정도가 잇따라 자주 있다.
　　frequent
서열序列 일정한 기준에 따라 순서대로 늘어섬. rank, grade
선비 예전에, 학식은 있으나 정부 관리가 되지 않은 사람을 이
　　르던 말. classical scholar
수양修養 몸과 마음을 갈고닦아 품성이나 지식, 도덕 따위를
　　높은 정도로 끌어올림. develop, cultivate
신하臣下 임금을 섬기어 정부 관리가 된 사람.liege, vassal
실리實利 실제로 얻는 이익. benefit[profit
양성養成 실력이나 역량 따위를 길러서 발전시킴. training
영생永生 영원한 생명. eternal life
예禮 사람이 꼭 지켜야 할 옳은 도리.manners, courtesy
윤리倫理 사람으로서 마땅히 행하거나 지켜야 할 도리.
　　ethics, morality
의리義理 사람과의 관계에 있어서 지켜야 할 바른 도리.
　　loralty
의식儀式 정해진 방식에 따라 치르는 행사. ceremony, ritual
이념理念 이상적인 것으로 여겨지는 생각이나 견해. ideology,
　　philosophy
이목耳目 주의나 관심. attention
인문학人文學 언어, 문학, 역사, 철학 따위를 연구하는 학문.
　　humanities
일관하다一貫-- 하나의 방법이나 태도로써 처음부터 끝까
　　지 한결같이 하다. consistent
지조志操 원칙과 신념을 굽히지 아니하고 끝까지 지켜 나가는
　　강한 의지. fidelity, constancy
질서秩序 혼란 없이 순조롭게 이루어지게 하는 사물의 순서나
　　차례. order
체면體面 남을 대하기에 부끄럽지 않은 도리나 얼굴. face
추구하다追求-- 목적을 이룰 때까지 뒤쫓아 구하다. seek
치중하다置重-- 어떠한 것에 특히 중점을 두다. focus
통치統治 나라나 지역을 맡아 다스림. rule, reign
풍토風土 어떤 일의 바탕이 되는 제도나 조건을 비유적으로 이
　　르는 말. climate
향당鄕黨 자기가 태어났거나 사는 시골 마을. 또는 그 마을 사
　　람들. a village community
확립確立 체계나 견해, 조직 따위가 굳게 섬. establishment

08. 한국인의 종교 생활

갈등葛藤 개인이나 집단 사이에 목표나 이해관계가 달라 서로 적으로 대하거나 충돌함. conflict

개신교改新教 프로테스탄트. Protestantism

거행하다舉行-- 의식이나 행사 따위를 치르다. hold, celebrate a mass

견주다 둘 이상의 사물을 질이나 양 따위에서 어떠한 차이가 있는지 알기 위하여 서로 대어 보다. compare, weigh

관습慣習 어떤 사회에서 오랫동안 지켜 내려와 그 사회 성원들이 널리 인정하는 질서나 풍습. custom, convention

교세教勢 종교의 형편이나 세력. congregation

교황教皇 가톨릭교에서 제일 높은 성직자. the Pope

국교國教 국가에서 법으로 정하여 온 국민이 믿도록 하는 종교. state religion

규범規範 인간이 행동하거나 판단할 때에 마땅히 따르고 지켜야 할 가치 판단의 기준. standard, norms

극심하다極甚-- 매우 심하다. severe, extreme

기일忌日 해마다 돌아오는 제삿날. anniversary of one's death

길일吉日 운이 좋거나 좋은 일이 일어날 것 같은 날. lucky day

내한하다來韓-- 외국인이 한국에 오다. visit Korea

단연斷然 확실히 그렇다고 판단하고 결정할 만하게. definitely, decidedly

무속巫俗 무당과 관련된 풍속. shamanism

밀접하다密接-- 아주 가깝게 닿아 있다. close, intimate

박해迫害 힘이나 권력으로 약한 사람을 못살게 굴거나 해를 입힘. persecution, oppression

복판 일정한 공간이나 사물의 한가운데. the (very) middle, center

분파分派 여러 갈래로 나뉘어 갈라짐. 또는 그렇게 나뉜 갈래. faction, denomination

사상思想 논리적으로 통일된 철학적 판단 체계. thought, idea

사찰寺刹 절. Buddhist temple

서열序列 일정한 기준에 따라 순서대로 늘어섬. rank, grade

석가釋迦 석가모니, 부처. Buddha

선교하다宣教-- 종교를 선전하여 널리 펴다. propagate religion

성인聖人 교회에서 일정한 의식에 의하여 깨끗한 덕을 갖춘 사람으로 선포한 사람. saint

성직자聖職者 종교적 직분을 맡은 교역자. 신부, 목사, 승려 따위이다. priest, clergy

쇠퇴衰退 상태가 약해져서 전보다 못하여 감. decline, decadence

수교하다修交-- 나라와 나라 사이에 교제를 맺다. establish diplomatic relations

순교자殉教者 자신의 종교적인 믿음을 지키다가 죽은 사람. martyr

숭상하다崇尚-- 높여 소중히 여기다. revere

시성식諡聖式 가톨릭에서 성인품(聖人品)에 오를 때에 드리는 예식. canonization

신부神父 가톨릭에서 주교 다음가는 성직자. priest

신앙信仰 믿고 받드는 일. religious belief

신자信者 종교를 믿는 사람. believer

억압하다抑壓-- 자기의 뜻대로 자유로이 행동하지 못하도록 억지로 억누르다. suppress, repress

얽매이다 어떤 것에 묶여서 마음대로 행동할 수 없게 되다. be bound, be tied down

영위하다營爲-- 일을 꾸려 나가다. lead

예수 기독교의 창시자. Jesus (Christ)

원불교圓佛教 불교의 생활화, 현대화를 내세우며 1916년에 박중빈이 세운 종교. Won Buddhism

유교儒教 중국의 공자의 가르침을 바탕으로 한 종교. Confucianism

융성隆盛 힘있게 일어나거나 대단히 활발하게 이루어짐. prosperity

음력陰曆 달이 지구를 도는 시간을 기준으로 1년의 달, 계절 등을 정하는 방법. lunar calendar

이념理念 이상적인 것으로 여겨지는 생각이나 견해. ideology, philosophy

이른바 세상에서 말하는 바. so-called

작용하다作用-- 어떠한 현상을 일으키거나 영향을 미치다. act, affect

전래傳來 예로부터 전하여 내려옴. traditional, handed down

전파傳播 전하여 널리 퍼뜨림. propagation, dissemination

점占 과거를 알아맞히거나, 앞날의 운수·길흉 따위를 미리 판단하는 일. fortune-telling

주년週年 일 년을 단위로 돌아오는 돌을 세는 단위.
　　anniversary
지위地位 개인의 사회적 신분에 따르는 위치나 자리. status,
　　position
질서秩序 혼란 없이 순조롭게 이루어지게 하는 사물의 순서나
　　차례. order
천주교天主教 가톨릭교. Catholic Church
청나라淸 중국의 마지막 왕조(1616~1912). Qing Dynasty
추기경樞機卿 가톨릭의 교황 다음 가는 성직 (聖職).cardinal
확고하다確固-- 태도나 상황 따위가 강하고 굳다.
　　firmsolid, determinati
확장擴張 범위, 규모, 세력 따위를 늘려서 넓힘. expansion,
　　enlargement

09. 화폐 속 한국 인물

개척하다開拓-- 새로운 영역, 운명, 진로 따위를 처음으로
　　열어 나가다. pioneer, develop
개혁改革 제도나 기구 따위를 새롭게 뜯어고침. reformation
계급階級 사회나 일정한 조직 내에서의 지위, 관직 따위의 단
　　계. class, stratum
고취하다鼓吹-- 힘을 내도록 격려하여 용기를 북돋우다.
　　inspire
공功 일을 마치거나 그 목적을 이룬 결과로서의 공적.
　　contribution, credit
관직官職 직무의 일반적 종류를 뜻하는 관(官)과 구체적 범위
　　를 뜻하는 직(職)을 통틀어 이르는 말. public office, public
　　service
구애받다拘碍-- 일이나 행동 따위를 하는 데에 걸려서 방해
　　를 받다. adhere to
구현하다具現-- 어떤 내용이 구체적인 사실로 나타나다.
　　realize, materialize
국난國難 나라가 존립하기 어려울 정도로 위태로운 나라 전체
　　의 어려움. national crisis
국력國力 한 나라가 지닌 정치, 경제, 문화, 군사 따위의 모든
　　방면에서의 힘. national power
국정國政 나라의 정치. government administration
권력權力 남을 복종시키거나 지배할 수 있는 공인된 권리와
　　힘. power, authority
귀감龜鑑 본받을 만한 모범. role model

극복하다克服-- 악조건이나 고생 따위를 이겨 내다.
　　overcome
길목 큰길에서 좁은 길로 들어가는 곳. street corner
꾀하다 어떤 일을 이루려고 뜻을 두거나 힘을 쓰다. attempt
당면하다當面-- 서로 마주 보고 대하다. face, confront
대첩大捷 큰 승리. a sweeping victory
돋보이다 훌륭하거나 뛰어나 눈에 띄게 보이다. stand out
등용登用 인재를 뽑아서 씀. appointment, engagement
명장名將 이름난 장군. renowned general
물리치다 적(敵)을 쳐서 물러가게 하다. beat (off), defeat
물자物資 어떤 활동에 필요한 여러 가지 물건이나 재료.
　　supplies, goods
바로잡다 그릇된 일을 바르게 만들거나 잘못된 것을 올바르
　　게 고치다. amend
백성百姓 예전에, 일반 평민을 이르던 말. subjects, the
　　people
부덕婦德 결혼한 여자의 아름다운 덕행. womanly virtues
사기士氣 자신감에 차서 질 줄 모르는 기세. morale, fighting
　　spirit
사양하다辭讓-- 겸손하여 받지 않다. decline
사후死後 죽고 난 이후. after one's death
상징성象徵性 추상적인 사물이나 개념을 구체적인 사물로 나
　　타내는 성질. symbolism
생전生前 살아 있는 동안. during one's lifetime
섬세纖細 매우 꼼꼼하고 자세함. delicacy
시문詩文 시와 산문을 이르는 말. poetry and prose
여류女流 어떤 전문적인 일에 능숙한 여자를 이르는 말. lady
역대歷代 대대로 이어 내려온 여러 대. of many generations
역설하다力說-- 자기의 뜻을 힘주어 말하다. emphasize
연연하다戀戀-- 집착하여 미련을 가지다. cling to, stick to
위인偉人 뛰어나고 훌륭한 사람. great man
유일하다唯一-- 오직 하나밖에 없다. only, sole
전술戰術 전쟁 또는 전투 상황에 대처하기 위한 기술과 방법.
　　tactics
점진적漸進的 조금씩 앞으로 나아가는. gradual,
　　progressive
정교하다精巧-- 솜씨나 기술 따위가 정밀하고 색다르고 뛰
　　어나다. exquisite, elaborate
정진하다精進 힘써 나아가다. devote oneself (to)
제왕帝王 황제와 국왕을 아울러 이르는 말. emperor, king

제작하다製作—— 재료를 가지고 기능과 내용을 가진 새로운 물건이나 예술 작품을 만들다. manufacture, produce

제정制定 제도나 법률 따위를 만들어서 정함. enactment

조정朝廷 임금이 나라의 정치를 신하들과 의논하거나 집행하는 곳. (Royal) Court

지략가智略家 어떤 일이든지 뛰어나게 분석하며 해결 대책을 세우는 뛰어난 지혜와 방법을 갖춘 사람. a resourceful mind

집대성集大成 여러 가지를 모아 하나의 체계를 이루어 완성함. compilation

철갑선鐵甲船 철판으로 표면을 싸서 만든 병선(兵船). armored battleship

초상肖像 사진, 그림 따위에 나타낸 사람의 얼굴이나 모습. portrait

추앙推仰 높이 받들어 우러러봄. reverence

측우기測雨器 조선 세종 23년(1441)에 만든 세계 최초의 우량계. a rain(fall) gauge

치적治積 정치적 업적. (administrative) achievement

침략하다侵略—— 정당한 이유 없이 남의 나라에 쳐들어가다. invade

탁월하다卓越—— 남보다 두드러지게 뛰어나다. excellent, outstanding

토착화土着化 어떤 제도나 풍습, 사상 따위가 그 지방의 성질에 맞게 동화되어 뿌리를 내리게 됨. naturalization

해군海軍 주로 바다에서 공격과 방어의 임무를 수행하는 군대. navy

해전海戰 바다에서 벌이는 싸움. naval battle

향촌鄕村 시골의 마을. a country village

화폐貨幣 상품 교환의 수단인 돈. money

후학後學 학문에서의 후배. junior scholars

Ⅲ 정치, 경제, 사회

10

남북의 분단과 대립

1. 같은 민족이 두 개의 국가로 나누어진 외국의 역사를 알고 있습니까?
2. 한국 전쟁에 대하여 알고 있는 바를 이야기해 봅시다.

1945년 8월 15일 조선은 일본의 압제(壓制)로부터 해방(解放)되었다. 태평양전쟁(太平洋戰爭)[1]에서 일본이 패하자 전후(戰後) 처리를 위하여 북위(北緯) 38도 선을 경계로 북쪽에는 소련군(蘇聯軍)이, 남쪽에는 미군(美軍)이 각각 진주(進駐)하여 실질적으로 지배하였다. 1945년 12월 모스크바에서 개최된 미국, 영국, 소련의 외무장관 회담에 따라 남북한은 각각 미국과 소련의 신탁통치(信託統治)[2]를 받기로 결정되었다. 이 결정에 대하여 남한의 우익(右翼) 정당 사회단체들은 모두 반대하였지만, 남한의 좌익(左翼) 정당과 북한에서는 찬성하여 이들 간의 이념 대립이 극심하였다. 북한에서는 이미 소련의 지령(指令)을 받은 김일성(金日成) 정권이 수립되어 한반도의 분할 지배를 의도하였기 때문에 남북한 지도자 간의 단일 독립 정부 수립을 위한 회담도 전혀 성과를 거둘 수가 없었다. 결국 1948년 남북한은 각각 단독 정부를 구성하여 오늘에 이르기까지 분단 체제를 형성하게 되었다.

1950년 6월 25일 새벽, 북한군의 대대적인 침공으로 한국전쟁이 개시되었다. 전쟁에 대비한 군사적 준비가 전혀 없었던 남한은 침략 3일 만에 수도 서울을 빼앗기고, 계속 후퇴하여 경상도 이남의 일부 지역을 제외한 전 영토를 상실(喪失)하고 말았다. 그러나 북한을 침략자로 규정한 유엔 안전보장이사회(安全保障理事會)[3]의 결의에 따라 구성된 연합군(聯合軍)의 9월 15일 인천 상륙작전(上陸作戰)을 계기로 전세가 역전되어 남한은 다시 서울을 회복할 수 있게 되었다. 연합군은 계속 북진하여 북한과 중국의 경계선까지 영토를 차지하였으나, 1950년 11월 중공군(中共軍)이 북한을 도와 참전(參戰)하고 1951년 1월 대규모 공세(攻勢)를 가하여 연합군은 다시 남쪽으로 후퇴하고 말았다. 이후 2년 이상의 전투를 계속하다가 1953년 6월 27일에 유엔군 사령관과 공산군(共産軍) 사령관 사이의 정전(停戰) 회담이 성립되어 3년에 걸친 한국 전쟁은 막을 내렸다.

---

1) 태평양전쟁 1941년에 미국이 일본 제국에 대해 경제 제재와 석유 금수 조치를 취하자 이에 반발한 일본 제국이 진주만을 공격하였다. 이에 미국이 참전하여 1945년 8월 15일 일본 천황이 무조건 항복을 선언하기까지 태평양과 아시아의 영역에서 벌어진 전쟁을 말한다.

2) 신탁통치(信託統治) 국제연합(UN)의 신탁(信託)을 받아 일정한 지역을 통치하는 일.

3) 안전보장이사회(安全保障理事會) 세계 평화와 안전을 지키고 분쟁을 해결하기 위하여 둔 국제 연합의 주요 기관.

전쟁은 중지되었지만 완전한 평화 체제가 성립된 것은 아니어서 남북한은 DMZ를 경계로 서로의 교류를 단절(斷絕)하며 적대적(敵對的)인 두 국가로 대립하여 왔다. 북한은 마르크스 레닌주의와 김일성의 주체사상(主體思想)[4]에 입각(立脚)한 공산 독재(獨裁) 국가로 자리 잡았으며, 남한은 자유 민주주의와 자본주의 경제 체제에 근거한 민주국가로 성장하였다. 분단 60여 년이 지나면서 남북한의 문화적 이질화는 더 심해졌고, 경제력의 차이도 크게 벌어졌다. 2012년 1인당 GNI(국민총소득)는 남한이 2,559만 원인 반면 북한은 137만 원에 불과(不過)해 18.7배의 차이를 보였다. 무역 총액에서도 남한은 2012년 1조 675억 달러였으나 북한은 68억 달러에 그쳐 약 157배의 격차(隔差)를 나타냈다. 전체적으로 볼 때 남한의 경제력은 북한보다 40배 정도 앞선 것으로 판단된다.

그동안 남북한 정치 대립에 따른 크고 작은 분쟁(紛爭)이 끊이지 않았으나, 한편으로는 평화 협정을 맺기 위한 직·간접의 노력도 적지 않았다. 2000년 6월 15일 평양에서 남북 정상회담(頂上會談)이 성공적으로 이루어짐에 따라 남북한 간에 평화 기운이 조성되고 경제 협력도 활발하게 되었다. 2000년 광복절(光復節)[5]을 기념하여 남북한 이산가족(離散家族)[6]의 상봉(相逢)이 이루어졌으며, 금강산[7] 관광과 개성 관광도 성사되었다. 2004년부터는 북한의 개성에 공업단지(工業團地)를 조성하여 남북 합작으로 제품을 생산하고 있다.

---

4) 주체사상(主體思想) 1967년 북한의 김일성에 의해 주창(主唱)된 북한의 지배 사상.
5) 광복절(光復節) 일제의 식민 정치에서 해방된 날인 8월 15일을 기념하는 경축일.
6) 이산가족(離散家族) 구성원이 서로 흩어져 소식을 모르는 가족.
7) 금강산 강원도 고성군에 있는 매우 아름다운 산. 높이 1638m.

　　그러나 이러한 남북 협력 관계는 남북한의 정치 군사적 충돌로 말미암아 언제 중단될지 모르는 위험한 불씨를 안고 있다. 특히 북한의 핵(核) 개발은 남북한 간의 긴장(緊張)을 더욱 고조(高潮)시키고 있으며, 북한의 핵 무장(武裝)에 대한 주변 강대국들의 우려(憂慮) 역시 점점 커지고 있다. 강대국들의 견제(牽制)와 경제 제재(制裁)에도 불구하고 북한은 체제의 우월성을 대내적으로 선전하면서 여전히 국제 세계로부터의 고립을 자초하고 있다. 이러한 북한에 대한 남한 정부의 태도는 정당과 지도자에 따라 그 정도의 차이는 있지만, 남북한 간의 전쟁 없는 평화 공존(共存)에 대한 열망(熱望)은 변함이 없다.

※ 남북한 비교

	남 한	북 한
인구(2012)	50,004천 명	24,427천 명
쌀 생산량(2012)	5,405,155 톤	1,740,000 톤
1인당 GNI(2012)	2,559.0 만원	137.1만원
무역총액(2012)	10,674.5억 달러	68.1억 달러

출처: 통계청 북한통계포털(http://www.kosis.kr/bukhan)

※ 2009년 남북한 주요지표

항목	남한	북한	남/북(배)
명목 GNI(억 달러)	8372	224	37.4
무역총액(억 달러)	6866	34	201.9
수출(억 달러)	3635	11	330.5
수입(억 달러)	3231	24	134.6
원유도입량(만 배럴)	8억3516.3	379.5	220.1
쌀(만 톤)	491.6	191.0	2.6
자동차(만 대)	351.3	0.4	878.3
철도총연장(Km)	3378	5242	0.6
도로총연장(km)	10만4983	2만5854	4.1
항만하역능력(만 톤)	8억53.3	3700.0	21.6
선박보유톤수(만 톤)	1392	84	16.6

자료 : 통계청 북한 주요 지표 보고서

확인 학습

1 남북한의 분단의 원인을 말해 봅시다.

2 한국전쟁의 경과에 대하여 말해 봅시다.

3 남북한 간의 평화 정착에 대한 노력을 말해 봅시다.

4 남북한 간의 이질화가 어떻게 진행되었는지 알아봅시다.

5 다음의 내용 중 맞으면 ○표, 틀리면 ×표 해 보세요.

1) 미국과 소련의 신탁통치에 대하여 남한에서는 모두 반대하였다. (　　)
2) 남북정상회담을 계기로 이산가족 상봉이 이루어졌다. (　　)
3) 북한은 개방 정책을 통하여 적극적으로 국제 교류를 도모하고 있다. (　　)
4) 남북한의 경제력의 차이는 점점 더 줄어들고 있다. (　　)

심화 학습

1 오늘날 남북한의 정세에 미치는 강대국의 움직임에 대하여 알아봅시다.

2 제2차 세계 대전 직후의 한반도의 정세를 당시의 여러분 나라와
비교하여 봅시다.

한국의 산업화와 경제성장

1. 한 사회가 경제성장과 산업화를 이루기 위해 기울인 노력에 대해 알아봅시다.

2. 한국이 보여 준 놀라운 경제성장의 원동력에 대해 알아봅시다.

　한국 사회는 불과 60여 년 전까지만 해도 전통적인 농업 국가였다. 조선 시대 말기부터 시작된 일본의 수탈(收奪)과 1950년의 6·25전쟁으로 20세기 초반까지 한국은 산업의 근대화를 시도해 볼 겨를도 없이 전쟁의 상처와 가난만이 남은 폐허 상태였다. 1961년 박정희 정권이 출범하면서 본격적인 산업화가 시작되었다. 1962년 제1차 경제개발(經濟開發) 5개년 계획(1962~1966)을 시작으로 1967년부터 제2차 경제개발 5개년 계획이 추진되었다. 이 과정에서 국가가 시장 경제에 적극 개입하는 한국식 발전 모델이 출현하였다.

　한국은 연평균 9%의 높은 경제성장률(經濟成長率)[1]을 기록하면서 불과 30여 년 만에 '한강의 기적'이라고 불리는 눈부신 경제발전을 이룩하여 한국인의 우수성과 근면성을 세계로부터 인정받았다. 1977년에는 수출 100억 불을 달성하였다. 그 이후에도 경제성장에서 수출이 차지하는 비중이 점차 증가하여 2010년대에는 전체 경제규모에서 수출이 차지하는 비중이 43%에 이른다. 이는 G20 국가들 가운데 가장 높은 수치로서 2위를 차지한 독일의 33%보다 월등하게 높다. 그러나 '한강의 기적'은 당시 정부의 노력만이 아니라 바로 생산 현장에서 묵묵히 땀방울을 흘렸던 '산업역군(産業役軍)[2]'들에 의해 이루어진 희생의 열매였음을 잊지 말아야 한다.

　한국 경제성장의 특징으로 무엇보다도 '초고속 성장'을 들 수 있다. 이는 정부가 주도하

---

1) 경제성장률(經濟成長率) 일정 기간 동안의 국민 총생산 또는 국민 소득의 실질적인 증가율. 일반적으로 실질 국민 총생산의 연간 증가율을 기준으로 산출한다.
2) 산업역군(産業役軍) 산업을 일으키는 데 중요한 역할을 하는 일꾼.

여 수출 위주의 정책을 추진했기 때문이다. 한국은 부존자원(賦存資源)[3]이 부족한 데 비해 풍부한 인적 노동력을 갖고 있어서, 해외에서 자본이나 원자재(原資材)를 도입하여 가공해서 수출하는 가공무역(加工貿易)[4]의 전략을 추진했다. 기업들도 정부의 지원을 등에 업고 1960년대 중반부터는 산업화에 필수적인 철강, 석유화학 분야에서 수입 대체 공업화를 함께 추진했다. 투자를 확대하고 저임금(低賃金)의 풍부한 노동력을 기반으로 하여 고도성장을 이루었다. 교육열이 높고 자기 역사에 대한 자부심이 큰 한국인들은 열심히 일하였고, 자신들의 세대에 이전과는 달라진 나라를 만들 수 있었다.

그러나 산업화가 이룩한 고도성장은 빈부격차(貧富隔差)나 노동자의 인권 탄압(人權彈壓) 같은 심각한 후유증을 낳았다. 이러한 산업화의 어두운 그림자에도 불구하고 1980년대 이후 한국 경제는 반도체, 컴퓨터, 생명과학 등 첨단산업(尖端産業)[5]과 기계, 전기, 자동차 등 고기술, 고부가가치 산업에 중점을 두고 발전하였다. 특히 1986년부터 본격화된 산업구조 조정정책으로 인하여 한국 경제는 획기적인 수출 확대를 이루었다. 그 결과 한국은 세계 10위권의 무역 규모를 가지게 되었고, 1995년에는 경제협력개발기구(OECD)에 가입하게 되었다.

1990년대 이후 신자유주의(新自由主義)라 불리는 전세계적인 차원의 자유방임적인 시장경제의 강화와 수입자유화가 확대되면서 한국 경제는 생존을 위한 무한경쟁시대에 들어갔다. 더욱이 한국 경제의 구조적 모순의 핵심인 재벌(財閥)[6] 중심의 정경유착(政經癒着)[7]은 1990년대 한국 경제를 위기로 몰아갔다. 이러한 위기는 아시아의 금융위기와 맞물려 1997년 국제통화기금(IMF)의 구제금융을 요청하는 사태로 이어졌다. 그러나 정부와 기업 그리고 국민이 힘을 합쳐 이러한 위기를 극복한 결과 한국 경제는 2000년 이후

---

3) 부존자원(賦存資源) 경제적 목적에 이용할 수 있는 지질학적 자원.
4) 가공무역(加工貿易) 외국에서 원자재나 반제품을 수입하여 완제품으로 만든 뒤, 다시 수출하는 방식의 무역.
5) 첨단산업(尖端産業) 기술 집약도가 높고, 관련 산업에 미치는 효과가 큰 산업. 항공기, 우주 개발, 전자, 원자력, 컴퓨터 등 첨단적 기술을 중핵으로 하는 산업을 이른다.
6) 재벌(財閥) 재계(財界)에서, 여러 개의 기업을 거느리며 막강한 재력과 거대한 자본을 가지고 있는 자본가나 기업가.
7) 정경유착(政經癒着) 정치와 경제의 끈끈한 연관.

활력을 되찾았다. 특히 철강, 자동차, 반도체, 가전제품, 휴대폰, 조선 등은 세계 시장에서 뛰어난 경쟁력을 갖추게 되었다. 정보통신 분야의 발전이 두드러져 한국은 세계에서도 손꼽히는 IT(Information Technology) 강국으로 부상하였다.

※ 한국의 경제성장률 (2010년)

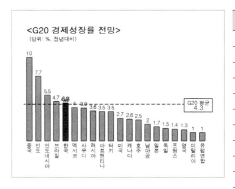

<G20 경제성장률 전망>
(단위: %, 전년대비)

※ 10대 수입 품목과 10대 수출 품목 (단위: 백만불) (2009년)

수입	품목명	금액	수출	품목명	금액
1위	원유	50,757	1위	선박	37,223
2위	반도체	26,619	2위	유무선 전화기	29,531
3위	천연가스	13,875	3위	전자 집적 회로	24,384
4위	석유 제품	12,765	4위	액정 디바이스	23,390
5위	석탄	9,995	5위	자동차	22,399
6위	철강판	9,267	6위	석유 제품	22,145
7위	컴퓨터	8,032	7위	차량용 부분품	10,926
8위	정밀화학원료	5,109	8위	방송수신기기 부분품	5,704
9위	원동기및펌프	5,040	9위	특수 선박	5,208
10위	선박해양구조물및부품	4,872	10위	사무용 부분품	5,075
10대품목수입액	-	146,331	10대 품목 수출액	-	185,985
총수출액 대비 비중(%)	-	45	총수출액 대비 비중(%)	-	51.2

(출처: 수입통관자료)

(출처: 수출통관자료)

확인 학습

1 '한강의 기적'은 한국 사회의 어떠한 측면을 상징하는 표현입니까?

2 한국 정부가 '초고속 성장'을 위해 추진한 전략은 무엇입니까?

3 한국이 세계에서 손꼽히는 IT 강국이라는 점을 확인할 수 있는 구체적인 현상을 말해 봅시다.

4 1997년 IMF 구제금융이 한국 경제에 미친 영향과 그 극복 과정에 대해 알아봅시다.

5 아래에서 맞는 것에는 ○표, 틀린 것에는 ×표 하세요.

1) 한국은 전통적으로 산업사회였다. (　　)
2) 한국사회의 산업화는 1970년대에 들어 본격적으로 추진되었다. (　　)
3) 한국은 경제협력개발기구(OECD)에 가입한 국가이다. (　　)
4) 한국은 고유의 자동차 브랜드를 갖고 있다. (　　)

심화 학습

1 한국이 세계에서 손꼽히는 IT 강국으로 부상한 원인에 대해 알아봅시다.

2 여러분 나라에서 가장 많이 알려진 한국 상품과 그 이유에 대해 말해 봅시다.

12

한국의 민주화

1. 한국의 민주화 과정에 대해 알아봅시다.
2. 민주화 과정을 통해 한국인이 얻은 것은 무엇인지 알아봅시다.

　한국 사회는 지난 40년 동안 놀라운 경제성장을 이룩했다. 1960년대 이후 한국 사회가 보여준 경제발전과 산업화는 가히 비약적(飛躍的)이라고 해도 지나친 말이 아니다. 경제성장이나 물질의 진보는 사회 발전을 가늠하는 중요한 지표(指標)이지만 그것이 전부는 아니다. 한국 사회는 경제적 근대화를 위하여 민주주의(民主主義)를 억압하고 희생시켰던 슬픈 역사를 지니고 있다. 그 결과 1970년대와 1980년대 한국 사회는 커다란 경제 성장을 이룩한 반면 정치적으로는 후진성을 면치 못했다. 오랜 기간 동안 산업화와 민주화는 서로 대립적인 가치로 받아들여졌다.

　민주주의에 대한 국민의 열망이 표출된 4·19혁명(1960년)의 가치를 부정하고 집권한 박정희(朴正熙) 정권은 '조국 근대화 = 경제 성장 = 산업화'라는 기치를 내세우며 사회의 민주화 요구를 억압했다. 또한 지속적인 경제성장을 원활하게 추진하기 위해 권위주의 체제가 동원되었다. 유신헌법(維新憲法)[1]이 잘 보여주듯이 국가의 근간(根幹)을 이루는 헌법이 정권에 의해 제멋대로 바뀌는가 하면 입법부(立法府)나 사법부(司法府)가 일인 독재를 유지하기 위한 도구로 전락했으며, 인권과 국민의 기본권이 짓밟히는 파행적(跛行的) 정치 체제가 지속되었다. 1979년 유신 체제의 종말을 맞아 많은 한국인들은 민주주의가

---

1) 유신헌법(維新憲法) 1972년 10월 17일의 비상조치에 의하여 단행된 대한민국 헌법의 제7차 개헌.

곧 실현되리라고 기대하였지만 이러한 기대는 신군부(新軍部)[2]세력의 집권에 의해 좌절되었으며 권위주의 체제는 더욱 강화되었다.

1961년 군사쿠데타로 들어선 권위주의 체제는 1987년 6월 항쟁으로 막을 내리고 한국에서 드디어 민주화의 길이 열리게 되었다. 1987년 6월 독재 정권에 반대하여 민주화를 요구하는 시위는 전국적으로 확산되었고 국민들의 전폭적인 지지 속에서 연일 계속되었다. 민주화를 요구하는 국민들의 열망에 부응(副應)하여 민주적인 분위기 속에서 대통령(大統領) 선거와 국회의원(國會議員) 선거가 치러졌다. 이제 민주화는 더 이상 거스를 수 없는 대세가 되었다. 1987년 6월 항쟁은 한국의 민주화 역사에서 커다란 전환점이 되었다. 한국인들은 분단과 전쟁으로 시련을 겪으면서도 경제개발을 통해 빈곤에서 벗어나고자 하였으며, 국민이 나라의 주인공인 진정한 민주공화국에 대한 꿈을 버리지 않았다.

이제 한국 사회는 제도적인 측면에서 민주주의 사회의 모습을 갖추게 되었다. 민주주의를 수립하는 데에는 많은 사람들의 투쟁과 희생이 있었다. 또한 민주주의의 성장에 필수적인 시민 사회의 정신적 성숙이 수반되었다. 그러한 희생과 성숙이 있었기에 그야말로 '범국민적'이라고 부를 만큼 감동적인 대규모 시민 참여의 민주화 운동이 가능했고 이를 통해 권위주의 통치에서 벗어날 수 있었다.

마지막으로 정보사회(情報社會)[3]의 도래(到來)는 온라인 시민 사회와 공론장(公論場)을 창출했으며, 온라인 공간의 등장은 새로운 참여 민주주의의 가능성을 열어 놓았다. 짧은

---

2) 신군부(新軍部) 1960년 5·16 군사 쿠데타 이후 1980년 새롭게 정권을 잡은 군인 집단.

3) 정보사회(情報社會) 공업을 주체로 발전해 온 공업사회에서 벗어나 정보산업을 주체로 하며 다양한 정보의 생산과 전달을 중심으로 전개되는 사회.

※ 한국의 민주화 과정

4·19 혁명(1960) 1960년 4월 19일, 한국인들은 부정선거를 규탄하고 이승만 정권 퇴진을 요구하며 시위를 벌였다.

5·16 군사쿠데타(1961) 1961년 5월 16일 박정희 육군 소장을 중심으로 한 한 무리의 한국군 장교들이 쿠데타를 일으켜 4·19혁명으로 수립된 제2공화국을 무너뜨리고 권력을 장악하였다.

대통령을 선출하는 체육관 선거(1972) 유신 체제 하에서는 5,000여 명으로 구성된 선거인단이 대통령을 선출하였다. 선거인단은 국민에게 특정 후보에 대한 지지의사를 밝히는 것이 금지되었다.

5·18 민주화 운동(1980) 광주 시민들이 무장한 군인들의 강경 진압에 맞서 저항하였다. 이 과정에서 군인 25명을 포함하여 200여 명이 넘는 사망자가 발생하였고 부상자는 3,000여 명에 이르렀다.

기간 동안 민주화와 산업화를 동시에 이룩한 한국 사회는 이제 정보사회라는 새로운 여건 속에서 '민주화 이후의 민주주의'를 실현해야 하는 과제를 안고 있다.

6월 민주화 항쟁에 참가한 넥타이 부대(1987)
6월 민주화 항쟁에는 학생과 재야 단체 회원들을 비롯해 사무직 노동자들이 대거 참여하였다.

확인 학습

1 1960년 4·19 혁명의 의미에 대해 알아봅시다.

2 1970년대 유신 체제의 성격에 대해 알아봅시다.

3 1987년 6월의 민주화 요구 시위가 가져온 결과에 대해 이야기해 봅시다.

4 인터넷과 같은 온라인 공간의 등장이 한국의 민주주의에 미친 영향에 대해 알아봅시다.

5 아래에서 맞는 것에는 ○표, 틀린 것에는 ×표 하세요.

1) 유신 체제는 1970년에 막을 내렸다. (   )

2) 1987년까지 한국은 군사 독재정권이 지배했다. (   )

3) 한국은 경제 성장과 산업화를 위해 민주화를 억압한 역사가 있다. (   )

4) 한국의 민주주의는 통치자의 결단에 의해 이루어졌다. (   )

심화 학습

1 한국 사회의 산업화와 한국인의 민주화 열망 사이의 관계에 대해 알아봅시다.

2 여러분 나라의 민주화 과정을 살펴보고 이를 한국의 경우와 비교해 봅시다.

한국의 교육열

1. 한국의 교육열이 어느 정도인지 알 수 있는 예를 이야기해 봅시다.

2. 바람직하다고 생각하는 학교 교육의 사례를 말해 보십시오.

학원가 　　　　　　　　　　　　　학원에서 사교육을 받는 학생들

　　한국은 교육열(敎育熱)이 매우 높은 나라이다. 한국의 어린 아이들은 심한 경우에는 3세 무렵부터 한글을 배우거나 영어(英語), 수학(數學) 등을 배우기 시작하며, 초등학교(初等學校)에서 고등학교(高等學校)까지 정규교육(正規敎育)을 받으면서 과외(課外)[1]로 학원, 개인교습, 인터넷 강의 등의 사교육(私敎育)을 받고 있다. 조기 유학[2]도 성행하여 미국의 대학생 중에서 한국 유학생이 차지하는 비율이 1~2위를 다툴 지경이며 어학연수(語學硏修)가 보편화되고 있다. 이런 교육열 덕분으로 한국은 교육 부문에서 큰 성공을 거둔 나라 중의 하나로 평가를 받고 있다. 1945년 해방 이후에 당시 80%에 이르던 문맹률(文盲率)은 불과 10여 년 후인 1958년에 4%로 감소했다. 현재도 청년층의 고등교육 이수율은 세계적으로 매우 높고 한국 학생들의 실력 역시 세계 최상위권에 속하는 것으로 평가된다.

　　한국의 교육열(敎育熱)이 다른 나라에 비해 높은 배경에는 여러 가지 요인이 있다. 역사적으로 한국은 상업(商業)이나 무술(武術)보다는 학문(學問)을 숭상하여, 삼국 시대에는 태학과 경당, 고려 시대에는 국자감(국학), 조선시대에는 성균관 등의 교육 기관이 있었고 이들 기관에서 공부한 학자들은 사람들의 존경을 받았다. 또한 예전에는 인재 등용

---

1) 과외(課外) 학교의 정해진 교과 과정 이외에 비공식적으로 하는 수업. 많은 한국 학생들이 영어, 수학 과목에 대해 과외 수업을 받고 있다.
2) 조기 유학(早期留學) 어린 나이에 외국에서 머물면서 공부를 하는 일. 주로 영어를 배울 목적으로 영어권 국가로 조기 유학을 간다.

을 위한 과거제도(科擧制度)[3]가 시행되어 선비들은 관직을 얻기 위해 학문에 힘썼다. 개화기에 이르러 신분제도(身分制度)가 없어지면서 교육은 신분 상승(身分 上昇)을 가능하게 하는 강력한 수단으로 자리 잡아 교육열(敎育熱)을 부추겼다. 한편 근래에는 물적 자원과 민족자본의 빈약함을 극복하고자 한국 정부가 우수한 인력의 육성에 힘써 왔는데 이러한 정책도 학벌(學閥)과 학력을 중시하도록 하여 교육열을 높이는 데에 영향을 주어 왔다.

한국의 높은 교육열은 한국의 강점이 되기도 하지만 역설적으로 공교육(公敎育)의 부실, 입시(入試) 위주(爲主)의 교육으로 인한 창의적(創意的) 인재 양성의 실패, 불필요한 천문학적 액수의 교육 비용 등의 부작용을 낳기도 했다. '치맛바람'[4]으로 대표되는 잘못된 교육열(敎育熱)은 입시 부정 등의 사회문제를 일으키기도 하였고 과도한 교육비의 부담은 부모 세대의 노후 생활에 큰 부담으로 작용하기도 한다. 무엇보다도 입시 위주의 교육은 '입시지옥(入試地獄)'[5]이라는 잘못된 교육 환경을 조성하여 젊은이들의 창의성을 없애고 미래의 꿈을 생각할 여유까지 빼앗아가기도 한다.

한국의 높은 교육열(敎育熱)은 많은 인재를 길러 냈고 천연자원과 민족 자본이 부족한 한국은 수준 높은 인적 자원(人的資源)을 배경으로 하여 6·25 전쟁의 폐허(廢墟) 속에서도 '한강의 기적'[6]이라고 불리는 경제 발전을 이뤄 냈다. 최근 한국에는 지나친 교육열(敎育熱)을 바로잡고 교육열의 건전한 방향을 모색하려는 움직임이 일고 있다. 자녀의 재능을 살펴서 적극적으로 키워 주려 하거나 획일적(劃一的)인 입시 위주의 교육에서 벗어나 대안(代案) 교육을 모색하려는 교육열의 건전한 변화는 최근 몇몇 스포츠 스타의 예에서 드러나듯이 교육열의 생산적인 가능성을 보여 주고 있다.

아울러 학력(學歷)을 파괴하고 학벌(學閥)보다 실력(實力)을 강조하는 사회의 분위기 역

3) 과거제도(科擧制度) 시험을 치러서 관리를 뽑는 제도로 고려 시대 때 처음 시작했다.
4) 치맛바람 자녀 교육 등을 할 때 여자의 지나친 활동을 비유적으로 이르는 말.
5) 입시지옥(入試地獄) 어렵고 힘든 입학시험 준비로 지옥 같이 괴로운 상황.
6) 한강(漢江)의 기적(奇績) 대한민국에서 한국 전쟁 이후부터 아시아 금융 위기 시기까지 나타난 반세기에 이르는 급격한 경제성장을 나타내는 상징적인 용어. 특히, 전쟁의 폐허로부터 세계적 경제 중심지로 탈바꿈한 대한민국의 급격한 경제적 성장을 서울 중심부를 흐르는 한강을 통해 상징적으로 일컫는 말이다.

시 입시 위주의 구태의연한 교육의 탈피를 요구한다. 정부도 능력별 수업, 대입 전형(銓衡)의 다양화, 각종 학력(學歷) 차별(差別) 철폐(撤廢) 등의 제도적 장치를 마련하며 한국 교육을 개혁해 나가고 있다. 한국의 교육열(教育熱)이 어떻게 바람직한 방향을 찾아 나갈지 한국인들의 선택이 주목된다.

수학능력시험을 보는 학생들

확인 학습

1 한국의 교육열을 나타내는 사례를 세 가지 이상 찾아 써 보세요.

2 한국에서 교육열이 높아지게 된 역사적인 원인은 무엇인지 찾아 써 보세요.

3 한국의 교육열이 가져 온 긍정적인 영향과 부정적인 영향이 무엇인지 말해 보세요.

1) 긍정적인 영향   2) 부정적인 영향

4 교육과 관련하여 최근의 한국에는 어떤 변화가 생기고 있는지 정리해 보세요.

1) 부모   2) 사회   3) 정부

5 아래에서 맞는 것에는 ○표, 틀린 것에는 ×표 하세요

1) 한국의 지나친 교육열은 한국 국내에서만 그 예를 찾아볼 수 있다. (   )
2) 예로부터 교육은 출세를 위한 수단으로 여겨져 왔다. (   )
3) 높은 교육열은 공교육과 사교육의 획기적인 발전을 가져 왔다. (   )
4) 한국의 교육열은 이미 건전한 방향으로 자리 잡아 가고 있다. (   )

심화 학습

1 한국의 사교육에는 어떤 유형이 있는지 알아봅시다.

2 여러분 나라의 교육에는 어떤 문제가 있고 그것을 어떻게 해결하고 있는지 말해 봅시다.

14

변화하는 한국의 가족

1. 한국에서 가족 형태가 어떻게 변화해 왔는지 말해 봅시다.
2. 가족 형태가 변화하는 원인이나 이유는 무엇인지 생각해 봅시다.

한국의 전통적 가족 형태는 부계적(父系的) 직계(直系)[1]의 대가족(大家族)이다. 이러한 대가족 제도는 유교적인 가치가 강조되던 17세기 이후 확립된 것으로, 가족은 부모와 가계를 계승할 장자(長子)[2] 부부 및 그 자녀들로 구성된다. 이 가족 제도에서는 가장으로서의 권위를 존중받는 아버지, 즉 가부장(家父長)을 중심으로 가정생활이 운영되며, 아들을 통한 '대(代) 잇기', '혈연(血緣) 의식', 그리고 '효도(孝道)' 등의 가치가 강조된다. 전통적 가족 형태는 산업화·도시화라는 사회경제적 구조의 변화에 따라 1955년에는 34%였지만, 2000년에는 8%까지 줄어들었다. 그러나 부계적 직계라는 가족 구성, 효도의 관념(觀念), 소위 '맏아들'의 책임은 여전히 사람들 사이에 중요한 가치로 남아 있다.

---

1) 직계(直系) 혈연이 친자 관계에 의하여 직접적으로 이어져 있는 계통.
2) 장자(長子) 맏아들. 전통적으로 집안에서 대를 잇고 부모를 모시고 효도를 다하며 제사를 지낸다.

현대 사회의 대표적인 가족 형태는 핵가족(核家族)이다. 1955년에 60%를 차지하던 핵가족 형태는 2000년에는 82%로 늘어났다. 핵가족 형태에서는 가족 관계의 중심이 권위적(權威的)인 부자 관계에서 평등(平等)한 부부 관계로 바뀐다. 가족 내에서 부부는 가족 문제에 대해 권리와 의무를 나눠 갖는다. 전통적으로는 남편이 생계(生計)를 책임지고 아내가 살림을 하였지만, 최근 여성의 사회 진출이 증가함에 따라 가정 경제에서 차지하는 여성의 비중이 커지고 있다. 아울러 자녀 교육은 전통적으로도 어머니의 역할(役割)이 적지 않았는데, 최근에는 여성의 역할이 훨씬 커져서 학습을 돕거나 진로를 결정하는 과정에서 어머니가 자녀의 미래에 큰 영향을 주는 경우가 늘어났다.

최근 통계청이 발표한 한국의 사회 동향(動向)에 따르면 한국의 가족 형태는 다양한 유형으로 재구성(再構成)되고 있는 것으로 나타났다. 다양한 가족 형태 중에서도 1인 가구, 조손(祖孫) 가구[3], 분거(分居) 가구[4], 다문화가정(多文化家庭)[5] 등이 증가하고 있는 점은 최근 새롭게 생긴 현상이다. 이들 가구의 형성 배경을 구체적으로 살펴보면, 결혼율이 하락하고 결혼적령기(結婚適齡期)가 늦어짐으로써 1인 독신(獨身) 가구가 증가하고, 맞벌이나 조기 유학으로 인한 분거 가족이 늘어나고 있다는 점을 알 수 있다. 한편 이혼율이

---

3) 조손 가구(祖孫家口) 조부모와 손자, 손녀가 함께 사는 가구. 최근 부부가 이혼하면서 자식을 자신들의 부모에게 맡기면서 생겨난 가구 형태이다.

4) 분거 가구(分居家口) 직장이나 학업 등의 이유로 가족들이 따로 사는 가구.

5) 다문화가정(多文化家庭) 다문화 가정 또는 다문화 가족은 서로 다른 국적, 인종, 문화를 가진 남녀가 이룬 가정이나 그런 사람들이 포함된 가정을 말한다. 최근 한국에서 국제결혼의 빈도가 높아지며 생긴 용어로 '국제결혼가정', '혼혈아' 등 인종 차별적인 이미지와 그로 인해 유발되는 반감을 해소하기 위해 2000년 초부터 일반화되어 현재까지 사용되고 있다.

높아짐으로써 조손가구가 늘어나고, 국제결혼의 확대에 따라 다문화가정도 증가하고 있다.

앞으로도 저출산(低出産)과 고령화(高齡化)[6] 현상, 전통적인 사고방식의 변화 등으로 가족 형태는 계속 변화를 겪을 전망이다. 특히 최근 한국에서는 입양(入養)이나 재혼(再婚)에 대한 부정적인 인식, 자식에 대한 부양 기대 등이 약화되면서 '혈연'이나 '장남의 대 잇기' 등의 획일화된 가족관에서 벗어나서 새로운 가족 관계가 모색(摸索)되고 있다. 변화하는 가족 형태를 고려할 때 이제는 가족이란 구성원 간의 유대(紐帶)를 바탕으로, 서로에게 정서적인 안정을 주는 사회 단위라는 새로운 가족관이 널리 퍼질 것이다. 즉, 가족의 요건으로 혈연만을 강조하는 사고방식에서 벗어나 사랑과 이해를 가족의 기본적인 요건으로 여기는 인식이 새로 정립될 것이다.

---

6) 고령화(高齡化) 총인구 중에 65세 이상의 인구가 총인구를 차지하는 비율이 7% 이상인 사회의 인구 구성. 2008년 7월 현재 한국의 65세 이상 노인 인구는 501만 6천 명으로 전체 인구의 10.3%에 이른다.

확인 학습

1 한국의 전통적인 가족 형태는 무엇이고 어떤 특징이 있는지 말해 봅시다.

2 핵가족에서 어머니는 어떤 역할을 하는지 찾아 써 봅시다.

3 최근 증가하는 가족 형태와 그 증가 요인은 무엇인지 세 가지 이상 찾아 써 봅시다.

1) 최근 증가하는 가족 형태
2) 증가 요인

4 앞으로는 한국 사회에 어떤 가족관이 정립될 것인지 찾아 써 봅시다.

5 아래에서 맞는 것에는 ○표, 틀린 것에는 ×표 하세요.

1) 전통적인 대가족 제도는 이미 1,000년 전부터 확립되어 있었다. (　　)
2) 핵가족 형태에서 여성들은 더 이상 살림을 혼자 하지 않는다. (　　)
3) 사회 변화 때문에 한국에는 새로운 가족 형태가 발생하고 있다. (　　)
4) 앞으로도 가족 형태나 가족 관계 등은 계속 변화를 겪을 것이다. (　　)

심화 학습

1 최근 증가하는 한국의 가족 형태에는 어떤 것들이 있는지 알아봅시다.

2 한국과 여러분 나라의 가족 형태와 가족 관계를 비교해 봅시다.

다문화 가족과 한국 사회의 변화

1. 한국이 단일민족 국가라는 한국인의 의식에 대하여 각자의 견해를 말해 봅시다.

2. 다문화 사회의 긍정적 측면에 대하여 이야기해 봅시다.

2011년 말 한국에 등록(登錄)된 외국인 수는 140만 명이 넘는다. 이는 90일 이상의 장기 체류(滯留)의 허가를 받고 한국에서 살아가고 있는, 약 80여 개국의 외국에서 이주해 온 외국인의 숫자이다. 이는 한국의 주민등록(住民登錄) 인구 4천9백7십여 만 명의 약 2.8%에 해당한다. 비록 전체 숫자와 비율 면에서 많은 편은 아니지만 2000년 24만 4천여 명, 2004년 46만 9천여 명, 2007년 76만 5천여 명이었던 것을 비교해 보면 그 수가 급속(急速)히 증가하고 있음을 알 수 있다. 그뿐만 아니라 2010년 1월 기준으로 한국인과 결혼하여 살고 있는 외국인의 수는 18만 1천여 명에 이른다. 이에 따라 한국에서는 '다문화(多文化) 가족'이라는 용어가 만들어지고 2007년 '재한(在韓) 외국인 처우(處遇) 기본법', 2013년 8월 '다문화 가족 지원법(支援法)'이 제정(制定)되기도 하였다.

 '다문화 가족'이란 말 그대로 다른 민족 또는 다른 문화적 배경을 가진 외국 출신 가족 구성원(構成員)이 포함된 가족을 의미한다. 대부분 부모 중 한 사람이 외국인으로, 결혼 이민(移民)을 오거나 결혼 후 귀화(歸化)하여 가정을 꾸린 경우이다. 이 중 특히 결혼 이민으로 한국인과 살게 된 외국인들의 경우에는 언어와 문화의 차이에서 오는 이질감(異質感)과 소외감(疏外感)으로 한국 생활에 많은 어려움을 겪게 된다. 이러한 문제는 그동안 한국인들이 고집(固執)해 온 '순혈주의(純血主義)'의 문화적 폐쇄성(閉鎖性)에 근거한다.

 한국은 그동안 지정학적(地政學的) 위치에 따라 민족 간의 교류가 활발하지 않은 국가였다. 한국인들은 오래 전부터 단일민족(單一民族)임을 내세워 왔으며, 조상을 숭배하고 혈통과 가문(家門)을 중요시하는 유교적 전통이 강한 민족이었다. 따라서 결혼은 두 집안의 가문이 결합하는 매우 중요한 행사로서, 나와 다른 계층(階層), 민족 간의 결혼이란 감히 생각하지도 못하는 일이었다. 그러나 21세기 이후에는 모든 것이 달라졌다. 오늘날에는 국제화의 조류(潮流)에 따라 국적(國籍)을 초월(超越)한 인적 교류가 활발해지고 이에 따라 한국인들이 외국인과 결혼하는 것도 한층 자연스러워졌다. 아울러 혼혈인(混血人)의 국내외 사회적 진출도 활발해짐에 따라 이러한 '국제결혼'에 대한 편견(偏見)도 많이

출처: 연합뉴스

사라졌다.

　다문화 가족이 늘어남에 따라 이들을 위한 정부와 민간단체(民間團體)의 관심과 노력도 증가하고 있다. 서울을 비롯한 모든 자치단체(自治團體)에서 주요 지역을 단위로 하여 '다문화 가족 지원 센터'와 같은 기구를 설립하여 다양한 지원을 베풀고 있다. 이러한 기구를 통해 정부와 민간단체에서는 한국어 보급과 한국 문화 이해, 다문화 가정 자녀들을 위한 학습 지원 등에 많은 노력을 기울이고 있다. 그러나 이러한 지원 못지않게 무엇보다도 이들의 고유문화를 존중하고 이해하여 이들이 자신들의 고유문화를 유지(維持)하고 향유(享有)할 수 있도록 터전을 마련해 주는 일이 중요하다. 그리고 이를 위해서는 무엇보다도 이들에 대한 문화적, 인종적 편견을 버리고 함께 더불어 살아가고자 하는 한국인의 가치관(價値觀)의 전환(轉換)이 우선되어야 할 것이다.

(단위 : 명)

구분	중국	몽골	베트남	일본
1980	620	–		230
1985	511	–	–	99
1990	691	–	–	661
1995	278	18	11	350
2000	1,378	54	62	733
2005	10,107	305	559	1,115
2006	15,308	539	963	1,267
2007	23,106	903	1,496	1,250
2008	30,579	1,237	1,443	1,093
2009	39,454	1,632	1,457	1,107
2010	45,944	2,196	1,667	1,350

※ 연도별 한국내 체류 통계

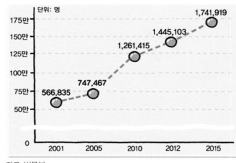

자료: 법무부

체류 외국인 국적별 현황

※ 다문화가족지원센터

다문화가족지원센터는 다문화가족지원법 제12조에 의거, 국비 또는 지방비를 지원받아 운영하는 시·군·구 단위 센터를 말하며, 다음과 같은 사업을 하고 있다.

- ○ 다문화가족에 대한 교육·상담·정보제공 등 서비스 제공 및 수요조사   ○ 자조집단 육성 및 멘토링 등 자원봉사 연계
- ○ 방문교육지도사 모집·파견·관리, 방문교육대상자 시·군·구 추천   ○ 지역사회 유관기관 간 협력네트워크 구축

※ 코시안(Kosian)

1996년 경기도의 안산외국인노동자센터에서 처음 사용한 용어로, 한국인(Korean)과 아시아인(Asian)의 합성어이다. 코시안은 보통 외국인 노동자와 한국인 사이에서 태어난 국제결혼 2세, 한국에 거주하는 아시아 이주노동자의 자녀를 가리키며, 넓게는 코시안으로 이루어진 다문화 가족과 다문화 가정이 모여 사는 지역까지도 포함한다.

원래는 국제결혼 자녀와 이주 아동들의 인권과 권익을 보호하기 위하여 만들어진 말이지만, 최근에는 한국인과 구별 짓는 또 다른 차별적 용어로 잘못 사용되기도 한다. 이 같은 부정적 차별 의미와 아시아인에 국한하는 의미를 대체하는 용어로서 '온누리안(Onnurian)'을 사용하기도 한다. 온누리안은 한국어 '온누리'와 '사람'을 뜻하는 영어의 접미사 '-안(-ian)'을 합성한 조어로서 국제결혼 가정을 모두 포괄하는 의미를 담고 있다.

확인 학습

1 다문화 가정의 개념이 무엇인지 말해 봅시다.

2 한국에서 살고 있는 외국인에 대한 한국인의 인식이 어떻게 변했는지 말해 봅시다.

3 한국의 다문화 가정이 겪고 있는 문제에 대해 말해 봅시다.

4 한국의 다문화 가정을 지원하고자 하는 한국 정부의 방안은 무엇입니까?

5 다음의 내용 중 맞으면 ○표, 틀리면 ×표 하세요.

1) 한국인들은 그동안 단일민족임을 자랑스럽게 생각해 왔다. (   )
2) 다문화 가족은 주로 한국인들이 외국에 나가서 결혼함으로써 형성된다. (   )
3) 한국인들을 대상으로 한 다문화 교육은 잘 이루어지지 않고 있다. (   )
4) 외국 문화에 대한 이해가 다문화 사회로 가는 지름길이라고 할 수 있다. (   )

심화 학습

1 한국 사회에서 외국인이 성공한 사례를 찾아봅시다.

2 한국과 여러분 나라의 다문화 가족에 대한 의식을 비교해 봅시다.

어휘

10. 남북의 분단과 대립

개시開始 행동이나 일 따위를 시작함. begin

걸치다 일정한 횟수나 시간, 공간을 거쳐 이어지다. span

견제牽制 일정한 작용을 가함으로써 상대편이 지나치게 세력을 펴거나 자유롭게 행동하지 못하게 억누름. check

결의決議 의논하여 결정함. resolution

경계선境界線 경계(境界)가 되는 선. a boundary line

고립孤立 다른 사람과 어울리어 사귀지 아니하거나 도움을 받지 못하여 외톨이로 됨. isolation

고조高潮 감정이나 기세가 극도로 높은 상태. heighten

공산주의共産主義 사적 소유에 근거를 둔 계급 지배를 철폐하고 생산수단의 사회화와 무계급 사회를 지향하는 사상. communism

공세攻勢 공격하는 태세. 또는 그런 세력. blitz, offensive

공업단지工業團地 국가나 지방 자치 단체가 미리 공장용 부지를 조성하고, 배후 시설이나 진입 도로 등을 정비하여 많은 공장을 유치한 단지. industrial park

공존共存 두 가지 이상의 사물이나 현상이 함께 존재함. coexistence

광복光復 빼앗긴 주권을 도로 찾음. independence

광복절光復節 우리나라의 광복을 기념하기 위하여 제정한 국경일. National Liberation Day

교류交流 근원이 다른 물줄기가 서로 섞이어 흐름. 또는 그런 줄기. exchange

규정하다規定-- 규칙으로 정하다. rule, stipulate

극심極甚 매우 심함. intensity

단독單獨 단 하나. single

단일單一 단 하나로 되어 있음. single

단절斷絶 유대나 연관 관계를 끊음. severance

대내적對內的 나라나 사회의 내부에 관련되는. domestic

대대적大大的 일의 범위나 규모가 매우 큼. extensive

대립對立 의견이나 처지, 속성 따위가 서로 반대되거나 모순됨. opposition

대비對備 앞으로 일어날지도 모르는 어떠한 일에 대응하기 위하여 미리 준비함. preparation

독재獨裁 특정한 개인, 단체, 계급, 당파 따위가 어떤 분야에서 모든 권력을 차지하여 모든 일을 독단으로 처리함. dictatorship

마르크스 레닌주의 레닌에 의하여 계승·발전된 마르크스의 혁명적 사회주의 사상. Marxism-Leninism.

말미암다 어떤 현상이나 사물 따위가 원인이나 이유가 되다. come from

무장武裝 전투에 필요한 장비를 갖춤. arm

미군美軍 미국 군대. 또는 미국 군인. the US armed forces

북위北緯 적도로부터 북극에 이르기까지의 위도. north(ern) latitude

북진하다北進-- 북쪽으로 진출하거나 진격하다. go[march] north

분단分斷 동강이 나게 끊어 가름. division

분쟁紛爭 말썽을 일으키어 시끄럽고 복잡하게 다툼. dispute

분할分割 나누어 쪼갬. division

불씨 어떠한 사건이나 일을 일으키게 되는 원인을 비유적으로 이르는 말. tinderbox

빼앗기다 '남의 것을 억지로 제 것으로 만들다'의 피동사. be deprived of

사령관司令官 육군, 해군, 공군 등을 지휘하는 최고 지휘관. commander

상륙작전上陸作戰 바다로부터 적지에 상륙하여 벌이는 공격 작전. landing operations

상봉相逢 서로 만남. reunion

상실喪失 어떤 사람과 관계가 끊어지거나 헤어지게 됨. loss

선전宣傳 주의나 주장, 사물의 존재, 효능 따위를 많은 사람이 알고 이해하도록 잘 설명하여 널리 알리는 일. propaganda

성과成果 이루어 낸 결실. outcome

성립成立 일이나 관계 따위가 제대로 이루어짐. be valid, be established

성사하다成事-- 일이 이루어지다. achieve

소련군蘇聯軍 옛 소비에트 사회주의 공화국 연방의 군대. the Soviet[Russian] army

수립하다樹立-- 국가나 정부, 제도, 계획 따위를 이룩하여 세우다. establish

식민植民 본국(本國)과는 다른 차별적 지배를 받고 있는 지역에 자국민이 영주(永住)할 목적으로 이주하여 경제적으로 개척하며 활동하는 일. colonization

신탁信託 믿고 맡김. trust

실질적實質的 실제로 있는 본바탕과 같거나 그것에 근거하는. actual

안전보장이사회安全保障理事會 세계 평화와 안전을 지키고 분쟁을 해결하기 위하여 둔 국제 연합의 주요 기관. the Security Council

압제壓制 권력이나 폭력으로 남을 꼼짝 못하게 강제로 누름. oppression

여전히如前 전과 같이. still

역전逆轉 형세가 뒤집힘. 또는 형세를 뒤집음. turn around

연합군聯合軍 전쟁에서 둘 혹은 둘 이상의 국가가 연합하여 구성한 군대. the Allied Forces

열망熱望 열렬하게 바람. (strong) desire

영토領土 국제법에서, 국가의 통치권이 미치는 구역. territory, domain

외무 장관外務長官 국가의 외교에 관한 사무를 총괄하는 장. minister of foreign affairs

우려憂慮 근심하거나 걱정함. 또는 그 근심과 걱정. concern, worry

우월성優越性 우월한 성질이나 특성. superiority

우익右翼 어떤 단체나 정당 따위의 내부에서 보수주의적이거나 온건주의적 경향. the right, rightist

이념理念 이상적인 것으로 여겨지는 생각이나 견해. ideology, idea

이질화異質化 바탕이 달라짐. 또는 바탕이 달라지게 함. heterogeneity

입각立脚 어떤 사실이나 주장 따위에 근거를 두어 그 입장에 섬. based on

자본주의資本主義 생산 수단을 자본으로서 소유한 자본가가 이윤 획득을 위하여 생산 활동을 하도록 보장하는 사회 경제 체제. capitalism

자초하다自招-- 어떤 결과를 자기가 생기게 하다. incur

장관長官 국무를 나누어 맡아 처리하는 행정 각 부의 우두머리. minister, secretary

적대적敵對的 적으로 대하거나 적과 같이 대하는. hostile

전세戰勢 전쟁, 경기 따위의 형세나 형편. war situation

정권政權 정치상의 권력. 또는 정치를 담당하는 권력. power, government

정당政黨 정치적인 주의나 주장이 같은 사람들이 정권을 잡고 정치적 이상을 실현하기 위하여 조직한 단체. party

정상회담頂上會談 두 나라 이상의 우두머리가 모여 하는 회담. summit

정전停戰 교전 중에 있는 양방이 합의에 따라 일시적으로 전투를 중단하는 일. ceasefire

제재制裁 일정한 규칙이나 관습의 위반에 대하여 제한하거나 금지함. sanctions, restriction

조성造成 무엇을 만들어서 이룸. development

좌익左翼 급진적이거나 사회주의적·공산주의적인 경향. the left, leftist

중공군中共軍 중국 공산당의 군대. the Communist Chinese army.

지령指令 상급 관청이 하급 관청에 그 소관 사무에 관하여 내리는 명령. order

지배支配 어떤 사람이나 집단, 조직, 사물 등을 자기의 의사대로 복종하게 하여 다스림. rule

진주進駐 군대가 쳐들어가거나 파견되어 가서 주둔함. (military force) be stationed

참전하다參戰-- 전쟁에 참가하다. enter a war

총액總額 전체의 액수. the sum total

충돌衝突 서로 맞부딪치거나 맞섬. clash

침공侵攻 다른 나라를 침범하여 공격함. invasion

통치統治 나라나 지역을 도맡아 다스림. rule

판단判斷 사물을 인식하여 논리나 기준 등에 따라 판정을 내림. judgment

평화平和 전쟁, 분쟁 또는 일체의 갈등이 없이 평온함. peace

합작合作 어떠한 것을 만들기 위하여 힘을 합함. collaboration

해방解放 구속이나 억압, 부담 따위에서 벗어나게 함. liberation

핵核 원자의 중심부를 이루는 물질 또는 이 물질을 이용한 무기. nucleus, nuclear weapon

협력協力 힘을 합하여 서로 도움. cooperation

협정協定 행정부가 그 행정권에 속하는 사항에 관하여 다른 나라의 정부와 약정을 맺음. pact, treaty

형성形成 어떤 형상을 이룸. formation

회담會談 어떤 문제를 가지고 거기에 관련된 사람들이 한자리에 모여서 토의함 또는 그 토의. meeting, conference

후퇴後退 뒤로 물러남. retreat

GNI(국민총소득) 한 나라의 국민이 생산활동에 참가한 대가로 받은 소득의 합계. gross national income

11. 한국의 산업화와 경제성장

가공하다加工-- 원자재나 반제품을 인공적으로 처리하여 새로운 제품을 만들거나 제품의 질을 높이다. process

가전제품家電製品 가정에서 사용하는 세탁기, 냉장고, 텔레비전 따위의 전기 기기 제품. home appliances

개입하다介入-- 자신과 직접적인 관계가 없는 일에 끼어 들다. intervene

겨를 어떤 일을 하다가 생각 따위를 다른 데로 돌릴 수 있는 시간적인 여유. time

격차隔差 빈부, 임금, 기술 수준 따위가 서로 벌어져 다른 정도. gap

경쟁력競爭力 경쟁할 만한 힘. 또는 그런 능력. competitiveness

경제협력개발기구(OECD) 경제 성장, 개발 도상국 원조, 통상 확대의 세 가지를 주요 목적으로 하여 1961년에 창설된 국제 경제 협력 기구. Organization for Economic Cooperation and Development

고도高度 수준이나 정도 따위가 매우 높거나 뛰어남. high-degree

고부가가치高附加價値 생산 과정에서 새롭게 부가된 높은 가치. high added-value

공업화工業化 산업 구성의 중점이 농업·광업 따위의 원시산업에서 가공 산업으로 옮아감. industrialization

교육열敎育熱 교육에 대한 열의. passion for education

구제救濟 자연적인 재해나 사회적인 피해를 당하여 어려운 처지에 있는 사람을 도와줌. help, aid

국제통화기금國際通貨基金 1947년 3월에 설립한 국제 연합의 전문 기관의 하나. International Monetary Fund(IMF)

극복하다克服-- 악조건이나 고생 따위를 이겨 내다. overcome

근대화近代化 근대적인 상태가 됨. 또는 그렇게 함. modernization

근면성勤勉性 부지런한 품성. industry

금융위기金融危機 금융에서 비롯된 경제 위기. financial crisis

기업企業 영리(營利)를 얻기 위하여 재화나 용역을 생산하고 판매하는 조직체. business, enterprise, company

기적奇蹟 상식으로는 생각할 수 없는 기이한 일. miracle

노동자勞動者 노동력을 제공하고 얻은 임금으로 생활을 유지하는 사람. worker, laborer

눈부시다 1. 빛이 아주 아름답고 황홀하다. 2. 활약이나 업적이 뛰어나다. dazzling, remarkable, wonderful

달성하다達成-- 목적한 것을 이루다. achieve

당시當時 일이 있었던 바로 그때. 또는 이야기하고 있는 그 시기. then, at that time

대체代替 다른 것으로 대신함. substitution, replacement

동란動亂 폭동, 반란, 전쟁 따위가 일어나 사회가 질서를 잃고 소란해지는 일. cataclysm

되찾다 다시 찾거나 도로 찾다. recover, regain

두드러지게 겉으로 뚜렷하게 드러나게. remarkably

땀방울 물방울처럼 맺힌 땀의 덩이. drops of perspiration

맞물리다 아래윗니나 입술, 주둥이, 부리 따위를 마주 물다 혹은 끊어지지 아니하고 잇닿다. interlink, interconnect

모순矛盾 어떤 사실의 앞뒤, 또는 두 사실이 이치상 어긋나서 서로 맞지 않음을 이르는 말. contradiction

몰아가다 몰아서 일정한 방향으로 이끌다. drive to

무역加工貿易 지방과 지방 사이에 서로 물건을 사고팔거나 교환하는 일 혹은 나라와 나라 사이에 서로 물품을 매매하는 일. trade, commerce

무한경쟁無限競爭 같은 목적에 대하여 이기거나 앞서려고 제한 없이 겨룸. unlimited competition

묵묵히默默- 말없이 잠잠하게. silently

반도체半導體 상온에서 전기 전도율이 도체와 절연체의 중간 정도인 물질. semiconductor

본격적本格的 제 궤도에 올라 제격에 맞게 적극적인. real, genuine, full-scale

부상하다浮上-- 어떤 현상이 관심의 대상이 되거나 어떤 사람이 훨씬 좋은 위치로 올라서다. emerge

부존자원賦存資源 경제적 목적에 이용할 수 있는 지각 안의 지질학적 자원. natural resources

비중比重 다른 것과 비교할 때 차지하는 중요도. importance

빈부격차貧富隔差 경제적 자산과 개인 간 소득의 불균형. gap between the rich and poor

사태事態 일이 되어 가는 형편이나 상황. situation, state

산업産業 인간의 생활을 경제적으로 풍요롭게 하기 위하여 재화나 서비스를 창출하는 생산하는 분야, 좁은 뜻으로는 공업만을 가리키기도 함. industry

산업구조産業構造 한 나라의 전체 산업에서 각 산업이 차지하는 비중과 각 산업의 상호 관계. 제일차 산업·제이차 산업·제삼차 산업으로 분류함. industrial structure

산업역군産業役軍 산업의 발전에서 중요한 역할을 하는 일꾼. pillar of industry

생명과학生命科學 생명에 관계되는 현상을 종합적으로 연구하는 과학. life science

생존生存 살아 있음. 또는 살아남음. survival

석유화학石油化學 석유나 천연가스를 원료로 하여 연료, 윤활유 이외의 용도로 쓰는 여러 가지 화학 제품 따위를 다루는 분야 혹은 공업. petrochemistry

수치數値 계산하여 얻은 값. figure

수탈收奪 강제로 빼앗음. exploitation, plunder

시도試圖 어떤 것을 이루어 보려고 계획하거나 행동함. try, attempt

시장 경제市場經濟 시장을 통한 재화나 용역의 거래를 중심으로 하여 성립하는 경제. the market economy

신자유주의新自由主義 20세기 이후 다시 정부의 시장 개입을 지양하고 자유로운 경쟁 체제를 더욱 강화하려는 사상. neoliberalism

여餘 어떤 한도에 차고 남은 부분 혹은 어떤 일을 하다가 마치지 못한 부분. the rest

연평균年平均 1년을 단위로 하여 내는 평균. annual average

열매 식물이 수정한 후 씨방이 자라서 생기는 것. fruit

우수성優秀性 여럿 가운데 뛰어난 특성. superiority

원자재原資材 공업 생산의 원료가 되는 자재. raw materials

월등하다越等-- 다른 것과 견주어서 수준이 정도 이상으로 뛰어나다. superior

이룩하다 어떤 큰 현상이나 사업 따위를 이루다. achieve, accomplish

인권人權 인간으로서 당연히 가지는 기본적 권리. human rights

인적人的 사람에 관한. 또는 그런 것. human

인정認定 확실히 그렇다고 여김. acknowledgment, recognition

자본資本 장사나 사업 따위의 기본이 되는 돈. capital

자부심自負心 자기 자신 또는 자기와 관련되어 있는 것에 대하여 스스로 그 가치나 능력을 믿고 당당히 여기는 마음. self-respect, pride

자유방임自由放任 각자의 자유에 맡겨 간섭하지 아니함. noninterference

자유화自由化 제약이나 제한 없이 자유롭게 됨. 또는 그렇게 함. liberalization

저임금低賃金 낮은 임금. low wage

전략戰略 정치, 경제 따위의 사회적 활동을 하는 데 필요한 책략. strategy

전체全體 개개 또는 부분의 집합으로 구성된 것을 몰아서 하나의 대상으로 삼는 경우에 바로 그 대상. the whole

정경유착政經癒着 정치계와 경제계가 서로 자신의 이익을 얻으려고 서로 깊은 관계를 가져 하나가 되는 일. a back-scratching alliance of government and businesses

정권政權 정치상의 권력. 또는 정치를 담당하는 권력. power, government

정보통신情報通信 전자적 통신망을 이용하여 정보를 주고받음. Information and Communications

조선造船 배를 설계하여 만듦. shipbuilding

조정調整 어떤 기준이나 실정에 맞게 정돈함. adjustment, modification

주도하다主導-- 주동적인 처지가 되어 이끌다. take lead

중점重點 가장 중요하게 여겨야 할 점. emphasis

차원次元 사물을 보거나 생각하는 처지. 또는 어떤 생각이나 의견 따위를 이루는 사상이나 학식의 수준. level dimension

철강鐵鋼 주철과 강철을 아울러 이르는 말. steel

첨단尖端 시대 사조, 학문, 유행 따위의 맨 앞장. cutting edge

초고속超高速 극도로 빠른 속도. superhigh speed

초반初盤 어떤 일이나 일정한 기간의 처음 단계. early phase

추진推進 목표를 향하여 밀고 나아감. propulsion

출범하다出帆-- 배가 항구를 떠나다. 혹은 (비유적으로) 단체가 새로 조직되어 일을 시작하다. be established, be founded, be launched

출현하다出現-- 나타나거나 또는 나타나서 보이다. appearance

탄압彈壓 권력이나 무력 따위로 억지로 눌러 꼼짝 못하게 함. suppression, oppression

투자投資 이익을 얻기 위하여 어떤 일이나 사업에 자본을 대거나 시간이나 정성을 쏟음. investment

폐허廢墟 건물이나 성 따위가 파괴되어 황폐하게 된 터. ruins

풍부하다豊富-- 넉넉하고 많다. rich, abundant

필수적必須的 꼭 있어야 하거나 하여야 하는. 또는 그런 것. essential, necessary

핵심核心 사물의 가장 중심이 되는 부분. core

현장現場 일이 생긴 그 자리. site

활력活力 살아 움직이는 힘. vitality

획기적劃期的 어떤 과정이나 분야에서 전혀 새로운 시기를 열어 놓을 만큼 뚜렷이 구분되는. groundbreaking, epoch-making

후유증後遺症 어떤 일을 치르고 난 뒤에 생긴 부작용. aftereffect

희생犧牲 다른 사람이나 어떤 목적을 위하여 자신의 목숨, 재산, 명예, 이익 따위를 바치거나 버림. sacrifice

12. 한국의 민주화

가늠하다 목표나 기준에 맞고 안 맞음을 헤아려 보다. judge, estimate

가히可– '능히', '넉넉히'의 뜻을 나타낸다. easily, enough

거스르다 일이 돌아가는 상황이나 흐름과 반대되거나 어긋나는 태도를 취하다. go against, disobey

건설建設 건물, 설비, 시설 따위를 새로 만들어 세움. construction

공론장公論場 공론이 형성되는 사회생활의 한 영역. public sphere

국회의원 선거國會議員 選擧 국회의원을 뽑는 일. election of members of the National Assembly

군사쿠데타 군사를 동원하여 무력으로 정권을 빼앗는 일. the military coup

권위주의權威主義 어떤 일에 있어 권위를 내세우거나 권위에 순종하는 태도. authoritarianism

근간根幹 사물의 바탕이나 중심이 되는 중요한 것. basis, foundation

기본권基本權 인간이 태어날 때부터 가지고 있는 기본적인 권리. natural rights

기치旗幟 일정한 목적을 위하여 내세우는 태도나 주장. one's attitude[position]

내세우다 나와 서게 하다. nominate

대립적對立的 의견이나 처지, 속성 따위가 서로 반대되거나 모순되는, 또는 그런 것. oppositive

대세大勢 일이 진행되어 가는 결정적 인형세. general trend

대통령 선거大統領 選擧 대통령을 뽑는 일. a presidential election

도구道具 일을 할 때 쓰는 연장을 통틀어 이르는 말. tool

도래到來 어떤 시기나 기회가 닥쳐옴. advent, come

독립국가獨立國家 독립된 주권을 가진 나라. independent nation

독재獨裁 특정한 개인, 단체, 계급, 당파 따위가 어떤 분야에서 모든 권력을 차지하여 모든 일을 독단으로 처리함. dictatorship, autocracy

동원動員 어떤 목적을 달성하고자 사람을 모으거나 물건, 수단, 방법 따위를 집중함. mobilization, rally

막을 내리다 무대의 공연이나 어떤 행사를 마치다. come to an end

면하다免–– 책임이나 의무 따위를 지지 않게 되다. avoid, evade

민주공화국民主共和國 주권이 국민에게 있고 주권의 운용이 국민의 의사에 따라 이루어지는 나라. democratic republic

범국민적汎國民的 널리 국민 전체에 관계되는. pan-national

부응하다副應–– 어떤 요구나 기대 따위에 좇아서 응하다. meet, satisfy

부정하다否定–– 그렇지 않다고 단정하거나 옳지 않다고 반대하다. deny

분단分斷 동강이 나게 끊어 가름. division

비약적飛躍的 지위나 수준 따위가 갑자기 빠른 속도로 높아지거나 향상되는. 또는 그런 것. rapid, swift

빈곤貧困 가난하여 살기가 어려움. poverty

사법부司法府 대법원 및 대법원이 관할하는 모든 기관을 통틀어 이르는 말. the judicial branch, the judiciary

성숙成熟 생물의 발육이 완전히 이루어짐 혹은 몸과 마음이 자라서 어른스럽게 됨. maturity, ripeness,

세력勢力 권력이나 기세의 힘. influence, power

수립하다樹立–– 국가나 정부, 제도, 계획 따위를 이룩하여 세우다. establish

수반隨伴 어떤 일과 더불어 생김. accompany

시위示威 위력이나 기세를 떨쳐 보임. demonstration, protest

시험대 가치나 기량 따위를 시험하는 자리. scrutiny

실현하다實現–– 꿈, 기대 따위를 실제로 이루다. realize, fulfill

억압하다抑壓–– 자기의 뜻대로 자유로이 행동하지 못하도록 억지로 억누름. suppression, repression

연일連日 여러 날을 계속함. every day, day after day

열망熱望 열렬하게 바람. (strong) desire

원활하다圓滑–– 거침이 없이 잘되어 나가다. smooth

위시하다爲始–– 여럿 중에서 어떤 대상을 첫 자리 또는 대표로 삼다. begin, commence

인권人權 인간으로서 당연히 가지는 기본적 권리. human rights

입법부立法府 법률 제정을 담당하는 국가 기관. the legislative branch, legislature

전락하다轉落-- 나쁜 상태나 타락한 상태에 빠지다. fall, degenerate

전폭적全幅的 전체에 걸쳐 남김없이 완전한. 또는 그런 것. wholehearted, full, utmost

전환점轉換點 다른 방향이나 상태로 바뀌는 계기. 또는 그런 고비. turning point

정권政權 정치상의 권력. 또는 정치를 담당하는 권력. power, government

정치체제政治體制 정치적 실권을 위한 정당의 구성과 권력 행사의 장치를 총칭. political system

조국祖國 자기의 국적이 속하여 있는 나라. one's homeland one's native country

종말終末 계속된 일이나 현상의 맨 끝. end

좌절挫折 1. 마음이나 기운이 꺾임. frustration
2. 어떠한 계획이나 일 따위가 도중에 실패로 돌아감. failure, breakdown

지속持續 어떤 상태가 오래 계속됨. continuation

지지支持 어떤 사람이나 단체 따위의 주의·정책·의견 따위에 찬동하여 이를 위하여 힘을 씀. support

지표指標 방향이나 목적, 기준 따위를 나타내는 표지. index, indicator

진보進步 정도나 수준이 나아지거나 높아짐. progress, advance

진정하다眞正-- 참되고 올바르다. true

집권執權 권세나 정권을 잡음. seize power, come to power

짓밟히다 인격이나 권리 따위를 침해받다. be trampled, be stamped

창출創出 전에 없던 것을 처음으로 생각하여 지어내거나 만들어 냄. creation

추진推進 물체를 밀어 앞으로 내보냄. 혹은 목표를 향하여 밀고 나아감. propel

쿠데타 무력으로 정권을 빼앗는 일. coup d'Etat

투쟁鬪爭 어떤 대상을 이기거나 극복하기 위한 싸움. fight, struggle

파행적跛行的 일이나 계획 따위가 순조롭지 못하고 이상하게 진행되어 가는. 또는 그런 것. crippled, going wrong

표출表出 겉으로 나타냄. expression

필수적必須的 꼭 있어야 하거나 하여야 하는. 또는 그런 것. essential, necessary

항쟁抗爭 맞서 싸움. struggle, resistance

헌법憲法 국가 통치 체제의 기초에 관한 각종 근본 법규의 총체. Constitution

혁명革命 헌법의 범위를 벗어나 국가 기초, 사회 제도, 경제 제도, 조직 따위를 근본적으로 고치는 일. revolution

확산擴散 흩어져 널리 퍼짐. spread, diffusion

후진성後進性 일정한 수준을 기준으로 할 때 그보다 뒤떨어진 상태. backwardness

희생犧牲 다른 사람이나 어떤 목적을 위하여 자신의 목숨, 재산, 명예, 이익 따위를 바치거나 버림. sacrifice

13. 한국의 교육열

강력하다强力-- 힘이나 영향이 강하다. strong, powerful

강점強點 남보다 우세하거나 더 뛰어난 점. one's strength

개혁改革 제도나 기구 따위를 새롭게 뜯어고침. reformation

건전하다健全-- 병이나 탈이 없이 건강하고 온전하다. sound, healthy

공교육公教育 공적인 재원(財源)에 의하여 이루어지는 교육. public education

과도하다過度-- 정도에 지나치다. excessive

관직官職 공무원 또는 관리가 국가로부터 위임받은 일정한 직무나 직책. public office

교육열教育熱 교육에 대한 열의. passion for education

구태의연하다舊態依然-- 조금도 변하거나 발전한 데 없이 예전 모습 그대로이다. obsolete

극복하다克服-- 악조건이나 고생 따위를 이겨 내다. overcome

근래近來 가까운 요즈음. recent days

기관機關 사회생활의 영역에서 일정한 역할과 목적을 위하여 설치한 기구나 조직. institution

노후老後 늙어진 뒤. one's later years

당시當時 일이 있었던 바로 그때. 또는 이야기하고 있는 그 시기. then, at that time

대안代案 어떤 안(案)을 대신하는 안. alternative

대입 전형大入 銓衡 대학교 학습과 관련된 됨됨이나 재능 따위를 가려 뽑음. 또는 그런 일. screening process of college admission

드러나다 가려 있거나 보이지 않던 것이 보이게 되다. be exposed

등용登用 인재를 뽑아서 씀. appointment

모색하다摸索-- 일이나 사건 따위를 해결할 수 있는 방법이
　　나 실마리를 더듬어 찾다. seek, find

무술武術 무기 쓰기, 주먹질, 발길질, 말달리기 따위의 무도에
　　관한 기술. martial arts

문맹文盲 배우지 못하여 글을 읽거나 쓸 줄을 모름. 또는 그런
　　사람. illiteracy

물적物的 물질적인. 또는 그런 것. material

바로잡다 굽거나 비뚤어진 것을 곧게 하다. straighten

보편화普遍化 널리 일반인에게 퍼짐. 또는 그렇게 되게 함.
　　generalization

부실不實 내용이 실속이 없고 충분하지 못함. weak, poor

부추기다 남을 이리저리 들쑤셔서 어떤 일을 하게 만들다.
　　incite

불과不過 그 수량에 지나지 않은 상태임을 이르는 말. only,
　　just

비용費用 어떤 일을 하는 데 드는 돈. cost

비율比率 다른 수나 양에 대한 어떤 수나 양의 비. ratio,
　　proportion

빈약貧弱 형태나 내용이 충실하지 못하고 보잘것없음.
　　poorness, scantiness

빼앗다 남의 것을 억지로 제 것으로 만들다. rob

사교육私教育 사립 학교와 같이 법인이나 개인의 재원에 의하
　　여 유지되고 운영되는 교육. private education

상승上昇 낮은 데서 위로 올라감. rise, increase

선비 학문을 닦는 사람을 예스럽게 이르는 말. classical
　　scholar

성행하다 盛行-- 매우 성하게 유행하다. prevalent,
　　popular

세대世代 같은 시대에 살면서 공통의 의식을 가지는 비슷한 연
　　령층의 사람 전체. generation

숭상하다崇尙-- 높여 소중히 여기다. revere

신분身分 개인의 사회적인 위치나 계급. 봉건 사회에서는, 사
　　회관계를 구성하는 서열. rank, status

아울러 동시에 함께. and

양성養成 가르쳐서 유능한 사람을 길러냄. 혹은 실력이나 역량
　　따위를 길러서 발전시킴. training, education

역설하다力說-- 자기의 뜻을 힘주어 말하다. emphasize

요인要因 사물이나 사건이 성립되는 까닭. 또는 조건이 되는
　　요소. main cause

우수하다優秀-- 여럿 가운데 뛰어나다. excellent, superb

위주爲主 으뜸으로 삼는. mainly

육성育成 길러 자라게 함. foster, nurture

이수履修 해당 학과를 순서대로 공부하여 마침. complete,
　　finish

인력人力 사람의 힘 혹은 사람의 노동력. manpower, labor
　　force

인재人材 어떤 일을 할 수 있는 학식이나 능력을 갖춘 사람.
　　talented person

입시入試 입학생을 선발하기 위하여 입학 지원자들에게 치르
　　도록 하는 시험. entrance examination

자본資本 상품을 만드는 데 필요한 생산 수단이나 노동력을 통
　　틀어 이르는 말. capital

자원資源 인간 생활 및 경제 생산에 이용되는 원료, 노동력이
　　나 기술 따위를 통틀어 이르는 말. resources

작용하다作用-- 어떠한 현상을 일으키거나 영향을 미치다.
　　affect

장치裝置 어떤 목적에 따라 기능하도록 기계, 도구 따위를
　　그 장소에 장착함. 또는 그 기계, 도구, 설비. equipment,
　　installation, device

정규교육正規教育 정식으로 규정된 학제와 교육 강령에 따
　　라 진행하는 교육. formal education

조기早期 이른 시기. early

조성造成 무엇을 만들어서 이룸.make, create

주목되다注目-- 관심을 받고 주의 깊게 살펴지다. be
　　watched

창의적創意的 창의성을 띠거나 가진. 또는 그런 것. creative

천문학적 액수 수가 엄청나게 큰 돈. astronomical sum

천연자원天然資源 천연적으로 존재하여 인간 생활이나 생산
　　활동에 이용할 수 있는 물자나 에너지를 통틀어 이르는 말.
　　natural resources

철폐撤廢 전에 있던 제도나 규칙 따위를 없앰. abolition

최상위最上位 가장 높은 지위나 등급이나 위치. most
　　significant

탈피脫皮 일정한 상태나 처지에서 완전히 벗어남.breakaway

파괴破壞 때려 부수거나 깨뜨려 헐어 버림. destruction

폐허廢墟 건물이나 성 따위가 파괴되어 황폐하게 된 터. ruin

학력學歷 학교를 다닌 경력. academic background

획일적劃一的 모두가 한결같아서 다름이 없는. 또는 그런 것.
　　standardized

14. 변화하는 한국의 가족

가계家系 대대로 이어 내려온 한 집안의 계통. family line

가부장家父長 봉건 사회에서, 가장권(家長權)의 주체가 되는 사람. patriarch

계승繼承 조상의 전통이나 문화유산, 업적 따위를 물려받아 이어 나감. succession

고령화高齡化 한 사회에서 노인의 인구 비율이 높은 상태로 나타나는 일. graying, aging population

관념觀念 어떤 일에 대한 견해나 생각. idea

권리權利 어떤 일을 행하거나 타인에 대하여 당연히 요구할 수 있는 힘이 나 자격. right

권위權威 남을 지휘하거나 통솔하여 따르게 하는 힘. authority

단위單位 길이, 무게, 수효, 시간 따위의 수량을 수치로 나타낼 때 기초가 되는 일정한 기준. unit

독신獨身 배우자가 없는 사람. unmarried person

동향動向 사람들의 사고, 사상, 활동이나 일의 형세 따위가 움직여 가는 방향. trend

맞벌이 부부가 모두 직업을 가지고 돈을 벎. a dual income

모색摸索 일이나 사건 따위를 해결할수 있는 방법이나 실마리를 더듬어 찾음. groping

벗어나다 공간적 범위나 경계 밖으로 빠져나오다. get out

부계父系 아버지 쪽의 혈연 계통. paternal line

부양扶養 생활 능력이 없는 사람의 생활을 돌봄. support, support

상승上昇 낮은 데서 위로 올라감. rise, increase

생계生計 살림을 살아 나갈 방도. living, livelihood

소위所謂 이른바. so-called

요건要件 필요한 조건. requirement

운영運營 조직이나 기구, 사업체 따위를 운용하고 경영함. management

유대紐帶 둘 이상을 서로 연결하거나 결합하게 하는 것. bond, link

의무義務 사람으로서 마땅히 하여야 할 일. 곧 맡은 직분. obligation, duty

의식意識 깨어 있는 상태에서 자기 자신이나 사물에 대하여 인식하는 작용. consciousness

인식認識 사물을 분별하고 판단하여 앎. awareness

입양入養 양자로 들어감. 또는 양자를 들임. adoption, adopt

재구성再構成 한 번 구성하였던 것을 다시 새롭게 구성함. reconstitution, restructure

재혼再婚 다시 결혼함. 또는 그런 결혼. remarriage

저출산低出産 아이를 적게 낳음. low birth

적령기適齡期 어떤 일을 하기에 알맞은 나이가 된 때. the best age

전망展望 앞날을 헤아려 내다봄. 또는 내다보이는 장래의 상황. view, prospect

정립正立 바로 섬. 또는 바로 세움. correcting, defining

정서적情緖的 정서를 불러일으키는. 또는 그런 것. emotional

존중尊重 높이어 귀중하게 대함. respect

진로進路 앞으로 나아갈 길. course, path

진출進出 어떤 방면으로 활동 범위나 세력을 넓혀 나아감. advance, enter

통계청 각종 통계 자료의 처리에 관한 사무를 맡아보는 중앙 행정 기관의 하나. National Statistical Office

하락下落 값이나 등급 따위가 떨어짐. drop, fall

핵가족核家族 부부와 미혼의 자녀만으로 구성된 가족. nuclear family

현상現象 인간이 지각할 수 있는, 사물의 모양과 상태. phenomenon

혈연血緣 같은 핏줄에 의하여 연결된 인연. blood ties

확립確立 체계나 견해, 조직 따위가 굳게 섬. establishment

획일화劃一化 모두가 한결같아서 다름이 없게 됨. uniformity, standardization

효孝 어버이를 잘 섬기는 일. filial duty

15. 다문화 가족과 한국 사회의 변화

가문家門 가족 또는 가까운 일가로 이루어진 공동체. one's family

가정을 꾸리다 가정을 이루거나 규모 있게 이끌어 나가다. have[raise] a family

가치관價値觀 가치에 대한 관점. values

감히 두려움이나 송구함을 무릅쓰고 혹은 말이나 행동이 주제넘게. dare

계층階層 사회적 지위가 비슷한 사람들의 층. class, stratum

귀화歸化 다른 나라의 국적을 얻어 그 나라의 국민이 되는 일. naturalization

근거根據 근본이 되는 거점. ground

급속히急速 급하고 빠르게. rapidly, fast

기구機構 많은 사람이 모여 어떤 목적을 위하여 구성한 조직이나 기관의 구성 체계. organization, organ

기본법基本法 다른 여러 가지 법의 기본이 되는 법. fundamental law

기울이다 비스듬하게 한쪽이 낮아지거나 비뚤어지게 하다. lean, tilt

기준基準 기본이 되는 표준. standard

노력을 기울이다 무언가를 이루기 위해 그곳에 몸과 마음을 다하다. concentrate effort

다문화 가족多文化家族 문화와 풍습이 다른 먼 지방, 또는 나라가 다른 사람들끼리 결혼 따위의 인연을 맺고 가정을 이루어 살아가는 가족. multi-cultural family

다양하다多樣 모양, 빛깔, 형태, 양식 따위가 여러 가지로 많다. various

단위單位 길이, 무게, 수효, 시간 따위의 수량을 수치로 나타낼 때 기초가 되는 일정한 기준. unit

단일민족單一民族 한 나라의 주민이 단일한 인종으로 구성되어 있는 민족. homogene people

대부분大部分 절반이 훨씬 넘어 전체량에 거의 가까운 정도의 수효나 분량. most

더불어 함께 along with

등록登錄 일정한 자격 조건을 갖추기 위하여 단체나 학교 따위에 문서를 올림. registration

마련하다 헤아려서 갖추다. prepare

면面 사물의 겉으로 드러난 쪽의 평평한 바닥. plane, side

못지않게 N에 못지않게 일정한 수준이나 정도에 뒤지지 않다. as much as

민간단체民間團體 민간인으로 이루어진 단체. a private organization

민족民族 일정한 지역에서 오랜 세월 동안 공동생활을 하면서 언어와 문화상의 공통성에 기초하여 역사적으로 형성된 사회 집단. people, ethnic group, race

배경背景 사건이나 환경, 인물 따위를 둘러싼 주위의 정경. background

베풀다 일을 도와주어서 혜택을 받게 하다. have mercy, do a kindness

보급普及 널리 펴서 많은 사람들에게 골고루 미치게 하여 누리게 함. supply

비록 아무리 그러하더라도. though

비율比率 다른 수나 양에 대한 어떤 수나 양의 비. ratio, proportion

사라지다 현상이나 물체의 자취 따위가 없어지다. disappear

사회적社會的 사회에 관계되거나 사회성을 지닌. 또는 그런 것. social

설립設立 기관이나 조직체 따위를 만들어 일으킴. establishment

소외감疏外感 남에게 따돌림을 당하여 멀어진 듯한 느낌. a sense of alienation

순혈주의純血主義 순수한 혈통만을 선호하고 다른 종족의 피가 섞인 혈통은 배척하는 주의. pureblood supremacy

숫자數字 수를 나타내는 글자. number

숭배하다崇拜-- 우러러 공경하다. worship

아울러 동시에 함께. at the same time

용어用語 일정한 분야에서 주로 사용하는 말. terminology

우선于先 어떤 일에 앞서서. first, above all

유교儒敎 '유학'을 종교적인 관점에서 이르는 말. Confucianism

유지하다維持-- 어떤 상태나 상황을 그대로 보존하거나 변함없이 계속하여 지탱하다. keep, maintain

이르다 어떤 장소나 시간 혹은 범위에 닿다. reach

이민移民 자기 나라를 떠나 다른 나라로 이주하는 일. immigration, emigration

이주移住 본래 살던 집에서 다른 집으로 거처를 옮김. move, migration

이질감異質感 성질이 서로 달라 낯설거나 잘 맞지 않는 느낌. sense of difference

인구人口 일정한 지역에 사는 사람의 수. population

인적 교류人的交流 a personal exchange

인적人的 사람에 관한. personal

인종적人種的 인류를 지역과 신체적 특성에 따라 구분한 종류에 관한. racial

자녀子女 아들과 딸을 아울러 이르는 말. children

자치단체自治團體 국가로부터 자치권이 부여된 공법상의 법인. autonomous community

장기長期 오랜 기간. long period

장기 체류長期滯留 오랜 기간 객지에 가서 머물러 있음. a long stay

재한在韓 한국에 있는. residing in Korea

전환轉換 다른 방향이나 상태로 바뀌거나 바꿈. change

제정制定 제도나 법률 따위를 만들어서 정함. enactment

조류潮流 밀물과 썰물 때문에 일어나는 바닷물의 흐름.
　　current

조상祖上 돌아간 어버이 위로 대대의 어른. ancestor

존중尊重 높이어 귀중하게 대함. respect

주민등록住民登錄 주민 등록법에 따라서, 모든 주민을 주
　　소지의 시·군·읍 따위에 등록하게 하는 일. resident
　　registration

지정학적地政學的 지정학에 바탕을 두거나 관계된.
　　geopolitical

진출進出 어떤 방면으로 활동 범위나 세력을 넓혀 나아감.
　　advance

처우處遇 조처하여 대우함. treatment

체류滯留 객지에 가서 머물러 있음. stay, sojourn

초월하다超越-- 어떠한 한계나 표준을 뛰어 넘다.
　　transcend

터전 자리를 잡은 곳. 살림의 근거지가 되는 곳. base

편견偏見 공정하지 못하고 한쪽으로 치우친 생각. prejudice

폐쇄성閉鎖性 태도나 생각 따위가 꼭 닫히거나 막히어서 외부
　　와 통하지 않는 성질. shutdown

향유하다享有-- 누리어 가지다. enjoy

허가許可 행동이나 일을 하도록 허용함. permission

혈통血統 같은 핏줄의 계통. blood line

혼혈인混血人 혈통이 다른 종족 사이에서 태어난 사람. a
　　person of mixed race

활발하다活潑-- 생기있고 힘차며 시원스럽다. animated

IV 언어

17. 한글의 창제와 변천

기념記念, 紀念 어떤 뜻깊은 일이나 훌륭한 인물 등을 오래도록 잊지 않고 마음에 간직함. commemoration

기존既存 이미 존재함. existing

까닭 일이 생기게 된 원인이나 조건. reason

날로 날이 갈수록. day by day

널리 범위가 넓게. wide

단위單位 길이, 무게, 수효, 시간 따위의 수량을 수치로 나타낼 때 기초가 되는 일정한 기준. unit

더하다 더 보태어 늘리거나 많게 하다. add

독창성獨創性 다른 것을 모방함이 없이 새로운 것을 처음으로 만들어 내거나 생각해 내는 성질. creativity, originality

드러나다 가려 있거나 보이지 않던 것이 보이게 되다. come out

맞춤법 어떤 문자로써 한 언어를 표기하는 규칙. spelling system, orthography

명실상부하다名實相符-- 이름과 실상이 서로 꼭 맞는 데가 있다. true to the name

명칭名稱 사람이나 사물 따위를 부르는 이름. name

모방하다模倣-- 다른 것을 본뜨거나 본받다. imitate

무한하다無限-- 수(數), 양(量), 공간, 시간 따위에 제한이나 한계가 없다. infinite

문맹률文盲率 배우지 못하여 글을 읽거나 쓸 줄 모르는 사람의 비율. illiteracy rate

반포頒布 세상에 널리 퍼뜨려 모두 알게 함. proclamation

발음기관發音器官 음성을 내는 데 쓰는 신체의 각 부분. the vocal organs

백성百姓 나라의 근본을 이루는 일반 국민을 예스럽게 이르는 말. the people

변천變遷 세월의 흐름에 따라 바뀌고 변함. change

보급普及 널리 펴서 많은 사람들에게 골고루 미치게 하여 누리게 함. propagate

본뜨다 무엇을 본보기로 삼아 그대로 좇아하다. be modeled after

본래本來 사물이나 사실이 전하여 내려온 그 처음. originally

상징象徵 추상적인 개념이나 사물을 구체적인 사물로 나타냄. symbol

서민庶民 아무 벼슬이나 신분적 특권을 갖지 못한 일반 사람. ordinary person

소실消失 사라져 없어짐. disappearance

어리석다 슬기롭지 못하고 둔하다. foolish

어문규범語文規範 언어생활에서 따르고 지켜야 할 공식적인 기준. norms of language

용례用例 쓰고 있는 예. example

윗잇몸 위쪽의 잇몸. the upper gums

음성音聲 사람의 발음 기관을 통해 내는 구체적이고 물리적인 소리. sound

음절音節 하나의 종합된 음의 느낌을 주는 말소리의 단위. syllable

일정하다一定-- 어떤 것의 양, 성질, 상태, 계획 따위가 달라지지 아니하고 한결같다. constant

잇몸 이뿌리를 둘러싸고 있는 살. gum(s)

자모字母 한 개의 음절을 자음과 모음으로 갈라서 적을 수 있는 낱낱의 글자. an alphabet

제자制字 글자를 만드는 것. make alphabets

주역主役 주된 역할. 또는 주된 역할을 하는 사람. leading role

중성 음절의 구성에서 중간 소리인 모음. medial, vowel

창제創製 전에 없던 것을 처음으로 만들거나 제정함. invension

초성初聲 음절의 구성에서 처음 소리인 자음. initial sound

취지趣旨 어떤 일의 근본이 되는 목적이나 긴요한 뜻. purpose

특유特有 일정한 사물만이 특별히 갖추고 있음. unique

편찬하다編纂-- 여러 가지 자료를 모아 체계적으로 정리하여 책을 만들다. compile

평평하다平平-- 바닥이 고르고 판판하다. flat

폐기廢棄 못 쓰게 된 것을 버림. disuse, abrogation

표기表記 적어서 나타냄. 또는 그런 기록. transcription

해례解例 보기를 들어서 풀이함. description with illustration

혀뿌리 혀의 뿌리 부분. the root of the tongue

형상形象 사물의 생긴 모양이나 상태. form

획劃 글씨나 그림에서, 붓 따위로 한 번 그은 줄이나 점. stroke

18. 생활 속의 한국어

감탄사感歎詞 말하는 이의 본능적인 놀람이나 느낌, 부름, 응답 따위를 나타내는 말의 분류이다. exclamation

개정改正 주로 문서의 내용 따위를 고쳐 바르게 함. revision

거드름 거만스러운 태도. self-importance

격식格式 격에 맞는 일정한 방식. formality

경향傾向 현상이나 사상, 행동 따위가 어떤 방향으로 기울어짐. tendency

공용어公用語 한 나라 안에서 공식적으로 쓰는 언어. official language

관찰하다觀察-- 사물이나 현상을 주의하여 자세히 살펴보다. observe

국한局限 범위를 일정한 부분에 한정함. limit

규정規定 규칙으로 정함. 또는 그 정하여 놓은 것. rule

기성세대既成世代 현재 사회를 이끌어 가는 나이가 든 세대. the older generation

드물다 어떤 일이 일어나는 일이 잦지 아니하다. rare

말쑥하다 지저분함이 없이 말끔하고 깨끗하다. neat

말투-套 말을 하는 버릇이나 본새. one's way of speaking[talking]

맞장구를 치다 남의 말에 서로 호응하거나 동의하다. chime in with

맞춤법 어떤 문자로써 한 언어를 표기하는 규칙. spelling system, orthography

방언方言 한 언어에서, 사용 지역 또는 사회 계층에 따라 분화된 말의 체계. dialect

벼슬 관아에 나가서 나랏일을 맡아 다스리는 자리. 또는 그런 일. government post[position]

분단分斷 동강이 나게 끊어 가름. division

빈번히 번거로울 정도로 도수가 잦게. frequently

양심良心 사물의 가치를 변별하고 자기의 행위에 대하여 옳고 그름과 선과 악의 판단을 내리는 도덕적 의식. conscience

어감語感 말소리나 말투의 차이에 따른 느낌과 맛. nuance

억울하다 아무 잘못 없이 꾸중을 듣거나 벌을 받거나 하여 분하고 답답하다. unfair

완만하다緩慢-- 움직임이 느릿느릿하다. 경사가 급하지 않다. gentle, gradual

외래어 표기법外來語表記法 외래어를 한글로 표기하는 방법. loanword orthography

외래어外來語 외국에서 들어온 말로 국어처럼 쓰이는 단어. loanword

음운音韻 말의 뜻을 구별하여 주는 소리의 가장 작은 단위. phoneme

이념理念 이상적인 것으로 여겨지는 생각이나 견해. ideology

주도하다主導-- 주동적인 처지가 되어 이끌다. lead

지시사指示 사물을 지시하는 표현. demonstrative

직설적直說的 바른대로 말하는. straightforward

채택하다採擇-- 작품, 의견, 제도 따위를 골라서 다루거나 뽑아 쓰다. adopt

총總 모두 합하여 몇임을 나타내는 말. total

추구하다追求-- 목적을 이룰 때까지 뒤쫓아 구하다. pursue

축약縮約 두 형태소가 서로 만날 때에 앞뒤 형태소의 두 음소나 음절이 한 음소나 음절로 되는 현상. abbreviation

특정特定 특별히 지정함. particular

표준어標準語 한 나라에서 공용어로 쓰는 규범으로서의 언어. standard language

하강下降 높은 곳에서 아래로 향하여 내려옴. descent

한자어漢字語 한자에 기초하여 만들어진 말. Sino-Korean word

횟수回數 돌아오는 차례의 수. number (of times)

V 예술과 대중문화

한국의 전통 공연 예술
: 탈춤과 판소리

1. 한국의 전통 공연을 감상해 본 경험이 있으면 말해 봅시다.
2. 한국의 전통 공연이 현대 공연 예술과 어떻게 다른지 말해 봅시다.

　　한국의 전통 공연 예술의 하나로서 지금까지 전승(傳承), 발전해 오고 있는 것으로 탈춤과 판소리가 있다.

　　한국의 탈춤(가면극)의 역사는 매우 오래된 것으로 알려져 있다. 문헌(文獻)에서 확인되는 탈춤에 관한 기록은 통일신라시대까지 거슬러 올라간다. 그러나 오늘날 전하는 탈춤의 대부분은 조선 후기에 만들어진 것으로 서울을 비롯한 전국 곳곳에서 전승되고 있다. 한국의 탈춤은 음악에 맞추어 춤을 추며 배우들 간에 대사(臺詞)를 주고받으며 이야기를 진행시킨다는 점에서 특징적이다. 말하자면 탈춤은 음악, 무용, 문학, 연극의 양식이 고루 섞여 있는 종합 예술이라고 할 수 있다.

　　대부분의 탈춤의 내용과 형식은 크게 다르지 않다. 탈춤은 서양의 연극과는 달리 초저녁부터 밤이 깊을 때까지 여러 사람이 모인 마당에서 횃불을 켜 놓고 공연을 하였다. 처음부터 끝까지 일관(一貫)된 하나의 사건이 진행되는 것이 아니라 몇 개의 큰 사건을 단위로 하여 각각 독립된 하나의 마당을 구성한다. 작품의 주제는 양반 계층에 대한 반항, 파계승(破戒僧)에 대한 풍자, 서민 생활의 실상 등 현실에 대한 비판과 풍자(諷刺)가 중심을 이룬다. 이런 이유로 오늘날 탈춤은 현실을 비판하고 서민의 고충(苦衷)을 토로

(吐露)하는 마당극이라는 형식의 공연으로 현대화되기도 하였다.

판소리는 한 사람이 다른 한 사람의 북장단에 맞추어 부르는 이야기 노래이다. 이때 노래 부르는 사람을 소리꾼 또는 광대(廣大)라고 하고 북장단을 맞추어 주는 사람을 고수(鼓手)라고 하는데, 이 소리꾼이 고수와 대화를 주고받으며 이야기를 진행시키고 노래를 부른다. 판소리 광대는, 악사(樂士)의 연주 없이 고수의 북장단에만 맞추어 부르는 노래로써 등장인물의 감정을 전달한다. 이러한 점에서 판소리는 1인극의 연극적 성격을 아울

러 지닌다.

판소리라는 말의 뜻은 판을 펼치고 노는 놀이판인 '판놀음에서 부르는 소리'라는 의미이다. 판소리가 정확히 언제부터 불리기 시작했는지는 알 수 없지만 대략 조선 중기 이후 전라도를 중심으로 발전한 것으로 추정(推定)된다. 판소리는 조선 후기 영조 이후 하나의

예술 유형으로 자리를 잡았으며 순조 이후 이른바 8명창[1]의 활동으로 조선 전역에 널리 퍼지게 되었다. 19세기 이후 신재효(申在孝)가 그 전까지 전해 내려오던 12가지의 사설(辭說)과 곡조를 〈춘향가〉, 〈심청가〉, 〈박타령〉, 〈가루지기타령〉, 〈토끼타령〉, 〈적벽가〉 등 6작품으로 정리하여 이후 이를 바탕으로 판소리가 불리게 되었다. 오늘날에는 가루지기타령을 제외한 다섯 노래만이 불려진다.

이 노래들은 각각 처음부터 끝까지 빼놓지 않고 부르면 3시간 이상이 걸리는 완결(完結)된 서사적 줄거리를 지니고 있다. 그 곡조는 이야기와 인물의 성격에 따라 7가지로 나누어지고 장면에 따라 광대의 연기(演技)도 가미(加味)된다. 이러한 판소리는 스승의 혹독(酷毒)한 훈련에 의하여 도제식(徒弟式)으로 학습되어 전해져 내려온다. 오늘날에도 판소리는 그 본 모습을 잃지 않고 있으면서 많은 사랑을 받고 있다. 이러한 가치를 인정받아 판소리는 2003년 유네스코의 '인류 구전 및 세계 무형유산 걸작'으로 선정되어 세계 무형유산으로 지정되었다.

판소리는 20세기 이후 창극(唱劇)이라는 연극 양식으로도 발전하였다. 창극은 등장인물마다 배역(配役)을 정하고 현대적인 실내 극장 무대 위에서 대사와 노래로 이야기를 진행해 나간다. 창극은 기존의 판소리 사설과 음악을 그대로 살려 연극으로 꾸며 공연할 뿐 아니라 새로 창작된 대본에 판소리 가락을 실어 공연하기도 한다. 이러한 점에서 창극은 탈춤과 함께 한국을 대표하는 고유의 연극 양식이라고 할 수 있다.

---

1) 8명창 조선 후기 판소리를 잘 부른 여덟 명창(名唱)을 일컫는 말. 조선 후기 영·정조(英正祖) 연간에는 하한담·최선달·우춘대 등 명창이 나와 판소리의 기틀을 잡았고, 순조(純祖) 때와 그 이후에는 권삼득을 비롯한 고수관·송흥록·염계달·모흥갑·신만엽·박유전·김제철 등 이른바 판소리 8명창이 나와 조와 장단을 확대시킴으로써 그 음악성을 충실히 발전시켜 판소리를 크게 번성하게 하였다.

※ 남사당놀이

한국의 대표적인 전통 공연예술로 탈춤과 판소리 외에 남사당놀이가 있다. 남사당놀이는 조선 후기에 시작된 자연 발생적인 민중 놀이로서 남사당패에 의해 연행되었다. 남사당패는 30명 이상의 남자들만의 연예(演藝) 집단으로 이들은 각 지역의 몇몇 사찰(寺刹)에 근거를 두고 유랑(流浪)하면서 재주를 팔았다. 이들은 광대보다도 못한 최하 천민(賤民) 계층으로 대접받았으며 은거지(隱居地)에서 자기들만의 사회를 구성하여 살았다.

남사당의 연기 종목은 획일적인 것으로 풍물, 버나, 살판, 어름, 덧뵈기, 덜미 등 6가지가 있다. 풍물은 첫째 순서로, 꽹과리 · 징 · 장구 · 날라리(태평소)를 불고 치며 노는 농악(農樂)이다. 버나는 대접이나 접시를 돌리는 묘기이며, 어름은 줄타기이다. 덧뵈기는 간단한 가면극으로 춤보다는 재담과 연기가 좋은 풍자극이다. 덜미는 맨 마지막 순서로 꼭두각시놀음이라는 인형극을 공연한다.

남사당놀이 중 줄타기

1 탈춤의 공연방식과 주제에 대하여 말해 봅시다.

2 판소리를 연극이라고 할 수 있는 근거가 무엇인지 말해 봅시다.

3 판소리가 세계 무형유산으로 지정된 이유에 대하여 알아봅시다.

4 판소리와 창극의 차이점에 대하여 말해 봅시다.

5 다음의 내용 중 맞으면 ○표, 틀리면 ×표 하세요.

1) 오늘날 한국에서 볼 수 있는 탈춤은 역사가 1,000년 이상 된 것이다. (   )
2) 탈춤은 주로 실내 극장에서 공연된다. (   )
3) 판소리는 음악, 문학, 연극 등의 장르가 종합된 예술이다. (   )
4) 판소리는 현실에 대한 비판과 풍자의 내용이 주된 주제를 이룬다. (   )

심화 학습

1 창극의 공연 양식을 서양의 현대 연극과 비교해 봅시다.

2 한국의 전통 공연예술을 여러분 나라의 전통 공연예술과 비교해 봅시다.

위상位相 어떤 사물이 다른 사물과의 관계 속에서 가지는 위치나 상태. status

인원人員 단체를 이루고 있는 사람들. 또는 그 수효. the number of people

일컫다 이름 지어 부르다. call, name

잠재력潛在力 겉으로 드러나지 않고 속에 숨어 있는 힘. potential

장밋빛 장미 꽃잎의 빛깔과 같은 짙은 빨간빛. 희망적인 미래. rose color, prosperous future

전략戰略 정치, 경제 따위의 사회적 활동을 하는 데 필요한 책략. strategy

전망 앞날을 헤아려 내다봄. 또는 내다보이는 장래의 상황. prospect, outlook

전반적全般的 어떤 일이나 부문에 대하여 그것과 관계되는 전체에 걸친. 또는 그런 것. overall

정서情緒 사람의 마음에 일어나는 여러 가지 감정. emotion

정서적情緒的 정서를 불러일으키는. 또는 그런 것. emotional

제기提起 의견이나 문제를 내어놓음. raise, bring up

제작製作 재료를 가지고 기능과 내용을 가진 새로운 물건이나 예술 작품을 만듦. production

제품製品 원료를 써서 물건을 만듦. 또는 그렇게 만들어 낸 물품. product

주연主演 연극이나 영화에서 주인공 역을 맡아 연기하는 일. lead[leading starring] role

중동中東 서아시아 일대. the Middle East

중화권中華圈 중국과 중국 문화의 영향이 큰 지역. Great China Region

지적指摘 꼭 집어서 가리킴. pointing

창조創造 전에 없던 것을 처음으로 만듦. creation

창조성創造性 창조하는 성질. 또는 창조적인 특성. creativity

출연出演 연기, 공연, 연설 따위를 하기 위하여 무대나 연단에 나감. appearance

충분하다充分-- 모자람이 없이 넉넉하다. sufficient, enough

치중하다置重-- 어떠한 것에 특히 중점을 두다. focus, concentrate

친숙하다親熟-- 친하여 익숙하고 허물이 없다. familiar

투자投資 이익을 얻기 위하여 어떤 일이나 사업에 자본을 대거나 시간이나 정성을 쏟음. investment

허브 중심이 되는 곳. hub

현상現象 인간이 지각할 수 있는, 사물의 모양과 상태. phenomenon

형성形成 어떤 형상을 이룸. formation

22. 대중가요와 아이돌

3인조 행동을 같이하기 위해 세 사람으로 구성된 무리. a trio

가요계歌謠界 대중가요에 관련된 일에 종사하는 사람들의 활동 분야. the world of singers

가창력歌唱力 노래를 부르는 능력. singing ability

각기各其 저마다의 사람이나 사물. each

관심사關心事 관심을 끄는 일. concern, interest

굳세다 힘차고 튼튼하다. strong, firm

굴곡屈曲 이리저리 굽어 꺾여 있음. 또는 그런 굽이. bend, curve

규격規格 일정한 규정에 들어맞는 격식. standard

기획사企劃社 매니지먼트사. agency

단속團束 규칙이나 법령, 명령 따위를 지키도록 통제함. crackdown, bust

대세大勢 일이 진행되어 가는 결정적인 형세. general trend

동질화同質化 같은 성질이 됨. 또는 그렇게 함. homogeneization

막대하다莫大-- 더할 수 없을 만큼 많거나 크다. huge, enormous

만능萬能 모든 일에 다 능통하거나 모든 일을 다 할 수 있음. 또는 그런 것. all-powerful

멜로디 음의 높낮이의 변화가 리듬과 연결되어 하나의 음악적 통합으로 형성되는 음의 흐름. melody

모방하다模倣-- 다른 것을 본뜨거나 본받다. imitate

미디어 어떤 작용을 한쪽에서 다른 쪽으로 전달하는 역할을 하는 것. media

반영하다反映-- 다른 것에 영향을 받아 어떤 현상을 나타내다. apply

버라이어티 쇼 노래, 토막극 등 여러 가지를 섞어 공연하는 구경거리. variety show

복장服裝 옷차림. dress

부추기다 남을 이리저리 들쑤셔서 어떤 일을 하게 만들다. incite

산물産物 일정한 곳에서 생산되어 나오는 물건. fruit, products

서민庶民 아무 벼슬이나 신분적 특권을 갖지 못한 일반 사람. ordinary person

선망羨望 부러워하여 바람. envy

소외疏外 어떤 무리에서 기피하여 따돌리거나 멀리함. alienatation

수행하다 遂行-- 생각하거나 계획한 대로 일을 해내다. conduct

애환哀歡 슬픔과 기쁨을 아울러 이르는 말. joys and sorrows

양상樣相 사물이나 현상의 모양이나 상태. aspect

양식洋式 일정한 모양이나 형식. form

억압하다 抑壓-- 자기의 뜻대로 자유로이 행동하지 못하도록 억지로 억누르다. suppress

엔터테이너 연예인. entertainer

여흥餘興 어떤 모임이 끝난 뒤에 흥을 돋우려고 연예나 오락을 함. fun

연기演技 배우가 배역의 인물, 성격, 행동 따위를 표현해 내는 일. performance, acting

열광적熱狂的 너무 기쁘거나 흥분하여 미친 듯이 날뛰는. 또는 그런 것. wild, enthusiastic

영역領域 1, 한 나라의 주권이 미치는 범위. territory
2. 활동, 기능, 효과, 관심 따위가 미치는 일정한 범위. field

용모容貌 사람의 얼굴 모양. appearance

우려憂慮 근심하거나 걱정함. 또는 그 근심과 걱정. concern

우선于先 어떤 일에 앞서서. first, above all

일거수일투족一擧手一投足 손 한 번 들고 발 한 번 옮긴다는 뜻으로, 크고 작은 동작 하나하나를 이르는 말. one's every move

일제日帝 일본 제국주의. Japanese imperialism

일제 강점기日帝 强占期 우리나라가 일본 제국에게 식민 통치를 당하던 시대. Japanese colonial era

자극하다刺戟-- 외부에서 작용을 주어 감각이나 마음에 반응이 일어나게 하다. stimulate

장발長髮 길게 기른 머리털. long hair

전유물專有物 혼자 독차지하여 가지는 물건. exclusive property

주류主流 사상이나 학술 따위의 주된 경향이나 갈래. the mainstream

중장년中壯年 30대에서 40대 까지의 나이. 때로 50대 까지도 포함한다. middleaged

창조創造 전에 없던 것을 처음으로 만듦. creation

청장년靑壯年 청년과 장년. 20대에서 40대 까지의 나이. young adult

추세趨勢 어떤 현상이 일정한 방향으로 나아가는 경향. trend, tendency

취향趣向 하고 싶은 마음이 생기는 방향. taste

톡톡히 넉넉하게, 심하게. quite a lot of

통기타 공명통이 달린 보통 기타를 일상적으로 이르는 말. acoustic guitar

파급波及 어떤 일의 여파나 영향이 차차 다른 데로 미침. spread

포크록 민속 로큰롤. folk rock

풍조風潮 시대에 따라 변하는 세태. tendency, trend

피난민避難民 재난을 피하여 가는 사람. refugee

한창 어떤 일이 가장 활기 있고 왕성하게 일어나는 때. 또는 어떤 상태가 가장 무르익은 때. one's best[palmy] days

행사하다行使-- 부려서 쓰다. use, exert

향유하다享有-- 누리어 가지다. enjoy

확장擴張 범위, 규모, 세력 따위를 늘려서 넓힘. extension

한국인의 예법
: 관혼상제

1. 한국의 전통 결혼식이나 장례의식을 본 경험이 있습니까?

2. 한 나라의 전통 예법에 담긴 민족의식을 말해 봅시다.

한국인은 예로부터 유교(儒敎)의 영향으로 사례(四禮)라 하여 네 가지 예법을 매우 중요하게 여겼는데, 특히 왕가(王家)나 사대부(士大夫) 집안에서 엄숙하고 복잡한 예식을 치렀다. 사례는 구체적으로 관례(冠禮), 혼례(婚禮), 상례(喪禮), 제례(祭禮)를 말하며 줄여서 관혼상제(冠婚喪祭)라고 부른다.

먼저 관례는 어른이 되기 위한 의식으로서 오늘날의 성년식(成年式)에 해당한다. 결혼을 하기 위해서는 먼저 관례 의식을 치러야만 하였다. 15세부터 20세까지의 성년기에 이르는 동안에 남자는 땋았던 머리를 풀고 추켜올려 초립(草笠)이라는 관을 썼고, 15세가 되었거나 약혼한 여자는 땋았던 머리를 풀고 틀어 올려서 비녀를 꽂았는데 이를 계례(笄禮)라 하였다. 관례의 절차는 삼가례(三加禮)라 하여 초가(初加), 재가(再加), 삼가(三加) 등의 구체적인 과정이 있어 이 삼가례를 치러야만 어른으로 대우를 받았다. 오늘날에는 매년 5월 셋째 월요일을 '성년(成年)의 날'로 정하고 만(滿) 20세가 된 젊은이들을 위한 다채로운 행사를 갖는다. 1999년부터는 정부에서 전통 관례를 바탕으로 한 표준 성년식 모델을 정하여 전통 관례 복장을 갖추고 의식을 주관하는 어른인 '큰손님'을 모셔 놓고 상견례(相見禮)·삼가례(三加禮)·초례(醮禮)[1]를 거쳐 성년 선언으로 이어지는 성년의 날 행사를 주관한다.

혼례는 남녀가 부부가 되는 데 따르는 모든 의식 절차를 일컫는 말로 예로부터 인간의 대사(大事)라 하여 엄중한 의식을 치러 왔다. 전통 혼례는 서로 혼인 의사를 의논하는 의혼(議婚), 사성(使星)[2]을 보내어 청혼하는 납채(納采)[3], 신랑 집에서 신부 집으로 예물을 보내는 납폐(納幣), 혼례식을 치르는 친영(親迎)[4]의 순서로 진행된다. 초례는 신랑 신부가 처음으로 만나 백년해로(百年偕老)[5]를 서약하는 친영의 한 과정으로, 전안례(奠雁禮)[6] 후에 이어지는 교배례(交拜禮)와 합근례(合卺禮)[7]를 합쳐서 부르는 말이다. 보통 "혼례를 치른다."는 것은 이 초례 과정을 말하며, 초례를 치르는 장소를 초례청이라고 한다. 그러나 이 같은 의례는 이른바 선비의 집안에서나 갖추는 것이고, 일반 서민층에서는 일종의 의례 표준으로 삼기는 하였으나 실제로는 이를 갖추지는 못하여 혼담이 이루어지면 보통 사성을 보낸 후 연길(涓吉)[8]을 보내어 혼례식을 치렀다. 오늘날 서울에 있는 '한국의 집'의 전통 혼례는 서울, 경기 지방의 의례를 바탕으로 하여 현대 생활에서 일반의 표준이 될 수 있는 의식 절차를 거행하고 있는데 내국인은 물론 외국인들에게도 매우 인기가 높다.

상례는 사람이 죽은 때로부터 묘지에 장사를 지낼 때까지의 절차로 사례 중 가장 복잡하고 엄숙한 의례이다. 예법이 엄격한 유교 사회였던 조선 시대에서는 죽음에서부터 묘지에 매장(埋葬)할 때까지의 기간이 대부(大夫)는 3개월, 사(士)는 1개월이었으며 일반 서민들도 7일장, 5일장, 3일장으로 하여 적어도 3일 이상이었지만, 요즈음은 3일장이 일반

---

1) 초례(醮禮) 전통 의식으로 치르는 결혼식.
2) 사성(使星) 심부름하는 사람.
3) 납채(納采) 신랑 집에서 신부 집에 혼인을 구하는 의식.
4) 친영(親迎) 신랑이 신부집에 가서 예식을 올리고 신부를 맞아오는 예.
5) 백년해로(百年偕老) 백 년 동안 함께 늙어 감.
6) 전안례(奠雁禮) 전통 혼례에서 결혼 당일 신랑이 신부 집에 기러기를 가지고 가서 초례상(醮禮床) 위에 놓고 절을 하는 절차.
7) 합근례(合卺禮) 한국 전통 결혼식의 대례(大禮)에서 잔을 주고받는 절차.
8) 연길(涓吉) 전통 혼례에서, 사주(四柱) 단자(單子)를 받은 신부(新婦) 집에서 신랑(新郎) 집에 택일(擇日) 단자를 보내는 일.

화되어 있다. 상례는 크게 초종(初終)에서부터 묘제(墓祭)[9]까지 9단계로 나누었다. 초종은 임종(臨終)에서부터 시신을 씻기고 수의(壽衣)를 입히는 목욕과 습(襲)[10]까지를 말한다. 이후 장례는 습이 끝난 시신을 작은 이불로 싸서 처음으로 묶는 소렴(小殮), 시신을 마지막으로 묶어 관에 모시는 대렴(大殮)과 입관(入棺), 상복(喪服)을 입는 성복(成服), 묘 자리를 마련하는 치장(治葬), 시신을 상여나 영구차에 싣는 천구(遷柩), 장지로 향하는 발인(發靷), 묘지에서의 준비와 장례 행렬이 도착하는 급구(及柩), 시신을 묻고 봉분(封墳)을 쌓는 하관(下棺)과 성분(成墳), 신위(神位)[11]를 위패(位牌)에 쓰는 제주(題主), 집으로 돌아오는 반곡(反哭)[12] 등의 순서로 진행된다.

제례는 돌아가신 조상을 모시는 방법과 절차이다. 효(孝) 사상을 중히 여기는 한국인은 돌아가신 조상의 위패를 각 가정의 사당이나 사찰에 모셔 두고 돌아가신 날과 명절에는 그 계절의 가장 좋은 음식을 제상(祭床)에 올리고 일가친척들이 한자리에 모여 고인(故人)을 기린다. 제례를 지내는 일을 제사(祭祀)라고 하는데 제사에는 상중(喪中)에 지내는 우제(虞祭)[13] 등의 제사 외에 연중행사로 지내는 제사가 있다. 연중행사의 제사에는 시제(時祭), 차례(茶禮), 기제(忌祭), 묘제(墓祭) 등이 있다. 시제는 춘하추동(春夏秋冬),

---

9) 묘제(墓祭) 묘지(墓地)에서 제사를 지내는 일.
10) 습(襲) 죽은 이에게 옷을 갈아입히는 일.
11) 신위(神位) 죽은 사람의 영혼이 의지할 자리.
12) 반곡(反哭) 혼백(신위)을 죽은 이가 살던 집으로 가져와 모시는 일.
13) 우제(虞祭) 시체를 지하에 묻은 후 혼을 편하게 해주기 위해 지내는 제례.

즉 음력 2월, 5월, 8월, 11월에 가묘(家廟)[14]에 지내는 제사로 근래에 와서는 거의 없어졌다. 차례는 명절에 지내는 제사로 일반적으로 설날과 추석에만 지낸다. 기제는 조상이 별세(別世)한 날 지내는 제사로 자시(子時), 즉 밤 12시부터 새벽 1시 사이에 지냈다. 그러나 요즈음에는 일몰 후 적당한 시간에 지내는 가정이 많다. 묘제는 조상의 묘소에 가서 지내는 제사로 3월에 4대조 아래의 조상의 묘에 가서 지내는 묘사(墓祀)와 10월에 4대조 이전의 조상의 묘에서 지내는 세사(歲祀), 한식(寒食)과 추석에 조상의 묘를 살피면서 간단히 지내는 절사(節祀)로 나뉜다. 오늘날에는 이중 절사만이 주로 행해진다.

---

14) 가묘(家廟) 한 집안에서 신주를 모셔 놓은 집.

※ 초례청, 교배례, 합근례

1. 초례청은 신부 집의 대청(大廳)이나 마당에 마련된다. 동서 방향으로 자리를 깔고 병풍을 친 다음 초례상을 한가운데에 남북 방향으로 놓고, 상 위에는 촛불 한 쌍과 송죽(松竹–소나무와 대나무) 화병(花瓶) 두 개, 백미(白米) 두 그릇과 닭 한 쌍을 남북으로 갈라 놓는다. 한쪽에는 물을 담은 세숫대야 두 개와 수건, 그리고 술상 두 개를 마련해 둔다.

2. 교배례는 예를 나누는 순서이다. 신부가 두 손을 이마에 대고 부축을 받으며 대례청으로 나오면 초례상을 중앙에 두고 신랑은 동쪽에, 신부는 서쪽에 마주 선다. 신부가 먼저 부축을 받으며 두 번 절하면 신랑이 한 번 절하여 답하고, 신부가 다시 두 번 절하면 신랑은 또 한 번 절하여 답한다. 그런 다음 마주 앉아서 세숫대야의 물에 차례로 손을 씻는다.

3. 합근례는 교배례의 다음 순서로 잔을 주고받는 절차이다. 신랑 신부가 무릎을 꿇고 앉으면 시중을 드는 시자(侍者)가 신랑의 잔에 술을 따른다. 신랑은 읍(揖)하고 나서 술을 땅에 조금 붓고는 안주를 젓가락으로 집어서 상 위에 놓는다. 시자가 다시 신부의 잔에 술을 따르면, 신랑은 읍하고 신부가 술잔을 입에 댔다가 뗀다. 이어 술잔을 신랑 신부에게 각기 주고 시자가 술잔에 술을 부어서 신랑 신부의 술잔을 서로 바꾸어 놓는다. 이때 신랑의 잔은 위로, 신부의 잔은 밑으로 바꾸어야 한다. 서로 바뀐 잔을 들어 마시되 땅에 쏟지도 말아야 하고 안주도 먹지 않아야 한다.

※ 차례 지내는 순서

1. 강신(降神): 제주(祭主)가 향을 피운다. 집사(執事)가 잔에 술을 부어 주면, 제주가 모삿그릇(모사를 담아 놓는 그릇)에 3번 나누어 붓고 두 번 절한다.
2. 참신(參神): 일동이 모두 두 번 절한다.
3. 헌주(獻酒): 술을 제주가 올린다.
4. 삽시(揷匙) 정저(整箸): 떡국 혹은 송편에 수저, 시접(匙楪–제상에 수저를 담아 놓는 놋그릇)에 젓가락을 정돈한다.
5. 시립(侍立): 일동이 잠시 동안 공손히 선다.
6. 사신(辭神): 수저를 거둔다. 뚜껑이 있다면 덮는다. 일동이 두 번 절한다. 지방(紙榜)과 축문(祝文)을 불사르고, 신주를 사용했다면 다시 모신다.
7. 철상(撤床), 음복(飮福): 상을 치우고 음식을 나누어 먹는다.

초례청

전통장례에서 상여 나가는 모습

1 한국의 전통 예법에서 관혼상제가 무엇이고 왜 중요한지 말해 봅시다.

2 관례와 성년식의 공통점과 차이점을 말해 봅시다.

3 혼례와 상례의 절차를 정리하여 말해 봅시다.

4 제례의 종류와 절차에 대하여 말해 봅시다.

5 다음의 내용 중 맞으면 ○표, 틀리면 ×표 하세요.

1) 한국의 전통 예법은 유교와 밀접한 관련이 있다. (   )
2) 혼례 후에 관례를 치르는 젊은이들도 있다. (   )
3) 죽은 이를 기리면서 제사를 지내는 절차를 상례라고 한다. (   )
4) 설날이나 추석과 같은 명절에는 묘소에 가서 제사를 지낸다. (   )

심화 학습

1 한국의 전통 혼례와 장례를 현대의 예법과 비교해 봅시다.

2 한국의 관혼상제에 해당하는 여러분 나라의 전통 예법을 말해 봅시다.

24

한국의 여가와 놀이 문화

1. 한국에서 방 문화가 발달한 원인에 대해 알아봅시다.
2. 한국에 수많은 노래방이 있는 이유는 무엇일까요?

　한국의 거리를 걷다보면 'PC방', '노래방', '찜질방', '빨래방', '머리방' 등 '방'이 들어가는 간판(看板)이 유난히 많은 것을 알 수 있다. 노래방은 이미 친구나 가족 모임, 회식(會食)[1] 자리에서 빼놓을 수 없는 하나의 순서로 자리 잡은 지 오래고, 적은 돈으로 긴 시간을 보낼 수 있는 PC방 역시 방 문화를 대표한다. '웰빙[2]' 바람을 타고 확산된 '찜질방'은 중년층뿐만 아니라 젊은 층에게도 인기가 많다. 이러한 '방'은 현대인들의 여가 생활과 밀접한 관련을 맺고 있으며, 새로운 여가 문화의 한 부분으로 자리 잡고 있다. 오프라인뿐만 아니라 온라인에서도 '채팅방'에서 시작하여 '미니홈피'에 이르기까지 '방'의 개념은 확산되고 있다.

　한국인에게 '방'이라는 단어는 편안함이나 안락함을 준다. 우리 주변에 있는 수많은 방들도 이러한 편안함을 전제로 존재한다. 편하게 노래를 부를 수 있는 노래방, 편하게 컴퓨터를 사용(게임, 채팅 등) 할 수 있는 PC방, 편하게 영화를 볼 수 있는 비디오방(DVD방), 편하게 빨래를 할 수 있는 셀프빨래방, 편하게 목욕하고 찜질을 즐길 수 있는 찜질방까지 많은 방들은 편안한 분위기에서 여가를 즐기는 공간이다. 이러한 방들은 나만의 독립적인 공간인 동시에 다른 사람들과 함께 공유하는 공간이다. 한국인들은 혼자서 노는 것보다는 같이 집단을 이루어 노는 것을 좋아한다. 한국인은 방 문화를 통해서 자신만의 공간을 누리면서 동시에 '우리'라는 의식을 갖게 된다. 또한 산업이 발전하면서 삶

---

1) 회식(會食) 여러 사람이 모여 함께 음식을 먹는 모임.
2) 웰빙(wellbeing) 육체적 정신적 건강의 조화를 통해 행복하고 아름다운 삶을 추구하는 삶의 유형이나 문화.

의 기본인 의식주(衣食住)가 해결되자 여유로운 삶을 즐기고자 하는 사람들의 욕구가 팽배해졌다. 주5일 근무제로 바뀌면서 한국인들은 더더욱 여가 생활에 대한 관심이 많아졌다. 한국의 방 문화는 시간과 비용을 최대한으로 절약하면서도 최대한의 여가를 누리고자 하는 욕구의 반영이다.

'한국인이 가는 곳에 노래방이 있다'라는 말이 나올 정도로 외국에도 한국인이 많은 곳에는 노래방이 있다고 한다. 노래방은 한국의 가장 대표적인 방 문화라고 할 수 있다. 한국인들은 남녀노소를 불문하고 평소 가볍게 스트레스를 풀고 여가를 즐기는 곳으로 노래방을 찾는다. 퇴근 후 직장 동료들끼리 혹은 친구들끼리 좋아하는 노래를 맘껏 부르며 스트레스를 해소하고 유대감(紐帶感)[3]을 키우기도 한다. 집안 잔치나 가족 모임에서도 노래방을 찾는다. 노래방에는 아이들 노래부터 팔순 할아버지가 부를 만한 노래까지 구비되어 있다. 노래방은 가족 간의 세대차를 허물고 흥겨운 마음으로 자연스럽게 대화를 열어 주는 새로운 가족 문화의 장이 되기도 한다.

사회가 발전하며 교육 수준이 높아질수록 자신을 재발견하거나 자아를 실현할 수 있는 고차원적인 여가가 중요해진다. 현대 한국인들의 여가도 점차 자신의 취미와 소질에 맞는 여가 활동을 중심으로 전개되고 있으며, 나아가 여가를 통해 자아실현을 꾀하려는 사람들이 많아지고 있다. 인간에게 있어 '방'은 휴식과 편안함을 주는 공간을 넘어 그 이상의 것을 가질 수 있게 해 준다. 한국 사회의 수많은 방들은 이제 한국의 독특한 문화로 자리 잡아가고 있다. 이제 방 문화는

---

3) 유대감(紐帶感) 서로 밀접하게 연결되어 있는 공통된 느낌.

더 이상 오프라인만이 아니라 온라인으로도 옮겨가고 있다. 대표적인 예로 네이버의 블로그[4]나 카페를 들 수 있다. 블로그는 미니홈피와 더불어 '온라인 1인 미디어'로서 인터넷이라는 공간이 선사한 한국형 방 문화라고 할 수 있다. 새로운 문화 공간, 여가 공간으로서의 방은 사람들의 문화적 인 욕구와 여가에 대한 욕구가 다양해질수록 앞으로도 계속 새롭게 발전할 것이다.

---

4) 블로그(blog) 네티즌들이 게시판 형식의 미니 홈페이지에 자신의 관심사에 따라 자유롭게 칼럼이나 일기, 기사 따위를 올리는 웹사이트로 미니홈피와 함께 대표적인 1인 미디어로 꼽는다.

※ PC방과 찜질방
1. PC방 : 한국의 인터넷 사용자 수는 매우 많다. 1992년 인터넷이 서서히 등장하면서 1995년을 시작으로 전국적으로 2만 개가 넘는 PC방이 만들어졌고, 스타크래프트 같은 각종 컴퓨터 게임의 인기로 PC방의 열기는 사그라지지 않았다. 오늘날에도 집에서 온라인 게임을 이용하는 것보다 훨씬 빠른 속도로 게임을 즐길 수 있기 때문에, 집에서 인터넷을 할 수 있는 사람들도 PC방을 많이 찾는다.
2. 찜질방 : 50~90도 정도의 사우나에서 땀을 흘리고 휴식을 취할 수 있게 한 대중 시설이다. 주로 대도시에서 많이 볼 수 있으며 대부분 24시간 내내 영업하고 있어서 숙박 시설 대신 이용되기도 한다. 찜질방은 목욕탕에서 시작되었지만 오락실, 영화관, 매점, 노래방 등 다양한 시설을 갖춘 복합문화공간으로 탈바꿈하고 있다.

확인 학습

1 서울의 길거리에서 발견할 수 있는 '방'의 종류에 대해 말해 봅시다.

2 한국의 전통적인 방의 기능에 대해 말해 봅시다.

3 최근에 다양한 '방'이 생긴 이유에 대해 알아봅시다.

4 온라인에 형성된 방 문화에 대해 말해 봅시다.

5 아래에서 맞는 것에는 ○표, 틀린 것에는 ×표 하세요.

1) '빨래방'은 세탁소와 비슷한 기능을 갖고 있다. (   )
2) 한국의 노래방은 한국인의 회식 문화와 밀접한 관련이 있다. (   )
3) 주5일 근무제 실시로 여가에 대한 한국인의 관심이 높아졌다. (   )
4) 노래방은 가족끼리 잘 가지 않는 곳이다. (   )

심화 학습

1 한국의 방 문화가 가져온 긍정적인 효과와 부정적인 효과에 대해 더 알아봅시다.

2 여러분 나라에도 한국의 방 문화에 해당하는 여가문화가 있는지 알아봅시다.

25

스포츠와 응원 문화

1. 한국인이 좋아하는 스포츠에는 무엇이 있을까요?
2. 한국인의 독특한 응원 문화에 대해 말해 봅시다.

한국인에게 스포츠는 단순한 운동 경기 이상의 의미를 갖는다. 예컨대 정치적으로나 경제적으로 어려웠던 1960년대에 권투(拳鬪)나 레슬링 같은 격투(格鬪) 종목은 한국인들에게 커다란 위안거리가 되었다. 흑백 TV에서 흘러나오는 스포츠 중계방송(中繼放送)은 억눌린 국민들의 감정을 해소하는 청량제(淸凉劑) 구실을 했다. 또한 1970년대 고교 야구는 최고 인기 스포츠였다. 당시 고교 야구가 개최되던 '동대문 운동장'은 지금의 '롯데 자이언츠[1]' 구장 못지않게 응원 열기가 높았다. 1980년대로 접어들어 프로 야구와 프로 축구가 생겨나면서 한국의 스포츠는 새로운 국면(局面)을 맞는다. 아시안 게임(1986년)과 서울 올림픽(1988년)이 개최되면서 한국은 국제사회에 스포츠를 사랑하는 나라로 알려지고 스포츠도 대중 속으로 확산되었다. 이를 계기로 경기장에 찾아가 몸으로 느끼고 박수 치는 응원 문화(應援文化)도 자리를 잡았다.

사실 한국인에게 응원 문화는 낯선 문화가 아니다. 고대의 제천의식(祭天儀式)[2]에서 과거 조선 시대의 두레[3]나 계[4]에 이르기까지 한국의 역사 곳곳에서 응원 문화를 찾아볼

---

1) 롯데 자이언츠 부산에 연고를 둔 프로야구 구단으로 한국의 대기업인 롯데에서 운영한다. 가장 많은 팬이 있는 구단으로 유명하다.
2) 제천의식(祭天儀式) 하늘을 숭배하고 제사 지내는 원시 종교 의식.
3) 두레 농촌에서 농번기에 서로 협력하여 공동 작업을 하기 위해 만든 조직.
4) 계(契) 예로부터 있어 온 상호 협조 조직의 한 가지.

수 있다. 한민족은 몸에 꽹과리[5]나 북 하나만 두르고 걸쳐도 신이 나는 민족이다. 개인 또는 집단의 목적을 이루기 위해 모두가 하나가 되어 한뜻으로 화합해서 힘을 북돋아주 는 일, 이것이 응원 문화의 시작이다. 함께 어우러져 신명나게 노는 것을 즐기는 한국인 에게 스포츠 응원은 하나의 문화로서 오랜 옛날부터 지금까지 자리잡고 있다.

응원 문화는 2002년 서울에서 개최된 월드컵을 계기로 한 단계 성숙했다. 많은 한국 인들은 경기에 출전한 한국 선수들을 응원하기 위하여 한국 선수들의 유니폼을 상징하 는 붉은 티셔츠를 입고 길거리에 모였다. 서울 시청 앞 광장을 비롯해 전국 곳곳의 길거 리에 모여서 '대~ 한민국'을 외친 '붉은 악마[6]'는 한국을 대표하는 응원 문화의 상징이 되 었다. 전국의 광장에서 어깨동무를 하고 열정적으로 응원을 했던 '붉은 악마'는 응원이 끝난 후 쓰레기 하나 남기지 않고 질서 정연(整然)하게 귀가하는 모습을 보여 주며 '뒷정 리 문화'라는 선진문화를 만들어 냈다. 이렇게 '붉은 악마'는 단순한 축구 대표팀에 대한

---

5) 꽹과리 풍물놀이와 무악 따위에 사용하는 타악기의 하나. 놋쇠로 만들어 채로 쳐서 소리를 내는 악기.
6) 붉은 악마 2002년 월드컵 당시 조직된 한국 응원단을 일컫는 말로 붉은 상의를 입은 데서 유래했다.

응원을 넘어서서, 응원을 온 국민이 참여하는 하나의 문화로 만드는 데에 큰 기여를 하였다.

이러한 응원 문화는 한국인에게 커다란 자신감을 안겨 주었다. 한국인에게 이렇게 힘찬 에너지가 내재해 있었는지 이제까지 몰랐고 어떻게 이런 에너지가 아름답고 흥겹게 분출될 수 있는지 몰랐기 때문이다. 남녀노소 가리지 않고 형형색색(形形色色)의 페이스 페인팅을 한 채 음악과 율동을 스스럼없이 즐겼고, 어깨동무를 하는 '광장문화'의 생성은 한국인에게 새로운 가능성을 확인시켜 주었다. 또한 한국에서 시작된 길거리 응원 문화는 전 세계로 전파되어 한국과 한국의 스포츠를 알리는 계기가 되었다. 2002년 월드컵 이후에는 각종 서포터즈(응원단)의 활동과 인터넷 매체의 발달로 응원 문화가 더욱 조직적이고 전문적인 성격을 지니게 되었다. 한국인에게 스포츠와 응원 문화는 다른 어떤 활동보다도 삶의 활력소와 서로가 함께 하는 '대동단결(大同團結)[7]'의 힘을 주는 중요한 분야이다.

---

7) 대동단결(大同團結) 여러 집단이나 사람이 어떤 목적을 이루려고 크게 한 덩어리로 뭉침.

※ 박세리와 김연아

한국인이 배출한 대표적인 세계적인 운동선수로 박세리와 김연아를 들 수 있다. 한국인은 골프라는 말을 들으면 박세리 선수를 떠올린다. 그녀가 등장하기 전까지만 해도 한국인들에게 있어서 골프는 별로 대중적이지 않았다. 그녀가 한국인에게 특별히 각인된 것은 1998년 미국골프(US)오픈대회에서 보여준 맨발의 투혼 장면 때문이다. 그 대회 연장전 마지막 홀에서 박세리가 날린 공이 연못가에 빠졌다. 이 때 그녀가 신발과 양말을 벗고 공을 날리면서 보여준 강한 의지는 당시 IMF 외환위기로 힘들어하던 국민들에게 고난 극복의 희망을 심어주었다. 김연아는 한국이 낳은 최고의 피겨선수로 2010년 벤쿠버 동계올림픽에서 금메달을 획득하면서 많은 국민들에게 희망과 감동을 안겨 주었다. 또한 그 어떤 연예인 못지않게 매우 높은 인기를 누리면서 '피겨퀸'뿐만 아니라 '국민요정'으로 등극했다.

확인 학습

1 각 시대별로 한국인에게 사랑을 받았던 스포츠에 대해 말해 봅시다.

2 한국의 응원 문화의 유래에 대해 말해 봅시다.

3 2002년 월드컵에서 선보인 '붉은 악마'의 응원 문화에 대해 알아봅시다.

4 한국인의 응원 문화가 가져온 긍정적 요소에 대해 알아봅시다.

5 아래에서 맞는 것에는 O표, 틀린 것에는 X표 하세요.

1) 한국인에게 응원 문화는 낯선 것이 아니다. (　　)
2) 한국에서 프로 스포츠는 2000년에 접어들어 시작되었다. (　　)
3) '붉은 악마'라는 이름은 응원단이 입었던 셔츠 색에서 유래한다. (　　)
4) 2002년 월드컵 이후로 한국의 응원 문화는 시들해졌다. (　　)

심화 학습

1 한국인의 '신명'과 응원 문화의 연관성에 대해 더 알아봅시다.

2 여러분 나라의 응원 문화와 한국의 응원 문화를 비교해 봅시다.

한국의 20대, G 세대와 88만원 세대

1. 요즘 20대의 젊은이들은 어떤 생활을 하고 어떤 고민을 하는지 얘기해 봅시다.
2. 요즘의 젊은이와 예전 세대 젊은이의 생활을 비교하여 말해 봅시다.

2010년대에 접어든 현재, 한국의 20대는 1988년 서울올림픽 전후로 태어난 세대(世代)이다. 외동아들이나 외동딸의 비율이 50%를 넘는 이들은, 6·25전쟁[1] 직후에 태어나서 초고속 경제 성장을 이룬 '베이비붐 세대[2]'라고 불린 부모 세대의 적극적인 뒷받침 속에서 자랐다. 빈곤(貧困)과 독재(獨裁)를 경험하지 않은 유복한 환경에서 성장(成長)했고 해외여행이나 조기유학, 어학연수 등이 보편화된 첫 세대로 어린 시절부터 디지털문화를 향유하며 다양한 경험을 한 세대이다. 이러한 풍요로운 성장기를 보낸 이들 20대는 한국의 다른 어떤 세대보다도 세계무대에서 기죽지 않을 경쟁력(競爭力)을 갖추었고, 창의적이고 열린 사고방식(思考方式)을 갖춘 미래지향적(未來指向的) 세대로 평가된다. 이들은 '세계적(世界的)'을 뜻하는 영어인 'global'의 약자(略字)를 따서 G세대(世代)라고 불린다.

---

1) 6·25전쟁(六二五戰爭) 1950년 6월 25일에 북한 공산군이 남북군사분계선이던 38선 전역에 걸쳐 불법 남침함으로써 일어난 한국에서의 전쟁. 한국 전쟁이라고도 불린다. 1953년 휴전이 성립된 후 한반도는 휴전선으로 분단되어 오늘에 이르고 있다.
2) 베이비붐 세대(baby boom 世代) 전후에 태어난 사람을 뜻하며, 나라에 따라 연령대가 다르다. 한국의 경우 55년에서 64년 사이에 태어난 약 900만 명이 해당된다.

G세대는 '박태환[3]'이나 '김연아[4]' 등으로 대표되는 젊은 스포츠 스타들이 올림픽에서 큰 성과(成果)를 거두며 그들의 능력과 집중력을 거침없이 보이면서 주목받은 세대이다. 앳되어 보이는 겉모습과는

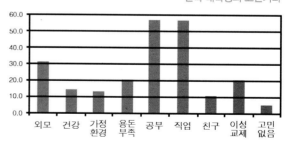

한국 대학생의 고민거리

〈2007년 사회조사보고서, 통계청〉

달리 이들은 열등감(劣等感)이나 부족함 없이 자라서 세상을 편견 없이 바라보며 탁월한 자격(資格)과 실력(實力)을 갖춘 세대로 평가 받는다. 이전(以前)의 세대가 한국 중심적인 시야(視野)로 세계를 보았다면 이들 G세대는 세계화(世界化)된 관점(觀點)에서 세계에 대한 도전 욕구가 어느 때보다 강한 세대이다. 이전 세대와 달리 사회적(社會的)인 쟁점(爭點)에 대한 관심과 지식인(知識人)으로서의 의무감(義務感)이 덜하고 행복과 물질적 만족에 큰 가치를 두어 지극히 개인주의적(個人主義的)이고 현실주의적(現實主義的)인 면모를 지니고 있다.

한국의 빛나는 20대가 G세대라면 한국의 일부 우울한 20대는 88만원 세대라고 할 수 있다. 이들 세대는 다른 어느 세대보다도 풍요롭게 자랐지만 이들이 진출한 사회는 어느 때보다 치열한 경쟁(競爭)의 사회이다. '88만원 세대'는 월 소득(月所得)이 88만원이라는 데에서 붙여진 이름이다. 학력 인플레이션이 심해져서 대학 교육의 희소성이 사라진 시대에 대학을 다닌 이들은 IMF 경제 위기(經濟危機)[5] 이후의 저성장, 무한 경쟁 시대의 사회로 진출하면서 어느 세대보다도 어려운 청년기를 보내고 있다. 이들은 청년 실업(靑年

---

3) 박태환(朴泰桓, 1989년 9월 27일~) 한국의 수영 선수. 2008년 베이징 올림픽 자유형 400m 금메달리스트로 한국인 최초로 수영에서 올림픽 금메달을 획득하였다.

4) 김연아(金姸兒, 1990년 9월 5일~) 한국의 피겨 스케이팅 선수. 밴쿠버 동계 올림픽 여자 싱글 챔피언으로 한국 최초의 올림픽 피겨 스케이팅 메달리스트이자 세계 선수권 메달리스트이기도 하다.

5) IMF 경제 위기(經濟危機) 1997년 한국이 외환위기(국가 부도위기)를 겪으며 국제통화 기금 IMF에 자금지원을 요청한 시기의 한국 경제의 위기 상황을 가리키는 용어. IMF라는 명칭 자체가 외환위기의 의미를 담고 있지 않기 때문에, 잘못된 표현이지만 IMF에 구제금융을 요청했다는 상징성으로 인해 언론 등에서 자주 사용되고 있다. 1997년 한국 경제가 큰 위기를 겪게 되었을 때 많은 회사들이 부도 및 경영 위기를 맞았고, 대량 해고와 경기 악화로 인해 한국인들은 큰 어려움을 겪었다.

失業)이 뿌리내리기 시작한 사회에서 비정규직(非正規職)[6]으로 생활하고 있다. 문제의 심각성을 인식한 정부도 해외연수제도, 인턴사원제, 고용장려금 제도 등의 다양한 정책(政策)을 내놓으며 이 문제의 해결에 골몰하고 있다.

　요즘 한국의 대학생들은 이전의 어떤 시기보다 다양한 방면에서 자신의 미래에 대해 고민하고 자질을 향상시키는 일에 몰두하고 있다. 각종 자격증을 따고 공모전에서 입상하거나 인턴 경험을 쌓는 '스펙[7]' 쌓기에서 자유로이 세상을 경험하는 배낭여행[8]까지, 외모를 가꾸고 대중문화를 향유하며 물질적인 만족을 추구하는 현실주의적인 활동에서 국내외의 소외된 곳에서 땀 흘리는 자원봉사까지 젊은 시절에 가능한 일들을 진취적으로 해 나가고 있다. 앞으로 유연한 사고와 실제적인 능력을 갖춘 한국의 젊은이들이 한국 사회를 밝히는 긍정적(肯定的)인 역할을 하도록 하는 일은 한국의 미래를 결정짓는 중요한 과제(課題)가 될 것이다.

---

6) 비정규직(非正規職) 근로 방식 및 기간, 고용의 지속성 등에서 정규직과 달리 보장을 받지 못하는 직위나 직무. 계약직, 임시직, 일용직 따위가 이에 속한다.

7) 스펙 원래 제품의 사양을 뜻하는 영어인 'specification'에서 나온 말로 자신의 실력을 객관적으로 보여 줄 수 있는 평가지수를 의미한다. 높은 학점, 영어 실력을 입증할 공인영어 점수, 각종 자격증, 공모전 입상 경험, 인턴 경력 등의 실적이 스펙이 된다.

8) 배낭여행(背囊旅行) 필요한 물품을 준비하여 배낭에 넣고 떠나는 여행. 주로 대학생들이 세상을 경험하고 경비를 절약하고 생생한 체험을 하기 위해 배낭여행을 떠난다.

※ 한국 사회의 주요 세대

　같은 세대에 속하는 사람들은 공통된 시대적 경험을 기반으로 하여 비슷한 사고방식과 행동 양식을 보인다. 6·25 전쟁, 경제성장, 정치적 민주화, 세계화 등의 급격한 사회 변화를 겪어 온 한국은 현재 다양한 세대로 구성되어 있다. 주요 세대로는 전후 세대, 베이비붐 세대, 386세대, X세대, W세대, G세대 등이 있다.

　전후 세대는 1940년부터 50년대 초반에 태어난 세대이다. 6·25전쟁의 혼란 속에서 어린 시절 을 보냈고 4·19 혁명을 경험하고 한국의 경제적 성장을 이끈 세대이다.

　베이비붐 세대는 6·25 전쟁 직후인 1955년부터 1963년 사이에 태어나서 한국 경제의 초고속 성장을 주도한 세대이다. 현재 나이는 50세 전후로 한국 전체 인구의 14.6%를 차지하고 있다.

　386 세대는 1960년대에 태어난 세대로 청년기에 민주화를 외치며 학생 운동을 하던 세대이다. '386'이란 용어는 1990년대를 기준으로 '3'은 당시 30대 나이, '8'은 1980년대에 대학에 다닌 80 학번, '6'은 1960년대에 태어났음을 의미한다.

　X세대는 1970년대에 태어난 세대이다. '정의할 수 없음'을 의미하는 'X'에서 드러나듯이 X세대 는 이전 세대의 가치관과 문화를 거부하는 이질적 집단으로, 이념이나 정치에 관심이 적고 개인주의 성향을 보인 첫 세대이다.

　W세대 혹은 월드컵 세대는 1980년대에 태어나서 2002년 월드컵 때 10대를 보낸 세대이다. 컴퓨터와 인터넷을 자유롭게 사용하고 공동의 가치를 위해 자기중심적인 경향에서 벗어나 공동체 안에서 스스로를 표현하는 특징이 있다.

　G세대는 88년 서울올림픽 전후에 태어난 세대이다. 경제적 가난이나 정치적 독재를 경험하지 않고 자란 풍요로운 세대이다. 조기유학이나 어학연수가 보편화된 첫 세대이다.

확인 학습

1 G세대에 대해 정리해 봅시다.

   1) 유래   2) 성장 배경

2 G세대의 특징에 대해 써 봅시다.

3 88만원 세대에 대해 정리해 봅시다.

   1) 유래   2) 성장 배경

4 88만원 세대의 생활을 써 봅시다.

5 아래에서 맞는 것에는 ○표, 틀린 것에는 ×표 하세요.

   1) G세대의 부모는 베이비붐 세대이다. (   )
   2) G세대는 한국 중심적인 시각에서 벗어났다. (   )
   3) 88만원 세대는 대학을 다니지 않는 세대이다. (   )
   4) 청년 실업 문제를 해결하려는 정부의 정책들은 모두 실패했다. (   )

심화 학습

1 한국의 젊은이들이 선호하는 직업이 무엇인지 알아봅시다.

2 한국과 여러분 나라의 젊은 세대의 유사점과 차이점을 말해 봅시다.

23. 한국인의 예법: 관혼상제

거행하다 擧行-- 의식이나 행사 따위를 치르다. hold
고인故人 죽은 사람. the dead
관棺 시체를 담는 궤. coffin
관冠 검은 머리카락이나 말총으로 엮어 만든 쓰개.
구체적具體的 실제적이고 세밀한 부분까지 담고 있는.
    concrete
근래近來 가까운 요즈음. recent
기리다 뛰어난 업적이나 바람직한 정신, 위대한 사람 따위를
    추어서 말하다. honor, praise
꽂다 쓰러지거나 빠지지 아니하게 박아 세우거나 끼우다. put
내국인內國人 자기 나라 사람을 다른 나라 사람에 상대하여
    이르는 말. local
다채롭다多彩-- 여러 가지 색채나 형태, 종류 따위가 한데
    어울리어 호화스럽다. colorful
단계段階 일의 차례를 따라 나아가는 과정. stage
대사大事 큰일.
대우待遇 어떤 사회적 관계나 태도로 대하는 일. treatment
대조代祖 할아버지 이상의 조상을 이르는 말.
땋다 (머리를) 머리털이나 실 따위를 둘 이상의 가닥으로 갈라
    서 어긋나게 엮어 한 가닥으로 하다. braid (one's hair)
매장埋葬 시체나 유골 따위를 땅속에 묻음. burial
모델 작품을 만들기 전에 미리 만든 물건. 또는 완성된 작품의
    대표적인 보기. model
묘墓 사람의 무덤. grave
묘소墓所 사람의 무덤이 있는 곳. grave
묘지墓地 무덤. cemetery, burial ground
묘자리 사람의 무덤의 자리. resting place
묶다 끈, 줄 따위를 매듭으로 만들다. tie, bind
바탕 물체의 뼈대나 틀을 이루는 부분. foundation, basis
별세別世 윗사람이 세상을 떠남. death
복장服裝 옷차림. dress, clothes
봉분封墳 흙을 둥글게 쌓아 올려서 무덤을 만듦. 또는 그 무덤.
    burial mound
비녀 여자의 쪽 찐 머리가 풀어지지 않도록 꽂는 장신구.
    Korean traditional ornamental hairpin
사士 선비. Seonbi, classical scholar
사당祠堂 조상의 신주(죽은 사람의 위패)를 모셔 놓은 집.
    ancestral shrine

사대부士大夫 벼슬이나 문벌이 높은 집안의 사람.
    nobleman, nobility
사상思想 어떠한 사물에 대하여 가지고 있는 구체적인 사고나
    생각. thought, idea
사찰寺刹 절. Buddhist temple
상례喪禮 상중(喪中)에 지키는 모든 예절. funeral rites
상복喪服 상중에 있는 상제나 복인이 입는 예복. mourning
    clothes
상여喪輿 사람의 시체를 실어서 묘지까지 나르는 도구. bier
상중喪中 상제(喪制)의 몸으로 있는 동안. being in mourning
서민庶民 아무 벼슬이나 신분적 특권을 갖지 못한 일반 사람.
    ordinary person, people
서약誓約 맹세하고 약속함. oath
선비 학문을 닦는 사람을 예스럽게 이르는 말. Seonbi,
    classical scholar
선언宣言 널리 펴서 말함. 또는 그런 내용. announcement
성년成年 법적인 권리를 행사할 수 있는 나이. adult
성년기成年期 다 자라 성년이 된 시기. adult age
성년식成年式 성년이 되는 것을 기념하는 통과 의례.
    coming-of-age celebration
성복成服 초상이 나서 처음으로 상복을 입음. wearing
    mourning
수의壽衣 염습할 때에 송장에 입히는 옷. shroud, winding
    sheet
순서順序 무슨 일을 행하거나 무슨 일이 이루어지는 차례.
    order
시신屍身 죽은 사람의 몸을 점잖게 이르는 말. corpse
신랑新郎 갓 결혼하였거나 결혼하는 남자. groom
신부新婦 갓 결혼하였거나 결혼하는 여자. bride
싣다 물체를 운반하기 위하여 차, 배, 수레, 비행기, 짐승의 등
    따위에 올리다. load
엄격嚴格 말, 태도, 규칙, 따위가 매우 엄하고 철저함. 또는 그
    런 품격. strictness
엄숙하다嚴肅-- 분위기, 의식, 말이나 태도 따위가 위엄이
    있고 정중하다. solemn
엄중하다嚴重-- 엄격하고 정중하다. strict
연중행사年中行事 해마다 일정한 시기를 정하여 놓고 하는
    행사. annual events
영구차靈柩車 장례에 쓰는 특수 차량. hearse, funeral
    coach

예물禮物 혼인할 때 신랑과 신부가 기념으로 주고받는 물품. wedding present

예법禮法 예의로써 지켜야 할 규범. courtesy, manners

예식禮式 예법에 따라 치르는 의식. ceremony, wedding

왕가王家 왕의 집안. royal family

위패 단(壇), 묘(廟), 원(院), 절 따위에 모시는 신주(神主)의 이름을 적은 나 무패. ancestral tablet

유교儒敎 '유학'을 종교적인 관점에서 이르는 말. Confucianism

의례儀禮 행사를 치르는 일정한 법식. formality, ceremony

의사意思 무엇을 하고자 하는 생각. mind, idea

의식儀式 행사를 치르는 일정한 법식. ceremony, ritual

이불 잘 때 몸을 덮기 위하여 피륙 같은 것으로 만든 침구의 하나. blanket

일가친척一家親戚 일가와 외척의 모든 겨레붙이. kith and kin

일몰日沒 해가 짐. sunset

일반화一般化 개별적인 것이나 특수한 것이 일반적인 것으로 됨. generalization

일컫다 이름 지어 부르다. call, name

입관入棺 시신을 관 속에 넣음. casket

장사葬事 죽은 사람을 땅에 묻거나 화장하는 일. funeral

장지葬地 장사하여 시체를 묻는 땅. burial plot

제례祭禮 제사를 지내는 의례. ancestral ritual formalities,

제상祭床 제사를 지낼 때 제물을 벌여 놓는 상. a table used in a religious[memorial] service

주관하다主管-- 어떤 일을 책임을 지고 맡아 관리하다. supervise

청혼請婚 결혼하기를 청함. proposal

추켜올리다 위로 솟구어 올리다. make a fuss of[over]

춘하추동春夏秋冬 봄·여름·가을·겨울의 네 계절. four seasons

하관下棺 시체를 묻을 때에 관을 광중壙中에 내림. lowering a coffin into the grave

행렬行列 여럿이 줄지어 감. 또는 그런 줄. line, queue, parade

혼담婚談 혼인에 대하여 오가는 말. Marriage talks

혼례식婚禮式 부부 관계를 맺는 서약을 하는 의식. wedding ceremony

혼인婚姻 남자와 여자가 부부가 되는 일. marriage

24. 한국인의 여가와 놀이 문화

간판看板 기관, 상점, 영업소 따위에서 이름이나 판매 상품, 업종 따위를 써서 사람들의 눈에 잘 뜨이게 걸거나 붙이는 표지. sign

고차원적高次元的 생각이나 행동 따위의 수준이 높은. high dimensional

공유하다共有-- 두 사람 이상이 한 물건을 공동으로 소유하다. share

구비具備 있어야 할 것을 빠짐없이 다 갖춤. fulfill

꾀하다 어떤 일을 이루려고 뜻을 두거나 힘을 쓰다. scheme, attempt

누리다 생활 속에서 마음껏 즐기거나 맛보다. enjoy

독특하다獨特-- 특별하게 다르다. unusual, distinctive

맘껏 마음에 흡족하도록. as much as one likes

맺다 물방울이나 땀방울 따위가 생기거나 매달리다. 열매나 꽃망울 따위가 생겨나거나 그것을 이루다. bear

미디어 어떤 작용을 한쪽에서 다른 쪽으로 전달하는 역할을 하는 것. media

밀접하다密接-- 아주 가깝게 맞닿아 있다. intimate

변형變形 모양이나 형태가 달라지거나 달라지게 함. 또는 그 달라진 형태. transform

불문하다不問-- 가리지 않다. disregard

선사하다膳賜-- 남에게 선물을 주다. present

세대차世代差 세대간의 차이. a generation gap

소질素質 본디부터 가지고 있는 성질. 또는 타고난 능력이나 기질. talent, aptitude

실현하다實現-- 꿈, 기대 따위를 실제로 이루다. realize

안락하다安樂-- 몸과 마음이 편안하고 즐겁다. comfort

욕구欲求 무엇을 얻거나 무슨 일을 하고자 바라는 일. desire

유난히 언행이나 상태가 보통과 아주 다르게. 또는 언행이 두드러지게 남과 달라 예측할 수 없게. particularly

유대감紐帶感 서로 밀접하게 연결되어 있는 공통된 느낌. fellowship

의식意識 깨어 있는 상태에서 자기 자신이나 사물에 대하여 인식하는 작용. consciousness

자아自我 자기 자신에 대한 의식이나 관념. ego

자아실현自我實現 자아의 본질을 완전 히 실현하는 일. self-realization

잔치 기쁜 일이 있을 때에 음식을 차려 놓고 여러 사람이 모여 즐기는 일. party, feast

전개展開 내용을 진전시켜 펴 나감. development

전제前提 어떠한 사물이나 현상을 이루기 위하여 먼저 내세우는 것. premise

탈바꿈(을) 하다 원래의 모양이나 형태를 바꾸다. be changed, be transformed

팽배하다彭湃-- 어떤 기세나 사조 따위가 매우 거세게 일어나다. overflow

편안하다便安-- 편하고 걱정 없이 좋다. comfortable

해소하다解消-- 어려운 일이나 문제가 되는 상태를 해결하여 없애 버리다. solve

허물다 쌓이거나 짜이거나 지어져 있는 것을 헐어서 무너지게 하다. knock down, pull down

확산擴散-- 흩어져 널리 퍼짐. spread

흥겹다 매우 흥이 나서 즐겁다. cheerful, exciting

25. 스포츠와 응원 문화

가리다 여럿 가운데서 하나를 구별하여 고르다. distinguish

개최開催 모임이나 회의 따위를 주최하여 엶. opening

걸치다 옷 등을 아무렇게나 입거나 덮다. wear, put on

격투格鬪 서로 맞붙어 치고받으며 싸움. hand-to-hand fight[combat]

계기契機 어떤 일이 일어나거나 변화하도록 만드는 결정적인 원인이나 기회. chance, opportunity

고대古代 옛 시대. ancient

광장廣場 많은 사람이 모일 수 있게 거리에 만들어 놓은, 넓은 빈터. square

구실 자기가 마땅히 해야 할 맡은 바 책임. duty, function

구장球場 축구, 야구 따위의 시합을 하는 운동장. stadium

국면局面 어떤 일이 벌어진 장면이나 형편. situation

권투拳鬪 두 사람이 양손에 글러브를 끼고 상대편 허리 벨트 위의 상체를 쳐서 승부를 겨루는 경기. boxing

귀가歸家 집으로 돌아가거나 돌아옴. returning home

기여寄與 도움이 되도록 이바지함. contribution

낯설다 전에 본 기억이 없어 익숙하지 않다. unfamiliar

내재內在 어떤 사물이나 범위의 안에 들어 있음. 또는 그런 존재. inherence

당시當時 일이 있었던 바로 그때. 또는 이야기하고 있는 그 시기. then, at that[the] time

대동단결大同團結 여러 집단이나 사람이 어떤 목적을 이루려고 크게 한 덩어리로 뭉침. unity, union

두르다 띠나 수건, 치마 따위를 몸에 휘감다. put sth around

뒷정리 복잡한 상태나 일의 끝을 바로 잡음. 또는 그런 일. clearance work

레슬링 두 사람의 경기자가 매트 위에서 맨손으로 맞붙어 상대편의 두 어깨를 1초 동안 바닥에 닿게 함으로써 승부를 겨루는 격투기. wrestling

매체媒體 어떤 작용을 한쪽에서 다른 쪽으로 전달하는 물체. 또는 그런 수단. media

북 타악기의 하나. drum

북돋다 기운이나 정신 따위를 더욱 높여 주다. boost, encourage

분출噴出 요구나 욕구 따위가 한꺼번에 터져 나옴. eruption

상징象徵 추상적인 개념이나 사물을 구체적인 사물로 나타냄. symbol

생성生成 사물이 생겨남. 또는 사물이 생겨 이루어지게 함. creation

서포터즈 지지자. supporter

성숙成熟 생물의 발육이 완전히 이루어짐. 몸과 마음이 자라서 어른스럽게 됨. ripening, maturation

스스럼없이 조심스럽거나 부끄러운 마음이 없이. without constraint

신명 흥겨운 신이나 멋. enthusiasm

악마惡魔 사탄. Satan, the Devil

안겨 주다 품에 주다. give, present

어깨동무 상대편의 어깨에 서로 팔을 얹어 끼고 나란히 섬. putting arms around each other's shoulders

어우러지다 여럿이 조화되어 한 덩어리나 한판을 크게 이루게 되다. be in harmony, go together

억눌리다 어떤 감정이나 심리 현상 따위가 일어나지 아니하도록 하거나 자유롭게 행동하지 못하도록 압력을 받다. be suppressed

열정적熱情的 어떤 일에 열렬한 애정을 가지고 열중하는. passionate

위안慰安 위로하여 마음을 편하게 함. comfort, consolation

율동律動 일정한 규칙을 따라 주기적으로 움직임 혹은 체조. rhythm, rhythmic gymnastics

응원하다應援-- 선수들이 힘을 낼 수 있도록 도와주다. cheer

전파傳播 전하여 널리 퍼뜨림. spread, propagation

접어들다 일정한 때나 기간에 이르다. enter, get into

정연하다整然-- 가지런하고 질서가 있다. be in good order

제천의식祭天儀式 하늘을 숭배하고 제사 지내는 원시 종교 의식. harvest ceremony

종목種目 여러 가지 종류에 따라 나눈 항목. event

중계방송中繼放送 극장, 경기장, 국회, 사건 현장 등 방송국 밖에서의 실황을 방송국이 중간에서 연결하여 방송하는 일. relay broadcasting, transmission

질서秩序 혼란 없이 순조롭게 이루어 지게 하는 사물의 순서나 차례. order

질서 정연하다 가지런하고 질서가 있다. be in good order

청량제淸凉劑 맛이 산뜻하고 시원하여 복용하면 기분이 상쾌 해지는 약. cooler

청량하다淸凉-- 맑고 서늘하다. (be) clear and cool

축구 대표팀 national soccer team

출전出戰 싸우러 나감. 또는 나가서 싸움. participation

프로 어떤 일을 전문으로 하거나 그런 지식이나 기술을 가진 사람. professional, pro

한민족韓民族 한반도와 그에 딸린 섬에서 예로부터 살아온, 우리나라의 중심이 되는 민족. the Korean race

해소하다解消-- 어려운 일이나 문제가 되는 상태를 해결하여 없애 버리다. solve, resolve

형형색색形形色色 형상과 빛깔 따위가 서로 다른 여러 가지. various

화합和合 화목하게 어울림. harmony

확산擴散 흩어져 널리 퍼짐. spread

활력소活力素 활동하는 힘이 되는 본 바탕. tonic

흥겹다 매우 흥이 나서 즐겁다. cheerful, exciting

26. 한국의 20대, G세대와 88만원 세대

거침없이 일이나 행동 따위가 중간에 걸리거나 막힘이 없이. without a hitch

고용雇傭/雇用 삯을 주고 사람을 부림. employment

골몰하다汨沒-- 다른 생각을 할 여유도 없이 한 가지 일에만 파묻히다. be immersed in, be engrossed in

공모전公募展 공개 모집한 작품의 전시회. contest exhibit

관점觀點 사물이나 현상을 관찰할 때, 그 사람이 보고 생각하는 태도나 방향 또는 처지. point of view, viewpoint

기죽다 기세가 꺾여 약해지다. be discouraged

능력能力 일을 감당해 낼 수 있는 힘. ability, capacity

도전挑戰 정면으로 맞서 싸움을 걺. challenge

독재獨裁 특정한 개인, 단체, 계급, 당파 따위가 어떤 분야 에서 모든 권력을 차지하여 모든 일을 독단으로 처리함. dictatorship, autocracy

뒷받침 뒤에서 지지하고 도와주는 일. 또는 그런 사람이나 물건. support, back up

면모面貌 얼굴의 모양. appearance, aspect

몰두하다沒頭-- 어떤 일에 온 정신을 다 기울여 열중하다. be absorbed in

무한하다無限-- 수(數), 양(量), 공간, 시간 따위에 제한이나 한계가 없다. infinite

미래지향적未來指向的 미래를 목표로 뜻이 쏠리어 향함. 또는 그 방향이나 그쪽으로 쏠리는 의지. future-oriented

방면方面 어떤 장소나 지역이 있는 방향. 또는 그 일대. direction, field,

보편화普遍化 널리 일반인에게 퍼짐. 또는 그렇게 되게 함. generalization

빈곤貧困 가난하여 살기가 어려움. poverty

성과成果 이루어 낸 결실. '보람'으로 순화. result, outcome

소외疏外 어떤 무리에서 기피하여 따돌리거나 멀리함. alienation

시야視野 시력이 미치는 범위. one's view, sight

앳되다 애티가 있어 어려 보이다. look young

외동딸 '외딸'을 귀엽게 이르는 말. only daughter

외동아들 '외아들'을 귀엽게 이르는 말. only son

욕구欲求 무엇을 얻거나 무슨 일을 하고자 바라는 일. desire

유복하다裕福-- 살림이 넉넉하다. wealthy

유연하다柔軟-- 부드럽고 연하다. flexible, pliable

인식認識 사물을 분별하고 판단하여 앎. awarenes

인턴 회사나 기관 따위의 정식 구성원이 되기에 앞서 훈련을 받는 사람. intern

입상하다入賞-- 상을 탈 수 있는 등수 안에 들다. win a prize

자격증資格證 일정한 자격을 인정하여 주는 증서. certificate

자질資質 타고난 성품이나 소질. talent

장려獎勵 좋은 일에 힘쓰도록 북돋아 줌. encouragment

장려금獎勵金 어떤 특정한 일을 장려하는 뜻으로 보조하여 주는 돈. bonus, incentive

쟁점爭點 서로 다투는 중심이 되는 점. issue

저성장低成長 규모가 커 가는 정도가 낮음. low growth

주목注目 관심을 가지고 주의 깊게 살핌. attention

지극히至極– 더할 수 없이 극진하게. very, extremely

진출進出 어떤 방면으로 활동 범위나 세력을 넓혀 나아감. advance

진취적進取的 적극적으로 나아가 일을 이룩하는. adventurous

치열하다熾烈–– 기세나 세력 따위가 불길같이 맹렬하다. fierce, intense

탁월하다卓越–– 남보다 두드러지게 뛰어나다. excellent

편견偏見 공정하지 못하고 한쪽으로 치우친 생각. prejudice, bias

풍요롭다豐饒–– 흠뻑 많아서 넉넉함이 있다. rich, affluent

학력學歷 학교를 다닌 경력. academic background

해외연수海外研修 자신의 나라 밖에서 학문 따위를 연구하고 닦음. overseas study

향유하다享有–– 누리어 가지다. possess

희소성稀少性 인간의 물질적 욕구에 비하여 그 충족 수단이 질적·양적으로 제한되어 있거나 부족한 상태. scarcity

IMF 국제통화기금. 1947년 3월에 설립한 국제 연합의 전문 기관의 하나. the International Monetary Fund

VII 문학

한국의 옛 노래 :
시조와 가사

1. 한국의 전통 노래에 어떠한 것이 있는지 말해 봅시다.
2. 한국의 시가에 담긴 한국인의 민족의식을 말해 봅시다.

한국의 전통 시가 문학은 통일신라 시대의 '향가(鄕歌)'에서 시작한다. 향가는 중국에서 전래한 한자를 독창적으로 읽는 방법인 향찰(鄕札)을 이용하여 창작한 정형시(定型詩)이다. 매우 많은 노래가 창작된 것으로 추정(推定)되나 오늘날 전하는 향가는 25수에 지나지 않는다. 고려 시대의 노래는 '고려가요' 또는 속요(俗謠)라고 불린다. 구전(口傳)으로 전하다가 훈민정음 창제 이후 노래집에 채록(採錄)되어 오늘날까지 수십 편이 전한다.

한국의 전통 노래의 대표 적인 형식은 시조(時調)와 가사(歌辭)이다. 이들 작품은 원래 노래로 불리기 위하여 창작된 것으로 당시의 음악 형식에 맞추어 노랫말이 불려졌다. 조선 시대 사대부들이 즐기던 노래 형식은 '가곡(歌曲)'이었다. 이 가곡의 곡조가 조선 후기에 변하면서 '지금 시대의 곡조'라는 의미의 '시조'라는 말이 만들어졌다. 따라서 같은 노랫말이라도 가곡창(歌曲唱)이냐 시조창(時調唱)이냐에 따라 달리 불리는 것이다. 문자로 기록된 시조의 형식은 초장, 중장, 종장이 각 1행으로 4음보(音步)로 구성되며 종장의 첫 음보는 항상 3음절을 유지한다. 그러나 조선 후기에는 중장의 길이가 두 배 이상으로 길어지는 변형된 작품들이 만들어지는데 이러한 형식의 시조를 '사설시조'라고 한다. 가사는 4음보(音步) 연속체로 된 율문(律文)으로 한 음보를 이루는 음절의 수는 3, 4음절이 많고 행수에는 제한이 없다. 마지막 행이 시조의 종장(終章)처럼 되어 있는 가사를 정격(正格)이라 하고, 그렇지 않은 것을 변격(變格)이라 한다.

다음의 대표적인 시조와 가사 작품을 감상해 보도록 하자.

1.

이화(梨花)[1]에 월백(月白)[2]하고 은한(銀漢)[3]이 삼경(三更)[4]인 제

일지(一枝)[5] 춘심(春心)[6]을 자규(子規)[7]야 알랴마는

다정(多情)[8]도 병(病)인 양하여 잠 못 들어 하노라

(이조년 작)

이 시조는 자연의 정취(情趣)와 개인의 서정이 잘 조화된 작품이다. 밝은 달이 하얀 배꽃을 환하게 비추는 한밤중 외로움의 상징인 두견새의 울음이 시인을 더욱 잠 못 들게 한다. 화려한 봄 꽃 속에서 외로움에 사무쳐 잠 못 이루는 시인의 정서가 잘 나타나 있다.

---

1) 이화(梨花) 배꽃.
2) 월백(月白)하고 흰 달빛이 비치고.
3) 은한(銀漢) 은하수.
4) 삼경(三更) 밤 11시부터 새벽 1시 사이.
5) 일지(一枝) 한 가닥 나뭇가지.
6) 춘심(春心) 봄 마음. 젊을 때 남녀의 정.
7) 자규(子規) 두견새.
8) 다정(多情) 정(情)이 많음.

2.

작은 것이 높이 떠서 만물(萬物)[9]을 다 비추니

밤중에 광명(光明)[10]이 너 만한 것이 또 있느냐

보고도 말 아니 하니 내 벗인가 하노라

(윤선도 작)

이 시조는 윤선도가 물, 돌, 소나무, 대나무, 달의 다섯 사물을 벗(친구)으로 비유하면서 그 품성을 노래한 〈오우가(五友歌)〉 중 마지막 수이다. 한밤중 환하게 세상을 비추면서 세상의 온갖 일들을 굽어보지만 아무 말 없이 자신의 할 일만 할 뿐인 달을 친구로 여기는 시인의 태도가 잘 드러난다.

3.

동짓달[11] 기나긴 밤을 한 허리를 베어 내어

춘풍(春風)[12] 이불 아래 서리서리[13] 넣었다가

어룬 님[14] 오신 날 밤이어든[15] 굽이굽이 펴리라

(황진이 작)

조선 시대 최고의 기생(妓生)으로 꼽히는 황진이의 시조 6수 가운데 한 편이다. 밤이

---

9) 만물(萬物) 세상에 있는 모든 것.
10) 광명(光明) 밝고 환함. 여기에서는 달.
11) 동짓달 음력(陰曆) 11월.
12) 춘풍(春風) 봄바람.
13) 서리서리 헝클어지지 않게 둥글게 감아 놓은 모양.
14) 어룬 님 사랑하는 님. '어루다'는 '사랑하다'의 옛말.
15) 밤이어든 '밤이거든'의 옛 표기. '밤이면'.

제일 긴 동짓달의 밤을 잘라내어 사랑하는 임이 찾아 온 봄 밤에 그 잘라낸 밤의 시간을 붙여서 길게 늘여 놓겠다는 비유와 상상력이 놀랍다. 그뿐만 아니라 '서리서리', '굽이굽이'와 같은 순수한 한국어의 활용은 당대 최고의 시적 표현으로 손꼽힌다.

4.

> 이 몸이 죽고죽어 일백 번(一百番) 고쳐 죽어[16]
> 백골(白骨)[17]이 진토(塵土)되어[18] 넋이라도 있고 없고
> 임 향한 일편단심(一片丹心)[19]이야 가실[20] 줄이 있으랴
> (정몽주 작)

고려 시대 말기에 새 나라를 건국하려는 이방원(훗날 조선시대 3대 임금 태종)이 정몽주의 의중(意中)을 파악하기 위하여 그를 초청하여 〈하여가(何如歌)〉라는 시조를 불렀다. 이 시조의 내용은 '이렇게 살든 저렇게 살든 잘 어울려 살기만 하면 좋지 않은가'였다. 이러한 이방원의 속뜻을 파악한 정몽주는 위와 같이 '백 번이나 죽더라도 내 충심(忠心)은 변하지 않는다'는 〈단심가(丹心歌)〉를 지어 자신의 절개를 드러내었다. 결국 뜻을 함께 할 수 없다는 것을 안 이방원은 부하를 시켜 정몽주를 살해하였다.

---

16) 고쳐 죽어 다시 죽어.
17) 백골(白骨) 시체의 살이 썩어 남은 뼈.
18) 진토(塵土) 먼지와 흙.
19) 일편단심(一片丹心) 한 조각 붉은 마음, 변하지 않는 마음.
20) 가시다 사라지다.

5.

반중(盤中)[21] 조홍(早紅)[22]감이 고와도 보이나다[23]

유자(柚子)[24] 아니라도 품음직도 하다마는

품어 가 반길 이 없을새 그를 설워 하나이다[25]

(박인로 작)

많은 가사(歌辭) 작품을 창작하여 조선 시대 대표적인 시인으로 손꼽히는 박인로는 위와 같은 효심(孝心)을 표현한 시조도 지었다. 쟁반의 홍시가 비록 귀한 유자는 아닐지라도 맛있어 보여 어머님께 드리고 싶지만, 이미 어머니는 돌아가셔서 안 계시는 안타까운 심정을 위와 같이 노래하고 있다.

6. 장진주사(將進酒辭)[26]

한 잔 먹세그려[27] 또 한 잔 먹세그려

꽃 꺾어 산(算) 놓고[28] 무진무진(無盡無盡)[29] 먹세그려

이 몸 죽은 후면 지게 위에 거적 덮어 주리어[30] 메어 가나

유소보장(流蘇寶帳)[31]의 만인(萬人)이 울어 예나[32]

---

21) 반중(盤中) 쟁반 속의.
22) 조홍(早紅)감 일찍 익고 붉은 감. 홍시(紅柿).
23) 보이나다 보이는구나.
24) 유자(柚子) 유자나무의 열매.
25) 하나이다 하는구나.
26) 장진주사(將進酒辭) 술 권하는 노래.
27) 먹세그려 먹자꾸나
28) 산 놓고 셈을 하면서.
29) 무진무진 끝없이.
30) 주리어 졸라매어.
31) 유소보장(流蘇寶帳) 술이 달린 화려한 비단으로 꾸민 상여(喪輿).
32) 예나 가나. '예다'는 '가다'의 옛말.

어욱새[33] 속새[34] 떡갈나무 백양 숲에 가기곳[35] 가면

누른 해 흰 달 가는 비 굵은 눈 쓸쓸히 바람 불 제

뉘 한 잔 먹자 할고

하물며 무덤 위에 잔나비[36] 파람[37] 불 제 뉘우친들 어떠리

(정철 작)

박인로와 함께 쌍벽(雙璧)을 이루는 대표적인 가사(歌辭) 시인 정철은 시조도 많이 남겼다. 위 시조는 시제(詩題)가 알려진, 사설시조의 형식을 지닌 작품 중의 한 수이다. 제목에서 보듯 술 마시자는 내용을 허무의 정조로 노래하고 있다. 죽고 나서 후회하면 아무 소용이 없으니 살아 있을 때 마시고 즐기자는 현실 초월적 태도가 잘 나타나 있다.

7. 규원가(閨怨歌)

엇그제 저멋더니 ᄒ마 어이 다 늘거니

少年行樂(소년 행락) 생각ᄒ니 일러도 속절업다

늘거야 서른 말슴 ᄒ자니 목이 멘다

---

33) 어욱새 억새.
34) 속새 습지에서 자라는 여러해살이풀.
35) 가기곳 '가기만'의 옛말.
36) 잔나비 원숭이.
37) 파람 휘파람.

父生母育(부생 모육) 辛苦(신고)ᄒ야 이 내 몸 길러 낼 제

公侯配匹(공후 배필)은 못 바라도 君子好逑(군자 호구) 願(원)ᄒ더니

三生(삼생)의 怨業(원업)이오 月下(월하)의 緣分(연분)으로

長安遊俠(장안 유협) 輕薄子(경박자)를 꿈곧치 만나 잇서

當時(당시)의 用心(용심)ᄒ기 살어름 디듸는 듯

三五二八(삼오 이팔) 겨오 지나 天然麗質(천연 여질) 절로 이니

이 얼골 이 態度(태도)로 百年期約(백년 기약)ᄒ얏더니

年光(연광)이 훌훌ᄒ고 造物(조물)이 多(다) 猜(시)ᄒ야

봄바람 가을 물이 뵈오리 북 지나듯

雪鬢花顔(설빈 화안) 어디 두고 面目可憎(면목 가증) 되거고나

내 얼골 내 보거니 어느 님이 날 괼소냐

스스로 慙愧(참괴)ᄒ니 누구를 怨望(원망)ᄒ리

三三五五(삼삼 오오) 冶遊園(야유원)의 새 사람이 나단 말가

곳 피고 날 저물 제 定處(정처) 업시 나가 잇어

白馬(백마) 金鞭(금편)으로 어디어디 머므는고

遠近(원근)을 모르거니 消息(소식)이야 더욱 알랴

因緣(인연)을 긋쳐신들 싱각이야 업슬소냐

얼골을 못 보거든 그립기나 마르려믄

열 두 째 김도 길샤 설흔 날 支離(지리)ᄒ다

玉窓(옥창)에 심근 梅花(매화) 몃 번이나 픠여진고

겨울 밤 차고 찬 제 자최눈 섯거 치고

여름날 길고 길 제 구준 비는 무스 일고

三春花柳(삼춘 화류) 好時節(호시절)의 景物(경물)이 시름업다

가을 둘 방에 들고 蟋蟀(실솔)이 床(상)에 울 제

긴 한숨 디는 눈물 속절 업시 헴만 만타

아마도 모진 목숨 죽기도 어려울사

도로혀 풀쳐 혜니 이리 ᄒ여 어이 ᄒ리

靑燈(청등)을 돌라 노코 綠綺琴(녹기금) 빗기 안아

碧蓮花(벽련화) 한 곡조를 시름 조차 섯거 타니

瀟湘夜雨(소상 야우)의 댓소리 섯도는 둣

華表(화표) 千年(천년)의 別鶴(별학)이 우니는 둣

玉手(옥수)의 타는 手段(수단) 녯 소래 잇다마는

芙蓉帳(부용장) 寂寞(적막)ᄒ니 뉘 귀에 들리소니

肝腸(간장)이 九曲(구곡)되야 구븨구븨 ᄂ쳐서라

출하리 잠을 들어 꿈의나 보려 ᄒ니

바람의 디는 닙과 풀 속에 우는 즘생

므스 일 원수로서 잠조차 씨오는다

天上(천상)의 牽牛織女(견우 직녀) 銀河水(은하수) 막혀서도

七月七夕(칠월 칠석) 一年一度(일년 일도) 失期(실기)치 아니거든

우리 님 가신 후는 무슨 弱水(약수) 가렷관듸

오거니 가거나 消息(소식)조차 ᄯ쳣는고

欄干(난간)의 비겨 셔서 님 가신 디 바라보니

草露(초로)는 맷쳐 잇고 暮雲(모운)이 디나갈 제

竹林(죽림) 푸른 고디 새 소리 더욱 설다

세상의 서룬 사람 수 업다 ᄒ려니와

薄命(박명)한 紅顔(홍안)이야 날 가투니 쏘 이실가

아마도 이 님의 지위로 살동말동 흐여라

허난설헌 작

이 작품은 전통 유교 사회에서 겪게 되는 여성의 한스러운 생활과 고독을 표현하고 있다. 시인 자신의 삶을 반영하고 있는 이 시는 섬세(纖細)하고 절절(切切)한 사랑이 그리움과 슬픔으로 표현되고 있어 여성적 정한(情恨)의 정서가 잘 드러난다. 그러면서도 부드럽고 품격을 잃지 않는 시풍(詩風)을 유지하고 있어 여성들 사이에 널리 애송(愛誦)되면서 다른 규방(閨房) 가사에 영향을 끼쳤다.

다음은 현대 한국어로 풀이한 것이다.

엊그제 젊었더니 벌써 어찌 다 늙었는가

어린 시절 즐거움을 생각하니 말해도 속절없다[38]

늙어서 서러운 말 하자니 목이 멘다[39]

부모님이 낳아 기르며 몹시 고생하여 이 내 몸 길러낼 때

높은 벼슬아치의 배필(配匹)[40]은 바라지 못할지라도 군자(君子)[41]의 좋은 짝

이 되기를 바랐더니

---

38) 속절없다 어찌할 도리가 없다.
39) 메다 어떤 감정이 북받쳐 소리가 잘 나지 않다.
40) 배필(配匹) 부부의 짝.
41) 군자(君子) 행실이 점잖고 어질며 덕과 학식(學識)이 깊은 사람.

전생(前生)[42]의 원망스러운 업보(業報)[43]요, 월하노인[44]의 인연으로

장안[45]의 한량[46], 경박한[47] 자를 꿈같이 만나서

당시의 마음 쓰기가 살얼음[48] 디디는 듯

열다섯 열여섯 살을 겨우 지나 타고난 아름다움이 저절로 나타나니

이 얼굴 이 태도로 평생을 약속하였더니

세월이 빨리 지나고 조물주(造物主)[49]가 시기가 많아서

봄바람 가을 물이 베틀[50] 실오라기[51]에 북[52] 지나듯

꽃같이 아름다운 얼굴 어디 두고 미운 모습 되었구나

내 얼굴을 내가 보니 어느 님이 날 사랑할 것인가

스스로 부끄러워하니 누구를 원망하리

여러 사람이 떼 지어 다니는 술집에 새 기생(妓生)이 나타났다는 말인가

꽃 피고 날 저물 때 정처(定處)[53] 없이 나가서

백마, 금 채찍[54]으로(화려한 차림으로) 어디어디 머물러 노는고

원근 지리를 모르는데 소식이야 더욱 알 수 있으랴

---

42) 전생(前生) 이 세상에 태어나기 이전에 살던 삶.
43) 업보(業報) 선악의 행업(行業)으로 말미암은 인과응보(因果應報).
44) 월하노인(月下老人) 짝을 맺어 주는 노인. 중매인.
45) 장안(長安) 중국 당나라의 수도. 번화한 도시를 말함.
46) 한량(閑良) 특별한 직책이 없이 놀고먹는 하층 양반계층.
47) 경박(輕薄)하다 품성이 가볍다.
48) 살얼음 초겨울에 얇게 살짝 언 얼음.
49) 조물주(造物主) 우주의 만물을 만들고 다스리는 신.
50) 베틀 전통적인 방식으로 옷감을 짜는 틀.
51) 실오라기 실의 한 가닥.
52) 북 베틀에서, 날실의 틈으로 왔다 갔다 하면서 씨실을 푸는 기구.
53) 정처(定處) 정한 곳. 또는 일정한 장소.
54) 채찍 말이나 소 따위를 때려 모는 데에 쓰기 위하여, 가는 나무 막대나 댓가지 끝에 노끈이나 가죽 오리 따위를 달아 만든 물건.

인연을 끊었다지만 생각이야 없겠는가

얼굴을 못 보거든 그립기나 말았으면 좋으련만

하루가 길기도 길구나 서른 날(한 달)이 지루하다

여인의 방의 창가에 심은 매화 몇 번이나 피었다 졌는고

겨울 밤 차고 찬 때 자취눈[55] 섞어 내리고

여름날 길고 긴 때 궂은비는 무슨 일인고

봄날 좋은 시절에 경치를 보아도 아무 생각이 없다

가을 달 방에 들고 귀뚜라미 침상(寢牀)[56]에서 울 때

긴 한숨 떨어지는 눈물 헛되이 생각만 많다

아마도 모진[57] 목숨 죽기도 어렵구나

돌이켜 풀어 생각하니 이렇게 하여 어찌할 것인가

푸른 등불을 돌려놓고 거문고[58]를 비스듬히 안아

벽련화 한 곡조를 시름[59] 따라서 섞어 연주하니

소상강 밤비에 댓잎 소리가 섞여 들리는 듯[60]

망주석[61]에 천 년 만에 찾아 온 특별한 학이 울고 있는 듯

아름다운 손으로 타는 솜씨는 옛 가락이 아직 남아 있지마는

---

55) 자취눈 자국눈. 겨우 발자국이 날 만큼 적게 내린 눈.
56) 침상(寢牀) 누워서 잘 수 있도록 만든 가구(家具).
57) 모질다 참고 견디기 힘든 일을 능히 배기어 낼 만큼 억세다.
58) 거문고 여섯 개의 줄로 연주하는 한국 전통 현악기의 하나.
59) 시름 마음에 항상 남아 있는 근심이나 걱정.
60) 소상강(瀟湘江) ~들리는 듯 중국의 전설에서 순(舜)임금이 죽었을 때 요나라 공주 아황(娥皇)과 여영(女英)이 소상강가에서 슬피 울다 눈물이 강가의 대나무에 뿌려져 물들었다고 한다.
61) 망주석 중국 한(漢)나라 때의 요동(遼東) 사람 정령위(丁令威)는 영허산(靈虛山)에서 선도(仙道)를 닦았다. 나중에 그는 학이 되어 고향으로 돌아가 성문 앞에 있는 화표(華表) 위에 머물렀다. 화표란 묘 앞에 세우는 것으로 망주석(무덤 앞에 좌우로 벌려 세우는 한 쌍의 8각 돌기둥) 따위를 가리킨다.

연꽃 무늬 휘장(揮帳)[62]을 친 방이 적막하니[63] 누구의 귀에 들릴 것인가

마음이 아홉 굽이[64] 되어 굽이굽이 끊어졌구나

차라리 잠이 들어 꿈에나 보려 하니

바람에 지는 잎과 풀 속에서 우는 벌레

무슨 일 원수로서 잠마저 깨우는가

하늘의 견우성(牽牛星)과 직녀성(織女星)[65]은 은하수(銀河水)가 막혔어도

칠월 칠석 일 년에 한 번씩 때를 어기지 않는데

우리 님 가신 후는 무슨 약수(弱水)[66]가 가렸길래

오거나 가거나 소식조차 끊겼는가

난간[67]에 비스듬히 서서 님 가신 데 바라보니

풀 이슬은 맺혀 있고 저녁 구름이 지나갈 때

대 수풀 푸른 곳에 새소리가 더욱 서럽다

세상에 서러운 사람 많다고 하려니와

복이 없는 젊은 여자야 나 같은 이가 또 있을까

아마도 이 님의 탓으로 살 듯 말 듯 하여라

(허난설헌 작)

---

62) 휘장(揮帳) 피륙을 여러 폭으로 이어서 빙 둘러치는 장막.

63) 적막(寂寞)하다 고요하고 쓸쓸하다.

64) 굽이 휘어서 구부러진 곳.

65) 견우성(牽牛星)과 직녀성(織女星) 견우성은 독수리자리에서 가장 밝은 별이고 직녀성은 거문고자리의 가장 밝은 별로 은하수를 경계로 서로 마주 하고 있다. 동아시아에 이 두 별이 음력 7월 7일 서로 만난다는 전설이 있다.

66) 약수(弱手) 신선이 살았다는 중국 서쪽의 전설 속의 강. 길이가 3,000리나 되며 부력(浮力)이 매우 약하여 기러기의 털도 가라앉는다고 한다.

67) 난간(欄干) 층계, 다리, 마루 따위의 가장자리에 일정한 높이로 막아 세우는 구조물. 사람이 떨어지는 것을 막거나 장식으로 설치한다.

※ 이조년[李兆年, 1269~1343]

고려시대의 문신(文臣). 자(字)는 원로(元老). 호(號)는 매운당(梅雲堂) · 백화헌(百花軒). 충렬왕 20년(1294)에 문과에 급제하였다. 1306년 왕유소 등이 충렬왕 부자를 이간(離間)한 사건에 연루되어 귀양을 갔다. 유배 후 고향에서 숨어 지냈다. 1340년 충혜왕 복위(復位) 후 정당문학(政堂文學)에 오르고 예문관대제학(藝文館大提學)이 되어 성산군(星山君)에 봉해졌다. 시문(詩文)에 뛰어났으며, 시조 1수가 전한다.

※ 윤선도[尹善道, 1587~1671]

자(字)는 약이(約而). 호(號)는 고산(孤山) · 해옹(海翁). 치열한 당쟁으로 일생을 거의 벽지의 유배지에서 보냈으나, 경사(經史) · 의약 · 복서(卜筮) · 음양지리에 해박하고, 특히 시조에 뛰어났다. 가사 문학의 대가인 정철과 더불어 시조 문학의 대가로서 국문학사상 쌍벽을 이루며, 특히 자연을 시로 승화시킨 뛰어난 시인이었다. 문집 《고산유고》에 시조 77수와 한시문 외에 2책의 가첩(歌帖)이 전한다. 작품으로 〈견회요〉, 〈우후요〉, 〈산중신곡〉, 〈산중속신곡〉, 〈어부사시사〉 등이 있다.

※ 황진이[黃眞伊, 연대 미상]

조선 시대의 명기(名妓). 자는 명월(明月). 서경덕, 박연 폭포와 더불어 송도삼절이라 불리었다. 한시와 시조에 뛰어났으며 작품에 한시 4수가 있고, 시조 6수가 《청구영언》에 전한다.

※ 정몽주[鄭夢周, 1337~1392]

고려 말기의 충신 · 유학자. 자는 달가(達可). 호는 포은(圃隱). 오부 학당과 향교를 세워 후진을 가르치고, 유학을 진흥하여 성리학의 기초를 닦았다. 명나라를 배척하고 원나라와 가깝게 지내자는 정책에 반대하고, 끝까지 고려를 받들었다. 이성계의 세력에 저항하다가 이성계의 아들 방원(후의 조선 태종)에 의해 살해되었다. 시문에도 뛰어나 시조 〈단심가(丹心歌)〉 외에 많은 한시가 전해지며 서화에도 뛰어났다. 문집에 《포은집》이 있다.

※ 박인로[朴仁老, 1561~1642]

조선 선조 때의 문인(文人). 자는 덕옹(德翁). 호는 노계(蘆溪) · 무하옹(無何翁). 임진왜란 때에 전공(戰功)을 세웠으며, 병사들을 위로하기 위하여 〈태평사〉를 지었다. 벼슬에서 물러난 뒤에 오직 시작(詩作)에 전념하여 〈노계가〉, 〈누항사〉, 〈영남가〉 등의 가사 작품과 시조 60여 수를 남겼다.

※ 정철[鄭澈, 1536~1593]

조선 명종 · 선조 때의 문신 · 시인. 자는 계함(季涵). 호는 송강(松江). 가사 문학의 대가로 한국문학사상 중요한 가사 작품과 시조 작품을 남겼다. 1580년 강원도 관찰사로 등용. 3년 동안 강원 · 전라 · 함경도 관찰사를 지내면서 시작품(詩作品)을 많이 남겼다. 이때 〈관동별곡(關東別曲)〉을 지었고, 또 시조 〈훈민가(訓民歌)〉 16수를 지어 널리 낭송하게 함으로써 백성들의 교화에 힘쓰기도 하였다. 1585년 관직을 떠나 고향에 돌아가 4년 동안 작품 생활을 하였다. 이때 〈사미인곡(思美人曲)〉, 〈속미인곡(續美人曲)〉 등 수많은 가사와 단가(短歌 시조)를 지었다. 문집으로 《송강집》, 《송강가사》, 《송강별추록유사(松江別追錄遺詞)》, 작품으로 시조 70여 수가 전한다.

※ 허난설헌[許蘭雪軒, 1563~1589]

조선 중기 선조 때의 여류시인. 호 난설헌(蘭雪軒). 본명 초희(楚姬). 명종 18년(1563년) 강릉(江陵)에서 출생하였다. 《홍길동전》의 저자인 허균(許筠)의 누나이다. 이달(李達)에게 시를 배워 8세 때 이미 시를 지었으며 천재적인 시재(詩才)를 발휘하였다. 1577년(선조 10년) 15세의 나이에 김성립(金誠立)과 결혼하였으나 원만하지 못했다고 한다. 연이어 딸과 아들을 모두 잃고 동생 허균이 귀양을 가는 등 불행한 자신의 처지를 시작(詩作)으로 달래어 섬세한 필치와 여인의 독특한 감상을 노래했으며, 애상적 시풍의 특유한 시세계를 이룩하였다. 허난설헌이 죽은 후 동생 허균이 작품 일부를 명나라 시인 주지번(朱之蕃)에게 주어 중국에서 시집 《난설헌집》이 간행되어 격찬을 받았고 1711년 분다이야 지로[文台屋次郞]에 의해 일본에서도 간행, 애송되었다. 선조 22년(1589년) 27세로 요절하였으며 유고집에 《난설헌집》이 있다.

확인 학습

1 1에서 6까지 각 시조에 대하여 다음을 이야기해 봅시다.

1) 주제   2) 표현 방법   3) 운율

2 각 시조에서 알 수 있는 한국인의 사상이나 생활 태도에 대하여 이야기해 봅시다.

3 〈규원가〉에서 다음을 이야기해 봅시다.

1) 주제가 잘 드러난 곳
2) 중국의 고사(古事)를 인용하여 표현한 곳
3) 지은이가 여성임을 알 수 있는 곳

4 위 시들에서 알 수 있는 시조와 가사의 특징을 정리해 봅시다.

심화 학습

1 사설시조가 창작된 시대적 변화에 대하여 알아봅시다.

2 여인들이 지은 시조와 가사의 특성을 알아보고 여러분 나라의 전통 노래와 비교하여 봅시다.

한국의 고전소설 : 《춘향전》

1. 춘향전의 소설사적 의의에 대해 알아봅시다.
2. 판소리와 판소리계 소설에 대해 알아봅시다.

작품의 줄거리

　　전라도 남원에 사는 월매라는 퇴기(退妓)[1]는 성 참판(參判)[2]과의 사이에서 춘향을 낳는다. 춘향은 용모가 아름답고 시화(詩畵)에 능하였는데, 어느 봄날 양반집 자제(子弟)[3]인 이몽룡의 눈에 띄게 된다. 이몽룡은 첫눈에 반하여 그날 밤으로 춘향의 집을 찾는다. 춘향과 백년가약(百年佳約)[4]을 맺은 이몽룡은 그 후 날마다 춘향을 찾아 사랑을 나눈다. 얼마 후 부친의 승진으로 남원을 떠나야 하는 상황이 되자, 이몽룡은 후일을 약속하고 한양으로 떠난다. 한편 남원에 새로 부임한 사또[5]인 변학도는 기생에 빠져 정사는 돌보지 않는다. 춘향이 용모가 아름답다는 것을 알고 있던 변 사또는 춘향을 불러 수청을 들라 강요하지만 춘향은 거절한다. 이에 변 사또는 춘향을 감옥에 가둔다. 한양으로 간 이몽룡은 과거에 장원 급제하여 남원으로 내려오게 된다. 내려오는 도중 변 사또가 학정(虐政)[6]을 일삼고 있으며, 춘향이 감옥에 갇혀 있다는 사실을 알게 된다. 옥중에 있는 춘향을 만나서도 끝내 자신의 신분을 감추고 거지 행세(行世)를 한다. 춘향도 그런 이몽룡을 원망하기는커녕 내일 변 사또의 생일잔치에서 자기가 죽게 될 것이며, 그러면 자기를 잘 묻어 달라는 당부로 변함없는 사랑과 정절을 드러낸다. 옥에 갇힌 춘향을 만난 다음 날 아침, 변 사또의 생일잔치에 이몽룡은 어사(御使)[7]로 출두하여 변 사또와 탐관오리(貪官汚吏)[8]들을 가두고 옥에 갇힌 춘향과 다시 만난다. 뒤에 나오는 인용문은 이몽룡과 춘향이 다시 만나게 되는 작품의 마지막 장면이다.

---

1) 퇴기(退妓) 지금은 기생이 아니지만 전에 기생 노릇을 하던 여자.
2) 참판(參判) 조선 시대에, 육조(六曹)에 둔 종 이품 벼슬.
3) 자제(子弟) 남을 높여 그의 아들을 이르는 말.
4) 백년가약(百年佳約) 젊은 남녀가 부부가 되어 평생을 같이 지낼 것을 굳게 다짐하는 아름다운 언약.
5) 사또 한 고을의 우두머리.
6) 학정(虐政) 포학하고 가혹한 정치.
7) 어사(御使) 왕명으로 특별한 사명을 띠고 지방에 파견 되던 임시 벼슬.
8) 탐관오리(貪官汚吏) 백성의 재물을 탐내어 빼앗는, 행실이 깨끗하지 못한 관리.

작품 해설

소설 《춘향전》은 원래 판소리 '춘향가'의 사설(辭說)[9]에서 생겨났다. '춘향가'는 17세기에 등장했다고 알려져 있으며, 권력을 가진 남성이 힘없는 평민 여성의 정절을 빼앗으려는 한국의 설화(說話)[10]를 바탕으로 한다. 전문 공연자(公演者)였던 판소리 광대들은 청중의 관심을 끌기 위해 다양한 춘향가를 만들었고 이를 바탕으로 다양한 소설 《춘향전》이 나타났다. 《춘향전》은 가히 한국의 국민소설이라 할 만한 작품이다. 한국 사람이면 아이 어른 할 것 없이 이 작품을 모르는 사람은 없을 것이다. 그런 까닭에 이 작품은 뮤지컬, 영화, 드라마를 통해서 끊임없이 재창조되고 있다. 조선 시대의 수많은 소설 중에 하필이면 《춘향전》의 인기가 돋보이는 이유는 무엇인가? 남원이라는 지방을 중심으로 중세에서 근대로 이행하는 시기의 풍속이 잘 담겨져 있다는 점도 들 수 있고, 한국어 구어를 중심으로 산문영역을 개척한 유려(流麗)한[11] 표현도 들 수 있다. 그러나 무엇보다도 그 핵심은 사랑의 성취를 위해 역경을 헤쳐 나가는 춘향에 있다. 양반 이도령과 천민인 기생 춘향의 사랑에서 춘향은 절대적으로 불리한 조건에 처해 있었다. 이러한 악조건 속에서도 사랑은 상호간의 한없는 헌신이자 믿음임을 보여주었다는 점에서 춘향은 충분히 주목받을 만했다. 조선 시대는 성리학[12]적인 윤리 이념을 굳게 고수(固守)했기[13] 때문에 사랑 이야기가 독자들로부터 외면당하고 가문의 유지와 성리학적 윤리에 대한 자기반성을 요구하는 엄숙한 소설이 주류를 이루었다. 착하고 능력 있는 여성이 온갖 악조건 속에 핍박(逼迫)[14]과 고난을 겪다가 끝내 사랑을 이룬다는 이 이야기가 한국의 고전이 된 이유를 곰곰이 생각해 볼 필요가 있다. 서양에는 《로미오와 줄리엣》이 있다면 한국에는 《춘향전》이 있는 셈이다.

---

9) 사설(辭說) 늘어놓는 말이나 이야기. 판소리에서 연기자가 사이사이에 늘어놓는 말.
10) 설화(說話) 있지 아니한 일에 대하여 사실처럼 재미있게 말하는 이야기.
11) 유려(流麗)하다 글이나 말, 곡선 따위가 거침없이 미끈하고 아름답다.
12) 성리학(性理學) 중국 송나라(960~1279)·명나라(1368~1644) 때의 유학의 한 파.
13) 고수(固守)하다 차지한 물건이나 형세 따위를 굳게 지키다.
14) 핍박(逼迫) 바싹 죄어서 몹시 괴롭게 굶.

인용문

"저 계집은 무엇인고?"

형리 어쭈오되,

"기생 월매의 딸이온데 관청에서 포악(暴惡)한[15] 죄로 옥중에 있삽내다."

"무슨 죄인고?"

형리 아뢰되,

"본관사또 수청 들라고 불렀더니 수절(守節)[16]이 정절(貞節)이라. 수청(守廳)[17] 아니 들려 하고 사또에게 악을 쓰며 달려든 춘향이로소이다."

어사또 분부하되,

"너 같은 년이 수절한다고 관장(官長)에게 포악하였으니 살기를 바랄쏘냐. 죽어 마땅하되 내 수청도 거역할까?"

---

15) 관청에서 포악하다 관가의 뜰에서 험악한 말을 하였다는 뜻으로, 관가에서 심문 할 때 험한 말로 발악하는 것을 말함.
16) 수절(守節) 정절을 지킴.
17) 수청(守廳) 아녀자나 기생이 높은 벼슬아치에게 몸을 바쳐 시중을 들던 일.

춘향이 기가 막혀,

"내려오는 관장마다 모두 명관(名官)이로구나. 어사또 들으시오. 층암절벽(層巖絶壁)[18] 높은 바위가 바람 분들 무너지며, 청송녹죽(靑松綠竹)[19] 푸른 나무가 눈이 온들 변하리까. 그런 분부 마옵시고 어서 바삐 죽여주오."

하며,

"향단아, 서방님 어디 계신지 보아라. 어젯밤에 옥 문간에 와 계실 제 천만 당부하였더니 어디를 가셨는지 난 죽는 줄 모르는가."

어사또 분부하되,

"얼굴 들어 나를 보라."

하시니 춘향이 고개 들어 위를 살펴보니, 걸인으로 왔던 낭군이 분명히 어사또가 되어 앉았구나. 반 웃음 반 울음에,

"얼씨구나 좋을시고 어사 낭군 좋을시고, 남원 읍내 가을이 들어 떨어지게 되었더니, 객사에 봄이 들어 이화춘풍(梨花春風)[20] 날 살린다. 꿈이냐 생시냐? 꿈을 깰까 염려로다."

한참 이리 즐길 적에 춘향 어미 들어와서 가없이 즐거하는 말을 어찌 다 설화(說話)하랴.

춘향의 높은 절개 광채 있게 되었으니 어찌 아니 좋을쏜가. 어사또 남원의 공무 다한 후에 춘

---

18) 층암절벽(層巖絶壁) 몹시 험한 바위가 겹겹으로 쌓인 낭떠러지.

19) 청송녹죽(靑松綠竹) 푸른 소나무와 푸른 대나무.

20) 이화춘풍 '오얏꽃에 부는 봄바람' 또는 '오얏꽃 향기를 머금은 봄바람'이라는 뜻인데, 여기서는 이몽룡의 성이 '이(李)'라는 것과 연관된 이중적인 뜻이 있음.

향 모녀와 향단이를 서울로 데려갈 새, 위의(威儀)[21]가 찬란하니, 세상 사람들이 누가 아니 칭찬하랴. 이때 춘향이 남원을 하직할새, 영귀(榮貴)하게[22] 되었건만 고향을 이별하니 일희일비(一喜一悲)[23]가 아니 되랴.

---

21) 위의(威儀) 위엄이 있고 엄숙한 태도나 차림새.
22) 영귀(榮貴)하다 지체가 높고 귀하다.
23) 일희일비(一喜一悲) 한편으로는 기쁘고 한편으로는 슬픔.

※ 한국의 대표적인 고전소설
- 《구운몽》 조선 숙종 때에, 문인 김만중이 지은 장편 소설. 육관 대사(六觀大師)의 제자인 성진(性眞)이 양소유(楊少游)로 환생하여 여덟 선녀의 환신인 여덟 여인과 인연을 맺고 입신양명하여 부귀영화를 누리지만 깨어 보니 꿈이었다는 내용이다. 인간의 부귀영화가 한낱 꿈에 지나지 않는다는 불교적 인생관을 주제로 하고 있다.
- 《홍길동전》 조선 광해군 때에 허균이 지은 한국 최초의 한글 소설. 능력이 뛰어나지만 재상가 서얼로 태어난 탓에 천대를 받던 홍길동이, 집을 나와 활빈당이라는 집단을 결성하여 관아와 해인사 따위를 습격하다가 율도국을 건설한다는 내용으로, 당시 사회 제도의 결함, 특히 적서 차별(嫡庶差別)을 타파하고 부패한 정치를 개혁 하려는 의도로 지은 사회 소설이다.
- 《허생전》 조선 정조 때 박지원이 지은 한문 단편 소설. 허생의 상행위를 통하여 당시 허약한 국가 경제를 비판하고, 양반의 무능과 허위 의식을 풍자한 작품으로, 《열하일기》에 실려 있다.
- 《흥부전》 조선 후기의 판소리계 소설. 흥부와 놀부라는 두 인물을 통하여 형제간의 우애와 선악의 문제를 다루었다. 작가와 연대는 알 수 없다.

확인 학습

1 《춘향전》에서 다음을 설명해 봅시다.

1) 시대적 배경
2) 등장인물의 성격

2 춘향과 이몽룡의 사랑은 어떠한 특징을 보이는지 말해 봅시다.

3 《춘향전》이 영화나 드라마로 계속해서 만들어지는 이유는 무엇인지
생각해 봅시다.

심화 학습

1 본문의 인용문을 중심으로 이 작품에 나타난 판소리의 특성에 대해
더 알아봅시다.

2 춘향전의 문학성은 풍자(諷刺)와 해학(諧謔)에 있다고 합니다.
이 글에 풍자와 해학이 어떤 방식으로 나타나 있는지 말해 봅시다.

한국의 현대시 :
개화기부터 해방까지

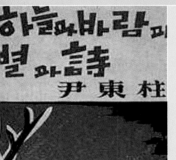

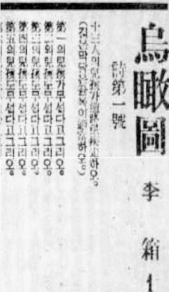

1. 한국의 현대시의 특성에 대하여 말해 봅시다.
2. 일제 강점기의 한국의 시인에 대하여 알고 있는 바를 말해 봅시다.

1.

우리가 흔히 개화기(開化期)라고 부르는 시기는 보통 1870년대~1910년대를 말하지만, 개화기의 문학은 이보다는 조금 늦게 1890년대 이후 성립되었다. 그 내용에서 개화기의 현실 인식을 담고 있는 개화기 문학은 산문에서는 역사·전기(傳記) 문학과 이른바 신소설류가 그 중심이 되었고, 시가에서는 전통 시가의 형식을 계승한 개화가사·개화기시조와, 외래문화의 영향으로 새로 소개된 시형(詩形)인 창가(唱歌)와 신체시(新體詩)가 그 중심을 이루었다.

개화가사와 개화기시조는 공통적으로 개화 의식에 대한 비판적 경계심(警戒心)이 그 중심 주제를 이루면서 작가도 봉건적 인물이거나 미상(未詳)인 경우가 대부분인 반면, 창가와 신체시는 개화기의 신흥 문물에 대한 찬양과 진취적(進取的)인 기상을 드러내는 전문적 작가의 작품인 경우가 많다. 창가와 신체시는 개화기에 활발하게 설립된 각종 학교의 교가와 응원가, 그리고 기독교의 찬송가와 서양식의 행진곡 등의 음악의 영향을 크게 받아 성립하였다. 그러나 한편으로는 전대(前代)의 가사와 시조, 그리고 민요의 형식도 동시에 존재하였고 그 어떤 하나의 형식이라고 볼 수도 없는 이른바 자유시형을 지닌 시가도 다수 발표되기도 하였다.

이러한 1910년대의 시는 1919년 일대 전환을 이루었다. 1919년 1월 창간된 『창조』는 최초의 근대 문예 동인지(同人誌)로서 시와 소설을 다수 싣고 있다. 1919년의 3·1 운동의 실패는 때마침 유행하던 세기말적 풍조(風潮)와 맞물려 많은 지식인 시인으로 하여금 허무와 좌절을 읊조리게 하였다. 근대 의식이 개인의 주체 의식의 확보를 전제로 한다고 할 때, 1920년대의 시는 이러한 비관적 주체 의식 하에서 출발하며, 구체적으로는 『백조』를 중심으로 한 이른바 퇴폐적(頹廢的) 낭만주의가 그 대표적 모습이다.

그러나 이러한 1920년대 초의 허무와 좌절은 곧이어 등장한 김소월과 한용운에 의해 단순한 허무와 좌절이 아닌 새로운 차원으로 극복·승화(昇華)되기에 이른다. 김소월은 '민요조 서정시'를 다수 발표하였다. 민요조 서정시란 민요적인 3음보의 율조(律調)를 기본으로 하고, 설화적인 소재를 취급하며, 향토성(鄕土性) 짙은 서정을 노래하는 시를 말한다. 김소월은 이러한 민요조 서정시를 창작하면서도, 정형적 율조에만 머물지 않고 개인의 비애(悲哀)를 넘어서는 민족적 정한을 노래함으로써 해방 이전의 가장 중요한 시인 중 한 사람으로 평가받는다.

한용운의 등장은 훨씬 더 이채로우며 암흑 속의 등불과도 같은 것이었다. 그의 시는 단순한 관념의 표출이 아닌 정제(精製)된 한국어의 갈고 닦음의 노작(勞作)이라는 점에서 주목된다. 그리고 무엇보다도 1926년 간행된 그의 시집 《님의 침묵》에 실려 있는 모든 시가 전래의 한국시가 보여 준 그러한 낭만적 애상(哀傷)의 정조와는 전혀 거리가 먼 새로운 형이상학의 세계를 보여 주고 있다는 점에서, 한용운의 등장은 한국 근대시사의 획기적(劃期的)인 사건이었다.

2.

1920년대 『백조』를 중심으로 한 퇴폐적 낭만주의는 1922년 '힘[力]의 예술'을 들고 일본에서 귀국한 문인들에 의해서 일대 전환을 맞게 되었다. 1920년대 초의 한국의 문단(文壇)은 계몽주의, 예술지상주의, 일본식 자연주의 그리고 『백조』를 중심으로 한 퇴폐적 낭만주의 등의 흐름이 뒤섞여 있었다. 여기에 새로운 문학 운동으로서 '계급주의 문학'이 가세(加勢)하게 되었다.

계급문학(階級文學)은 보통 '프로문학' 또는 '경향문학(傾向文學)'으로 불리지만, 활동 초기에는 '신흥문학(新興文學)' 또는 '신경향파 문학'이라고도 불렸다. 계급문학은 1925년 8월 조직된 '카프 (KAPF, 조선프롤레타리아예술가동맹)'를 중심으로 활동을 전개하였다. 이 단체는 창립 당시에는 뚜렷한 강령(綱領)이나 활동 방침이 정해지지 않은, 이름만의 서클(circle) 성격의 모임에 지나지 않았다. 그러던 것이 1927년 이후 분명한 목적의식의 활동 방침이 주창(主唱)되고 다수의 구성원이 이에 동조하면서 카프는 1935년 해산될 때까지 한국 문단 내의 중요한 구심점(求心點)으로 자리 잡았다. 1920년대 중반부터 1930

년대 중반의 약 10년 동안은 이러한 카프를 중심으로 한 계급문학 시대라고 하여도 과언(過言)이 아닐 만큼, 이들이 차지하는 문단의 비중은 매우 컸다.

1920년대 이후 각종 사회주의 단체들이 조직되면서 지식인들의 현실 비판 의식이 눈뜨게 되고 날로 가혹(苛酷)해져 가는 식민지 지배에 대한 저항 의지가 싹트게 되면서, 이러한 현실에 적극적으로 맞서고자 하는 저항 문학 또는 현실주의(realism) 문학 운동이 활발히 전개되었다. 이러한 문학 운동의 구심점 역할을 하였던 조직이 바로 카프로서 이들에 의한 계급문학은 곧 일제에 대항하는 저항 문학의 성격을 띠게 되는 것이다. 이들의 문학 활동은 비평과 소설 창작에서 두드러지지만 시에 있어서도 많은 훌륭한 작품을 남겼다.

이러한 현실 폭로와 저항의 의지는 일부 민족주의 시인들에 의하여서도 활발히 전개되었다. 그 대표적 시인이 이육사와 윤동주로 이들은 작품 활동과 독립 운동을 병행하다가 불행히도 해방을 보지 못하고 옥사(獄死)하고 말았다. 특히, 윤동주는 그의 모든 작품들이 사후에 유고(遺稿)로만 소개되는 비극적인 삶을 살다간 시인이었지만, 그만큼 이들의 시에는 조국 광복에 대한 열망이 뜨거운 민족애로 넘쳐나고 있었다.

3.

1930년대에 들어서면 한국의 근대시는 전대와는 다른 '현대적'인 모습들을 지니기 시작하였다. 1929년을 전후하여 일본에서 외국 문학을 전공하고 귀국하는 이른바 '해외문학파' 구성원들이 문단에 편입되면서부터, 문학 활동에 있어서 내용보다는 기법에 관심을 두는 일군(一群)의 시인들이 부각(浮刻)되기 시작하였다. 이들의 중심은 단연(斷然) 1930년에 출발하는 '시문학파'였다.

『시문학』은 1930년 3월 창간되었다. 이의 구성원은 정지용·김영랑 등으로 『시문학』은 그 내부에 하나의 공통적 특질을 형성하고 있었다. 그것은 반(反) 이데올로기적인 순수 서정의 추구와 시어에 대한 예술적 자각으로 이 특질은 『시문학』·『문예월간』·『문학』 등으로 이어지는 이른바 '시문학파'의 계보(系譜) 속에서 일관(一貫)되게 추구되어 온 관심사였다. 특히 정지용의 작품들은 전통성과 모더니즘(modernism)의 경향을 동시에 지양(止揚)·극복하는 독특한 자기 세계를 구축하고 있다는 점에서 전대의 한국 근대시를 한 단계 뛰어넘는 괄목(刮目)할 성과를 이루었다. 이렇게 1930년대의 한국시는 바야흐로 '현대적'인 특징들을 드러내기 시작하였으며, 그 개화의 모습은 1930년대 중반 무렵의 모더니즘 문학 운동이었다.

시에서는 이상과 김광균, 김기림, 소설에서는 이상과 박태원으로 대표되는 1930년대 한국의 모더니즘은, 카프를 중심으로 한 계급주의 문학과 민족주의 문학 간의 대립 구도가 허물어지는 전형기(轉形期)의 문학적 산물이었다. 이와 함께 모더니즘은 1930년대의 서구화와 도시화라는 현대 문명의 시대적 풍경과, 점점 가혹(苛酷)해지는 일제의 식민지 지배로 말미암은 지식인의 자기 소외(疏外), 고향 상실감과 무력감(無力感)을 반영하였다. 여기에는 한편으로는 적극적으로 과거를 부정하며 주체 분열의 자의식에서 몸부림친 이상의 문학이 있었고, 그 한편에는 황폐화(荒廢化)해 가는 도시 문명을 공허하게 바라보고 있는 김광균과 그 속에서 문명 비판적인 세계사적 전망을 유지하려고 노력한 김기림 등의 문학이 있었다. 이 외 농촌공동체의 향토적 정서를 바탕으로 토속적 방언을 능숙하게 구사하면서도 모더니즘의 기법을 잘 활용한 시인으로 백석과 이용악이 있었다.

이러한 1930년대 순수문학과 모더니즘 문학은 시어에 대한 현대적 자각과 주체 의식의 반영, 그리고 기법의 혁신이라는 '현대성'으로 말미암아, 전대의 내용 중심주의의 문학에서 한 단계 발전한 문학사적 의의를 획득한다.

4.

1930년대 시문학의 주류는 보통 '시문학파'와 모더니즘, 그리고 세칭(世稱) '생명파(인생파)'의 세 부류(部類)로 나누어진다. 그 중 하나인 '생명파'는 1931년 『문예월간』을 통해 등단한 유치환과 1936년 창간된 『시인부락』 동인(同人) 서정주를 중심으로 한 시작(詩作)

경향을 말한다. 이들의 공통된 특징은 우리 자신의 삶의 문제를 치열(熾烈)하게 파고드는 생명 탐구와 삶의 의지의 형상화라고 할 수 있다. 시문학파와 모더니즘 시인들이 기법과 관련하여 미적 자의식의 문제에 관심을 가졌다고 한다면, 이들은 그러한 자의식을 지닌 주체 자체의 존재 문제에 보다 많은 관심을 가졌다고 할 수 있다. 그리하여 이들 '생명파' 시인들은 바로 시문학파와 모더니즘 시인들이 지니고 있는 본질적 결함(缺陷), 즉 현실 문제에 무관심한 '공허한 현대성'을 극복함으로써 1930년대 한국 현대시의 영역과 깊이를 확장시켜 놓았다.

1937년 중일전쟁 이후 일제의 식민 지배가 더욱 악랄(惡辣)해져 가는 1939년에 순(純)문예지 『문장』과 『인문평론』이 창간되어 침체(沈滯)된 문단에 활력을 불어넣어 주었다. 특히, 『문장』은 발간과 함께 신인 추천제(推薦制)를 실시하여 박목월·박두진·조지훈 등의 유능한 시인들을 배출(排出)하였다. 그러나 이러한 신인들이 미처 작품 활동을 제대로 전개하기도 전인 1941년 일제 당국에 의해 『문장』과 『인문평론』은 폐간되고, 문예지들은 『국민문학』 하나로 통합되기에 이르렀다. 일제의 국민 문화 정책은 더욱 노골화(露骨化)되어 1940년 한글 신문인 조선일보와 동아일보를 폐간하고 모든 문학 작품의 저술은 국어(國語)[일본어]로만 발표하게 하였다. 이와 함께 일제는 1939년의 '조선문인협회'와 1943년에 결성된 '조선문인보국회' 등의 단체를 통하여 모든 문예 작품은 일제의 정치 선전 도구로만 기능하도록 강제하였다.

이러한 일제의 문화 정책에 따라 많은 문인들이 친일(親日)과 변절의 길을 걷게 되었음은 실로 한국문학사의 부끄러운 부분이 아닐 수 없다. 그러나 한국의 문인들 중에는 죽음으로 일제에 대항한 투사도 있었으며, 멀리 국외로 도피하여 국권 회복의 그 날을 기다리며 분루(憤淚)를 삼킨 지사(志士)들도 있었다. 한국의 문학사는 비록 많지는 않지만 이러한 지조 있는 문인들 덕분에 그 향기와 빛깔을 더욱 선명히 할 수 있었다. 1946년 공동 시집 『청록집』을 간행한 박목월·박두진·조지훈이야말로 이러한 역사의 한 고비에 우뚝 서 있는 위대한 시인들이다.

『청록집』의 간행으로 세칭 '청록파(자연파)'라고 불리는 이들은 붓을 꺾는 것조차 마음대로 하지 못하는 일제 강점기의 1940년대에서 고통을 참으며 자신들의 작품을 다듬고 있었다. 이들의 시는 공통적으로, 1930년대 김광균으로 대표되는 이미지즘이 보여 주는 자아 상실의 풍경화와는 분명히 다르다. 이들 시에는 한결같이 식민지 시대 한국 민족이 처한 혼과 정신이 끈끈하게 녹아 있다. 이러한 점에서 청록파의 시는 한국 현대시사의 값진 수확(收穫)이 아닐 수 없다.

아래의 시들은 일제 강점기에 활동한, 중요한 한국 시인들의 대표적인 작품 한 편씩을 고른 것이다. 지금부터 이 시들을 감상해 보기로 하자.

1. 진달래꽃 (1922)

김소월

본명 김정식(金廷湜)

1902년 평안북도 구성 출생
1915년 오산학교 중학부 입학
1923년 배재고보 졸업
1924년 『영대(靈臺)』 동인 활동
1934년 자살
시집 『진달래꽃』(1925), 『소월시초』(1939), 『정본 소월시집』(1956)

나 보기가 역겨워[1]

가실 때에는

말없이 고이 보내 드리오리다.

영변(寧邊)[2]에 약산(藥山)

진달래꽃

아름 따다 가실 길에 뿌리오리다.

가시는 걸음 걸음

놓인 그 꽃을

사뿐히 즈려밟고[3] 가시옵소서.

나 보기가 역겨워

가실 때에는

죽어도 아니 눈물 흘리오리다.

　　이 시는 소월시의 정수(精髓)로, 이별의 슬픔을 인종(忍從)의 의지력으로 극복해 내는 여인을 시적 자아로 하여 전통적 정한(情恨)을 예술적으로 승화시킨 작품이다. 4연 12행의 간결한 시 형식 속에는 한 여인의 임을 향한 절절(切切)한 사랑과 헌신, 그리고 체념과 극기(克己)의 정신이 함께 녹아 있다. 이 시에서 '진달래꽃'은 시적 자아의 아름답고 강렬(强烈)한 사랑의 표상(表象)이요, 떠나는 임에 대한 원망과 슬픔이며, 끝까지 임에게 자신을 헌신하려는 정성과 순종의 상징이다.

---

1) 역겹다 역정(逆情)이 나거나 속에 거슬리게 싫다.
2) 영변(寧邊) 김소월의 고향 근처인 평안북도에 있는 지명(地名).
3) 즈려밟고 '지르밟고'의 잘못. '지르밟다'는 위에서 내리눌러 밟다.

2. 님의 침묵(沈默) (1926)

한용운

본명 한정옥(韓貞玉)

호 필명 만해(萬海), 한유천(韓裕天)

1879년 충청남도 홍성 출생

1896년 동학에 가담하였으나 운동이 실패하자, 설악산 오세암에 들어감

1919년 3·1 운동 민족 대표 33인 중 한 사람으로 「독립 선언서」에 서명

1927년 신간회(新幹會) 중앙 집행위원

1930년 월간지 『불교』 발행인

1944년 사망

시집 『님의 침묵』(1926), 『한용운 시 전집』(1976),

　　　『한용운 전집』(1973)

님은 갔습니다. 아아 사랑하는 나의 님은 갔습니다.

푸른 산 빛을 깨치고 단풍나무 숲을 향하여 난 적은 길을 걸어서 차마[4] 떨치고 갔습니다.

황금의 꽃같이 굳고 빛나던 옛 맹서는 차디찬 티끌이 되어서 한숨의 미풍(微風)[5]에 날아갔습니다.

날카로운 첫 키스의 추억은 나의 운명의 지침(指針)[6]을 돌려놓고 뒷걸음쳐서 사라졌습니다.

나는 향기로운 님의 말소리에 귀먹고 꽃다운 님의 얼굴에 눈멀었습니다.

사랑도 사람의 일이라 만날 때에 미리 떠날 것을 염려하고 경계하지 아니 한 것은 아니지만, 이별은 뜻밖의 일이 되고 놀란 가슴은 새로운 슬픔에 터집니다.

그러나 이별을 쓸데없는 눈물의 원천을 만들고 마는 것은 스스로 사랑을 깨치는 것인 줄 아는 까닭에, 걷잡을 수 없는 슬픔의 힘을 옮겨서 새 희망의 정수박이[7]에 들어부었습니다.

우리는 만날 때에 떠날 것을 염려하는 것과 같이 떠날 때에 다시 만날 것을 믿습니다.

---

4) 차마 부끄럽거나 안타까워서 감히.

5) 미풍(微風) 가는 바람.

6) 지침(指針) 지시 장치에 붙어 있는 바늘. 시계의 바늘이나 나침반의 바늘.

7) 정수박이 정수리의 사투리. 사물의 제일 꼭대기 부분을 비유적으로 이르는 말.

아아 님은 갔지마는 나는 님을 보내지 아니하였습니다.

제 곡조를 못 이기는 사랑의 노래는 님의 침묵을 휩싸고 돕니다.

시인 한용운의 '님'은 역사 속에서는 조국이나 민족이며, 진리의 의미로는 참 자각(自覺)의 세계요, 그의 종교적 환경에 비추어 본다면 절대 신앙의 가치요, 그 외에도 단순한 연인으로서의 의미 등 다양하게 변모하며 적용될 수 있는 포괄적인 개념이다. 이 시에서 이별은 만남을 얻기 위한 전제 조건이며, 생성의 존재 원리에 해당한다. 이 시는 '님'이라는 존재와 이별이라는 극적인 상황을 제시하여 인간 정서의 보편적 문제를 다루고 있으면서도, '이별의 한(恨)'으로 대표되는 한국적 정서를 '절망이 아닌 희망'이라는 새로운 장으로 열어 놓고 있다.

3. 광야(曠野) (유고, 1946)

이육사

본명 이원록(李源祿), 원삼(源三), 활(活)

1904년 경상북도 안동 출생

1915년 예안 보문의숙에서 수학

1925년 형 원기(源祺), 아우 원유(源裕)와 함께 대구에서 의열단에 가입

1926년 북경 행

1927년 조선은행 대구 지점 폭파 사건에 연루, 대구 형무소에 3년간 투옥됨. 이때의 수인(囚人) 번호(264)를 자신의 필명으로 삼음.

1932년 북경의 조선군관학교 간부 훈련반에 입교

1933년 조선군관학교 졸업 후 귀국, 이때부터 일경의 감시하에 체포와 구금 생활을 반복
1935년 『신조선』에 시 「황혼」 발표
1943년 피검되어 북경으로 압송
1944년 1월 16일 북경 감옥에서 사망

까마득한 날에
하늘이 처음 열리고
어디 닭 우는 소리 들렸으랴.

모든 산맥들이
바다를 연모(戀慕)해 휘달릴[8] 때도
차마 이곳을 범(犯)하던 못하였으리라.

끊임없는 광음(光陰)[9]을
부지런한 계절이 피어선 지고
큰 강물이 비로소 길을 열었다.

지금 눈 내리고
매화 향기 홀로 아득하니
내 여기 가난한 노래의 씨를 뿌려라.

다시 천고(千古)[10]의 뒤에
백마 타고 오는 초인(超人)이 있어
이 광야에서 목 놓아 부르게 하리라.

이 시는 시인의 확고한 역사의식에 바탕을 둔 현실 극복 의지가 예술성과 탁월하게 조

---

8) 휘달리다 급한 걸음으로 빨리 달리거나 바쁘게 돌아다니다.
9) 광음(光陰) 해와 달. 낮과 밤. 시간이나 세월을 의미함.
10) 천고(千古) 아주 오랜 세월.

화를 이룬 작품이다. 자기극복의 치열성에 바탕을 둔 초인 정신과 투철(透徹)한 현실 인식에서 출발하는 지사(志士) 의식, 그리고 순환의 역사관에 뿌리를 둔 미래 지향의 역사 의식 등이 종합적으로 나타나 있다. 이 작품은 15행의 5연시로 과거[1~3연], 현재[4연], 미래[5연]의 시간적 추이에 따라 구성되어 있는데, '까마득한 날'에서 '다시 천고의 뒤'까지의 시간의 흐름은 조국의 현실을 '광야'로 상징한 역사의식의 표출(表出)이라고 할 수 있다.

4. 별 헤는 밤 (유고, 1941)

윤동주

1917년 북간도 명동촌(明東村) 출생
1925년 명동소학교 입학
1929년 송몽규(末夢奎) 등과 문예지『새 명동』발간
1932년 용정(龍井)의 은진중학교 입학
1935년 평양 숭실중학교로 전학
1936년 숭실중학 폐교 후 용정 광명학원 중학부 4학년에 전입
1938년 연희전문학교 문과 입학
1939년 산문「달을 쏘다」를『조선일보』에, 동요「산울림」을『소년』지에 각각 발표
1942년 릿쿄(立敎) 대학 영문과 입학, 가을에 도시샤(同志社) 대학 영문과로 전학
1943년 송몽규와 함께 독립 운동 혐의로 일본 경찰에 체포
1945년 2월 16일 큐슈(九州) 후쿠오카(福岡) 형무소에서 옥사

계절이 지나가는 하늘에는
가을로 가득 차 있습니다.

나는 아무 걱정도 없이
가을 속의 별들을 다 헬 듯합니다.
가슴속에 하나 둘 새겨지는 별을
이제 다 못 헤는 것은

쉬이 아침이 오는 까닭이요,

내일 밤이 남은 까닭이요,

아직 나의 청춘이 다하지 않은 까닭입니다.

별 하나에 추억과

별 하나에 사랑과

별 하나에 쓸쓸함과

별 하나에 동경(憧憬)[11]과

별 하나에 시(詩)와

별 하나에 어머니, 어머니,

어머님, 나는 별 하나에 아름다운 말 한 마디씩 불러봅니다. 소학교 때 책상을 같이했던 아이들의 이름과, 패(佩), 경(鏡), 옥(玉) 이런 이국 소녀(異國少女)들의 이름과, 벌써 애기 어머니 된 계집애들의 이름과, 가난한 이웃 사람들의 이름과, 비둘기, 강아지, 토끼, 노새, 노루, '프란시스 잠[12]', '라이너 마리아 릴케[13]', 이런 시인의 이름을 불러 봅니다.

이네들은 너무나 멀리 있습니다.

별이 아슬히[14] 멀듯이

어머님,

그리고 당신은 멀리 북간도(北間島)[15]에 계십니다.

나는 무엇인지 그리워

이 많은 별빛이 내린 언덕 위에

내 이름자를 써 보고,

---

11) 동경(憧憬) 어떤 것을 간절히 그리워하여 그것만을 생각함.

12) 프란시스 잼 Jammes, Francis (1868~1938) 프랑스 상징파 시인.

13) 라이너 마리아 릴케 Rilke, Rainer Maria (1875~1926) 프라하 출신의 독일 시인.

14) 아슬히 아찔아찔할 정도로 높거나 낮게.

15) 북간도(北間島) 두만강 이북의 간도지방의 동부.

흙으로 덮어버리었습니다.
딴은 밤을 새워 우는 벌레는
부끄러운 이름을 슬퍼하는 까닭입니다.

그러나, 겨울이 지나고 나의 별에도 봄이 오면,
무덤 위에 파란 잔디가 피어나듯이
내 이름자 묻힌 언덕 위에도
자랑처럼 풀이 무성할 거외다.

이 시는, 가을 하늘과 별과 시인의 고향이 되어 버린 북간도(北間島)의 이국정조(異國情調)와 망국(亡國)의 민족의 비애가 함께 어울려 애잔한 감동을 느끼게 해 주고 있다. 그리움과 쓸쓸함의 근원인 어머니는 북간도까지 쫓겨 간 윤동주의 어머니이자 그 곳에 살고 있던 수많은 우리 민족의 어머니들이요, 일제에게 수탈(收奪)당한 한국인의 상징적 어머니 상(像)이다. 그러니까 어머니는 곧, 모국(母國)의 표상인 셈이다. 이제 그는 극도의 순결 의식을 가지고, 지나칠 정도로 부끄러움을 느끼는 '밤을 새워 우는 벌레'가 되어 어머니를 부르며 '흙으로 덮어버린' 자신의 이름에 절망한다. 그 '부끄러운 이름'은 창씨개명(創氏改名)[16]으로 더럽혀진 한국인 모두의 이름이자, 이상(理想)을 충족하지 못하는 제 자신의 삶을 의미한다.

5. 유리창(琉璃窓) 1 (1930)

정지용

1903년 충청북도 옥천 출생
1918년 휘문고보 재학 중 박팔양 등과 함께 동인지 『요람』 발간
1929년 교토 도시샤(同志社) 대학 영문과 졸업
1930년 문학 동인지 『시문학』 동인

---

16) 창씨개명(創氏改名) 일제 강점기 말기 일본 정부가 한 국인의 민족의식을 없애기 위해 강제로 성씨(姓氏)를 일본식으로 고치도록 한 일.

1933년 『가톨릭청년』 편집 고문, 문학 친목 단체 '구인회' 결성
1939년 『문장』지 추천 위원으로 조지훈, 박두진, 박목월, 김종한, 이한직, 박남수 추천
1945년 이화여자대학교 교수
1946년 조선문학가동맹 중앙집행위원
1950년 납북, 사망
시집: 『정지용시집』(1935), 『백록담』(1941), 『지용시선』(1946), 『정지용전집』(1988)

유리에 차고 슬픈 것이 어른거린다.
열없이[17] 붙어 서서 입김을 흐리우니
길들은 양 언 날개를 파닥거린다.
지우고 보고 지우고 보아도
새까만 밤이 밀려 나가고 밀려와 부딪히고,
물 먹은 별[18]이, 반짝, 보석처럼 박힌다.
밤에 홀로 유리를 닦는 것은
외로운 황홀한 심사이어니,
고운 폐혈관(肺血管)[19]이 찢어진 채로
아아, 너는 산새처럼 날아갔구나!

 시적 자아는 어두운 밤, 창가에 서서 잃어버린 자식을 그리워하고 있다. 시적 자아는 '밀려 나가고 밀려와 부딪히'는 창밖의 어둠 속에서 별을 발견하고 죽은 아이의 영상(映像)을 떠올린다. 별을 바라보노라니 어느 새 유리창엔 입김이 서리고, 멀리 있는 별은 입김에 흐려진 유리창에 다가와 '언 날개를 파닥거리'고 '보석처럼' 박힌다. 별은 입김 덕분에 유리창에 붙어 나와 가깝게 만나지만, 입김 때문에 곧 희미해져 잘 보이지 않게 된다. 그러면 시적 자아는 유리창을 닦게 되고 그러면 다시 별은 멀리 떠나버리고 만다. 이처럼 입김 서린 유리창에 다가온 '차고 슬픈 것'이 반갑지만 곧 보이지 않게 되고, 다시 잘 보려고 유리창을 닦으면 별과의 거리가 멀어지는 모순적인 행위의 반복 속에 시적 자아의

---

17) 열없이 겸연쩍고 부끄럽게.
18) 물 먹은 별 별의 가장자리가 번져서 더 커 보이는 별.
19) 폐혈관(肺血管) 허파에 얽혀 있는 많은 핏줄들.

슬픔은 무한히 반복된다.

6. 모란이 피기까지는 (1934)

김영랑

1903년 전라남도 강진 출생

1915년 강진보통학교 졸업

1917년 휘문의숙 입학

1919년 3·1 운동 직후 6개월간 옥고

1920년 일본 아오야마(靑山)학원 중학부 입학

1922년 아오야마학원 영문과 진학

1923년 관동 대지진으로 귀국

1930년 문학 동인지 『시문학』 동인

1949년 공보처 출판국장

1950년 사망

모란이 피기까지는

나는 아직 나의 봄을 기다리고 있을 테요

모란이 뚝뚝 떨어져 버린 날

나는 비로소 봄을 여읜[20] 설움에 잠길 테요

오월 어느 날 그 하루 무덥던 날

---

20) 여의다 멀리 떠나보내다. 죽어서 이별하다.

떨어져 누운 꽃잎마저 시들어 버리고는

천지에 모란은 자취도 없어지고

뻗쳐오르던 내 보람 서운케 무너졌으니

모란이 지고 말면 그뿐, 내 한 해는 다 가고 말아

삼백 예순 날 하냥[21] 섭섭해 우옵내다[22]

모란이 피기까지는

나는 아직 기다리고 있을 테요, 찬란한 슬픔의 봄을

이 시는 시인이 남달리 좋아하던 모란을 소재로 하여 한시적(限時的)인 아름다움의 소멸(消滅)을 바라보는 시적 자아의 비애감을 표현한 작품으로, '모란'은 실재하는 자연의 꽃인 동시에 지상에 존재하는 모든 아름다움을 대표하는 대유적(代喩的) 기능의 꽃이다. 오직 모란이 피어 있는 순간에만 삶의 보람을 느끼는 시적 화자에게 있어서 모란은 봄과 등가적(等價的) 가치로 그의 소망을 표상한다. 그러나 모란에 자신의 모든 희망을 걸고 살아가는 비실재적 세계관의 소유자인 화자가 한 해를 온통 설움 속에서 살아갈지라도 그의 봄은 결코 절망뿐인 '슬픔의 봄'이 아니다. 왜냐하면, 계절의 순환 원리에 따라 봄은 또 올 것이고, 봄이 오면 모란은 또 피어날 것이기 때문이다. 그러므로 그 슬픔은 다만 모순(矛盾) 형용(形容)의 '찬란한 슬픔'으로 언제까지나 그를 기다리게 하는 원동력이 되어 준다.

7. 거울 (1933)

---

21) 하냥 '언제나'의 방언.

22) 우옵내다 '옵니다'의 시적 표현.

이상

본명 김해경(金海卿)

1910년 서울 출생
1924년 보성고보 졸업
1929년 경성고등공업 학교 건축과 졸업
1930년 『조선』에 소설 「12월 12일」을 발표
1931년 조선 미전(朝鮮美展)에서 「자화상」 입선
1934년 구인회에 가입
1936년 동경행
1937년 불령선인(不逞鮮人)으로 일경에 체포, 감금됨
1937년 4월 17일 동경 제대 부속 병원에서 사망

거울속에는소리가없소
저렇게까지조용한세상은참없을것이오

거울속에도내게귀가있소
내말을못알아듣는딱한귀가두개나있소

거울속의나는왼손잡이오
내악수를받을줄모르는-악수를모르는왼손잡이오

거울때문에나는거울속의나를만져보지를못하는구료마는
거울이아니었던들내가어찌거울속의나를만나보기만이라도했겠소

나는지금거울을안가졌소마는거울속에는늘거울속의내가있소
잘은모르지만 외로[23]된사업(事業)에골몰할께요

---

23) 외로 바르지 않고 한쪽으로 기울어지거나 뒤바뀌게.

거울속의나는참나와는반대(反對)요마는

또꽤닮았소

나는거울속의나를근심하고진찰(診察)할수없으니퍽섭섭하오

    자아(自我)는 자신의 모습을 거울 속에서 발견하고 자아의식을 확보한다. 이때 자아의 통일성은 거울에 비친 상을 자기 자신으로 동일시함으로써 비로소 구성된 것이다. 즉, 자아는 선험적(先驗的)으로 존재하는 실체가 아니라 동일시 과정을 거쳐 형성된 결과물에 불과하다. 따라서 이렇게 거울에 비친 상을 통해 구성된 동일성은 자기 소외적 성격을 지니게 마련이다. 이러한 점에서 이 시는, 현상적 자아인 '나'와 자의식에 존재하는 본질적 자아인 '또 다른 나'의 대립과 모순을 통하여 참된 자아를 잃고 방황하는 현대인의 비극적 모습을 잘 보여 준다.

8. 설야(雪夜) (1938)

김광균

1914년 경기도 개성 출생
              송도상업고등학교 졸업
1926년 『중외일보』에 시 「가는 누님」 발표
1936년 『시인부락』 동인으로 참가
1937년 『자오선』 동인으로 참가
1950년 이후 실업계에 투신
1990년 제2회 정지용 문학상 수상
1993년 사망

어느 먼 곳의 그리운 소식이기에

이 한밤 소리 없이 흩날리느뇨.

처마[24] 끝에 호롱불 여위어 가며
서글픈 옛 자취[25]인 양 흰 눈이 내려

하이얀 입김 절로 가슴에 메어
마음 허공에 등불을 켜고
내 홀로 밤 깊어 뜰에 내리면

머언 곳에 여인의 옷 벗는 소리.

희미한 눈발
이는 어느 잃어진 추억의 조각이기에
싸늘한 추회[26] 이리 가쁘게 설레이느뇨.

한 줄기 빛도 향기도 없이
호올로 차단[27]한 의상(衣裳)을 하고
흰 눈은 내려 내려서 쌓여
내 슬픔 그 위에 고이 서리다.

이 시에서는 '어느 먼 곳의 그리운 소식'으로 비유된 눈이 '소리 없이 흩날림'으로써 농도 짙은 그리움의 정을 자아낸다. '서글픈 옛 자취'로 인해 화자는 그리움을 서글픔으로, 다시 가슴이 메어짐으로 느끼게 된다. 화자는 견딜 수 없는 외로움으로 인하여 '마음 허공에 등불을 켜고' 눈 내리는 뜰에 내려선다. 결코 들리지 않는 눈 내리는 소리이지만, 시인의 뛰어난 상상력 속에서 그것은 '여인의 옷 벗는 소리'로 들려온다. 그러나 여인은 다만 기억 속의 '싸늘한 추회'로 '빛도 향기도 없이' '차디찬 의상을 한' '눈'이며, 화자의 슬픔

24) 처마 지붕이 도리 밖으로 내민 부분.
25) 자취 어떤 것이 남긴 표시나 자리.
26) 추회(追悔) 지나간 일에 대한 후회.
27) 차단(遮斷) 다른 것과의 관계나 접촉을 막거나 끊음.

은 '내려 내려서' 쌓이는 눈 '위에 고이 서리'어 있을 뿐이다. 이처럼 이 시에는, '호롱불 여위어 가는' 깊은 밤, 소리 없이 내리는 흰 눈을 바라보며 옛 추억에 잠기는 화자의 감회(感懷)가 절실히 배어난다.

9. 바다와 나비 (1939)

김기림

본명 김인손(金仁孫)
필명 편석촌(片石村)

1908년 함경북도 학성 출생
1921년 보성고보 중퇴 후 도일, 릿쿄(立敎)중학 편입
1926년 니혼(日本)대학 문학예술과 입학
1930년 졸업 후 조선일보 기자
1931년 『신동아』에 「고대(苦待)」,「날개만 돋치면」을 발표하여 등단
1933년 이효석, 조용만, 박태원 등과 구인회(九人會) 창립
1935년 장시 「기상도(氣象圖)」 발표
1936년 도호쿠제국대학(東北帝大) 영문학과 입학
1945년 조선문학가동맹의 조직 활동 주도
1950년 6·25 때 납북

아무도 그에게 수심(水深)을 일러준 일이 없기에
흰나비는 도무지 바다가 무섭지 않다.

청(靑)무우[28] 밭인가 해서 내려갔다가는
어린 날개가 물결에 절어서
공주(公主)처럼 지쳐서 돌아온다.

삼월(三月)달 바다가 꽃이 피지 않아서 서글픈

---

28) 청(靑)무우 푸른 무.

나비 허리에 새파란 초생달[29]이 시리다.

　　이 시에서는 어떤 사상적 깊이보다는 순간적으로 반짝이는 감각적 이미지만이 뚜렷하게 부각되는데, 이것은 모더니즘, 특히 이미지즘 계열시의 두드러진 특징이라고 할 수 있다. 이 시는 생경(生硬)한 외래어나 경박함이 사라진 대신, 견고하고 선명한 이미지 제시를 통해 전달하고자 하는 바를 적절히 표현함으로써 성공한 작품으로 평가받고 있다. 시인은 역사 혹은 운명과 같은 거대한 힘 앞에서 좌절할 수밖에 없었던 자신의 모습을 '나비 허리에 새파란 초생달이 시리다'는 표현으로 형상화한다. 이는 힘없이 날개만 파닥거리던 당시 식민지 지식인의 초라한 모습의 시적 상징이라고 할 것이다.

10. 나와 나타샤와 흰 당나귀 (1938)

백석

본명 백기행(白夔行)

1912년 평안북도 정주 출생
1929년 오산고보 졸업, 동경 아오야마(靑山)학원에서 영문학 공부
1934년 귀국 후 조선일보사 입사
1935년 시 「정주성(定州城)」을 『조선일보』에 발표하여 등단
　　　　　함흥 영생여고보 교사
1942년 만주의 안동에서 세관 업무에 종사
1945년 해방 후 북한에서 문학 활동
1995년 사망

가난한 내가
아름다운 나타샤를 사랑해서
오늘밤은 푹푹 눈이 나린다[30]

---

29) 초생달 '초승달'의 잘못.
30) 나린다 '내린다'의 시적 표현.

나타샤를 사랑은 하고
눈은 푹푹 날리고
나는 혼자 쓸쓸히 앉아 소주(燒酒)를 마신다
소주를 마시며 생각한다
나타샤와 나는
눈이 푹푹 쌓이는 밤 흰 당나귀 타고
산골로 가자 출출히[31] 우는 깊은 산골로 가 마가리[32]에 살자

눈은 푹푹 나리고
나는 나타샤를 생각하고
나타샤가 아니 올 리 없다
언제 벌써 내 속에 고조곤히[33] 와 이야기한다
산골로 가는 것은 세상한테 지는 것이 아니다
세상 같은 건 더러워 버리는 것이다

눈은 푹푹 나리고
아름다운 나타샤는 나를 사랑하고
어데서 흰 당나귀도 오늘밤이 좋아서 응앙응앙 울 것이다

이 시는 시인의 예기(藝妓)인 김자야라는 여성[나타샤]을 그리워하는 마음을 노래하고 있다. 백석은 김자야를 사랑하면서도 가족의 강권(强勸)으로 두 번씩이나 다른 여인과 형식적인 결혼을 올렸는데, 김자야는 이때마다 백석의 앞길을 막을 수 없다고 생각하여 스스로 그를 피해 주었다. 그러나 그럴 때마다 백석은 아내를 버리고 다시 김자야를 찾았다. 이 시는 이렇게 함흥에 있는 백석을 피해 서울로 떠나간 김자야를 그리면서 쓴 시이

---

31) 출출히 배가 고픈 느낌이 있게.
32) 마가리 오막살이. 작고 초라한 집.
33) 고조곤히 고요히.

다. 이 시에서 사랑의 꿈은 '눈'·'나타샤'·'흰 당나귀' 등의 아름답고 환상적인 이미지의 조화를 통해 환기(喚起)되는데, 그러한 이미지들은 다분히 이국적이라는 점에서 독특한 색채를 띤다. 그러나 현실과의 거리감과 단절감을 느끼는 화자가 끝내 그 현실에 합일(合一)되지 못하여, 이 시는 환상적인 분위기와 함께 고독하고 우수(憂愁) 어린 정조가 짙게 배어 있다.

11. 오랑캐꽃 (1939)

이용악

1914년 함경북도 경성 출생
1935년 『신인문학』 3월호에 시 「패배자의 소원」을 발표하며 등단
1939년 일본 상지(上智)대학 신문학과 졸업
　　　　김종한과 함께 동인지 『이인(二人)』 발간
1939년 귀국하여 『인문평론』 기자로 근무
1946년 조선문학가동맹에 가담
1950년 6·25 때 월북
1971년 사망

　　― 긴 세월을 오랑캐와의 싸움에 살았다는 우리는 머언 조상들이
　　너를 불러 '오랑캐꽃[34]'이라 했으니 어찌 보면 너의 뒷모양이 머리채를
　　드리운 오랑캐의 뒷머리와도 같은 까닭이라 전한다. ―

아낙도 우두머리도 돌볼 새 없이 갔단다.
도래샘[35]도 띠집[36]도 버리고 강 건너로 쫓겨갔단다.
고려 장군님 무지무지 쳐들어와

---

34) 오랑캐꽃 제비꽃을 다른 말로 일컫는 말.
36) 도래샘 빙 돌아서 흐르는 샘물. '도래'는 도랑의 함경도 방언.
36) 띠집 지붕을 띠로 엮어 만든 집. 모옥(茅屋).

오랑캐는 가랑잎처럼 굴러갔단다.

구름이 모여 골짝 골짝을 구름이 흘러
백 년이 몇 백 년이 뒤를 이어 흘러갔나.

너는 오랑캐의 피 한 방울 받지 않았건만
오랑캐꽃
너는 돌가마[37]도 털메투리[38]도 모르는 오랑캐꽃
두 팔로 햇빛을 막아 줄게
울어 보렴 목 놓아 울어나 보렴 오랑캐꽃.

이 시는 연약하고 가냘픈 오랑캐꽃을 통하여 이민족의 지배 하에서 노예적인 삶을 살아가는 민족의 현실에 대한 연민과 비애를 노래한 작품이다. 이 시는 오랑캐꽃의 이미지와 고통 받는 민족의 현실을 등치(等値)시킴으로써 개인적인 서정을 그 시대의 보편적인 서정의 차원으로 끌어올리고 있다고 할 수 있다. 즉 시인은, 오랑캐꽃이 그 형태가 오랑캐의 머리 모양을 닮았다는 외형적인 유사성 때문에 오랑캐꽃이라 불리는 것과 민족이 일제의 가혹한 탄압으로 인해 오랑캐와 같은 비참한 신세로 전락해 버린 처지가 동일하다고 인식하고 있다.

12. 생명의 서(書) (1938)

---

37) 돌가마 백탄(白炭)가마.
38) 털메투리 털로 만든 미투리. 미투리는 삼 껍질로 짚신처럼 삼은 신.

유치환

호 청마(靑馬)

1908년 경상남도 통영 출생
1927년 연희전문학교 문과 입학
1931년 시 「정적」을 『문예월간』에 발표하면서 등단
1937년 문예 동인지 『생리』 발행
1946년 조선청년문학가협회 회장 역임
1947년 제1회 조선청년문학가협회 시인상 수상
1957년 한국시인협회 초대 회장
1967년 사망

나의 지식이 독한 회의(懷疑)[39]를 구(救)하지 못하여
내 또한 삶의 애증(愛憎)[40]을 다 짐 지지 못하여
병든 나무처럼 생명이 부대낄[41] 때
저 머나먼 아라비아의 사막(沙漠)으로 나는 가자.

거기는 한 번 뜬 백일(白日)[42]이 불사신같이 작열(灼熱)하고[43]
일체가 모래 속에 사멸(死滅)한 영겁(永劫)[44]의 허적(虛寂)[45]에
오직 알라의 신(神)만이
밤마다 고민하고 방황하는 열사(熱沙)[46]의 끝.

그 열렬한 고독(孤獨) 가운데
옷자락을 나부끼고 호올로 서면

---

39) 회의(懷疑) 의심을 품음.
40) 애증(愛憎) 사랑과 미움.
41) 부대끼다 사람이나 일에 시달려 크게 괴로움을 겪다.
42) 백일(白日) 밝게 빛나는 태양.
43) 작열(灼熱)하다 이글이글 뜨겁게 타오르다.
44) 영겁(永劫) 영원한 세월.
45) 허적(虛寂) 텅 비고 고요함.
46) 열사(熱沙) 뜨거운 모래.

운명처럼 반드시 '나'와 대면(對面)케 될지니.

하여 '나'란 나의 생명이란

그 원시의 본연한 자태를 다시 배우지 못하거든

차라리 나는 어느 사구(砂丘)⁴⁷)에 회한(悔恨) 없는 백골을 쪼이리라.

이 시는 생명파 시인으로서의 유치환의 시 정신을 극명히 보여 주는 작품이다. 전 3연으로 이루어진 이 작품은 '출발' → '수련' → '성취'의 과정을 통하여 강인한 남성적 어조로 극한적 의지를 표현함으로써 시인의 시의 전형을 드러내 준다. 진정한 자아를 찾기 위해 시적 화자가 떠나가는 아라비아 사막은 '허적'이 주는 하강력(下降力), 곧 온통 허무뿐인 죽음의 세계이며, 역설적으로 '열사'가 갖는 상승력(上昇力), 곧 뜨거운 생명이 샘솟는 세계이기도 하다. 이렇게 죽음 속에서 생명을 찾아내는 시인의 생명 탐구 방법은 시인 특유의 허무 의식을 바탕으로 하고 있으며, 이것은 도리어 허무를 극복하기 위한 하나의 방법으로 선택된 것임을 알 수 있다.

13. 자화상(自畫像) (1939)

서정주

호 미당(未堂), 궁발(窮髮)

1915년 전라북도 고창 출생

1929년 중앙고보 입학

1931년 고창고보에 편입학, 자퇴

1936년 동아일보 신춘문예에 시 「벽」이 당선
시 전문 동인지 『시인부락』 창간

1946년 조선청년문학가협회 결성, 시분과 위
원장직을 맡음

1950년 종군 위문단 결성

1954년 예술원 종신 위원으로 추천되어 문학분과 위원장 역임

1972년 한국문인협회 부이사장

---

47) 사구(砂丘) 모래 언덕.

한국현대시인협회 회장 역임

1977년 한국문인협회 이사장

2000년 사망

애비는 종[48]이었다. 밤이 깊어도 오지 않았다.

파뿌리같이 늙은 할머니와 대추꽃이 한 주[49] 서 있을 뿐이었다.

어매는 달을 두고[50] 풋살구가 꼭 하나만 먹고 싶다 하였으나 …… 흙으로 바람벽 한 호롱

불[51] 밑에

손톱이 까만 에미[52]의 아들.

갑오년(甲午年)[53]이라든가 바다에 나가서는 돌아오지 않는다 하는 외할아버지의 숱 많은

머리털과

그 커다란 눈이 나는 닮았다 한다.

스물세 해 동안 나를 키운 건 팔할(八割)[54]이 바람이다.

세상은 가도 가도 부끄럽기만 하더라.

어떤 이는 내 눈에서 죄인(罪人)을 읽고 가고

어떤 이는 내 입에서 천치(天痴)[55]를 읽고 가나

나는 아무 것도 뉘우치진 않을란다.[56]

찬란히 틔워 오는 어느 아침에도

이마 위에 얹힌 시(詩)의 이슬에는

몇 방울의 피가 언제나 섞여 있어

---

48) 종 남의 집에서 대대로 천한 일을 하는 사람.

49) 한 주 한 그루.

50) 달을 두다 여자가 아이를 배다.

51) 호롱불 호롱에 켠 불. 호롱은 석유를 담아 불을 켜는 작은 그릇.

52) 에미 어미. 어머니를 낮추어 부르는 말.

53) 갑오년(甲午年) 1894년. 동학농민운동이 일어난 해.

54) 팔할(八割) 80%.

55) 천치(天痴) 지능이 아주 낮은 사람. 백치(白痴).

56) 않을란다 '않으련다'의 시적 표현.

볕이거나 그늘이거나 혓바닥 늘어뜨린

병든 수캐[57]마냥 헐떡거리며 나는 왔다.

이 시는 시인이 스물 셋의 나이에서 자신이 살아온 지난 생애를 회고하는 내용이다. 그는 자랑스럽지 못한, 부끄러워 감추려고 할 만한 자신의 과거를 솔직하게 밝히고 있어 읽는 이로 하여금 비상(非常)한 충격과 함께 신선한 감동을 자아낸다. 이 시에서 발견할 수 있는 것은 한 인물의 생애가 지니고 있는 근원적 고통과 오랜 방황, 그리고 이로부터 나타나는 결연(決然)한 생명 의식이다. 이 시는 원색적(原色的)으로 표현될 수밖에 없었던 화자의 개인적 생애를 통해 험난(險難)했던 한국의 근대 역사를 돌아보게 해 주는 계기가 되고 있다.

14. 묘지송(墓地頌) (1939)

박두진

호 혜산(兮山)

1916년 경기도 안성 출생

1940년 『문장』에 「향현(香峴)」, 「묘지송(墓地頌)」, 「낙엽송(落葉頌)」, 「의(蟻)」, 「들국화」 등이 정지용의 추천으로 등단

1946년 조선청년문학가협회 결성에 참여

1949년 한국문학가협회 결성에 참여

---

57) 수캐 수컷 개.

1956년 제4회 아세아 자유문학상 수상
1962년 서울특별시 문화상 수상
1970년 3·1 문화상 수상
1976년 예술원상 수상
1981년 연세대학교 교수로 정년 퇴임
1984년 박두진 전집 간행
1989년 제1회 정지용문학상 수상
1998년 사망

북망(北邙)[58]이래도 금잔디 기름진데 동그란 무덤들 외롭지 않으이.

무덤 속 어둠에 하이얀 촉루(髑髏)[59]가 빛나리. 향기로운 주검[60]의 내도 풍기리.

살아서 설던 주검 죽었으매 이내 안 서럽고, 언제 무덤 속 화안히 비춰줄 그런 태양만이
그리우리.

금잔디 사이 할미꽃도 피었고, 삐이 삐이 배, 뱃종! 뱃종! 멧새들도 우는데, 봄볕 포근한
무덤에 주검들이 누웠네.

　'죽음'을 소재로 하는 작품들은 대개 비애감·공포감·허무감 등을 주조(主潮)로 하게
되는데, 이 작품에서는 '죽음'이 정반대의 시각으로 부활의 이미지로서 형상화되어 있다.
시인에게 있어서 '죽음'이란 생의 종착점이 아닌 새로운 생명이 부활하는 영생지(永生地)
로서 존재한다. 따라서 죽음은 결코 두려움이나 무상감을 느끼게 하는 대상이 아니라,
오히려 밝고 환하고 빛나는 곳으로 묘사될 수 있는 것이다. 그러므로 이 시는 삶의 폭넓
은 긍정과 신뢰를 바탕으로 한 주검에 대한 찬미라 할 수 있다.

---

58) 북망(北邙) 북망산의 준말. 무덤이 많은 곳이나 사람이 죽어서 묻히는 곳을 이르는 말. 중국의 베이망(北邙)산에 무덤이 많
　　있다는 데서 유래한다.
59) 촉루(髑髏) 해골.
60) 주검 시체.

15. 승무(僧舞)[61] (1939)

조지훈

본명 조동탁(趙東卓)

1920년 경상북도 영양 출생

1939년 정지용의 추천으로 『문장』에 「고풍의상(古風衣裳)」,
　　　　「승무(僧舞)」, 「봉황수(鳳凰愁)」 등을 발표하여 등단 역임

1946년 조선청년문학가 협회 조직

1947년 고려대학교 교수

1950년 문총구국대 기획위원장 역임

1968년 한국시인협회장 역임

1968년 사망

얇은 사(紗)[62] 하이얀 고깔[63]은

고이 접어서 나빌레라[64].

파르라니 깎은 머리

박사(薄紗)[65] 고깔에 감추오고,

두 볼에 흐르는 빛이

---

61) 승무(僧舞) 장삼과 고깔을 걸치고 북채를 쥐고 추는 민속춤.

62) 사(紗) 얇고 가는. 거칠게 짠 비단.

63) 고깔 중이나 무당 또는 농악대들이 머리에 쓰는, 위 끝이 뾰족하게 생긴 모자.

64) 나빌레라 나비로구나.

65) 박사(薄紗) 얇은 사(紗).

정작으로[66] 고와서 서러워라.

빈 대(臺)에 황촉(黃燭)불[67]이 말없이 녹는 밤에
오동잎 잎새[68]마다 달이 지는데[69],

소매[70]는 길어서 하늘은 넓고,
돌아설 듯 날아가며 사뿐히 접어 올린 외씨보선[71]이여!

까만 눈동자 살포시 들어
먼 하늘 한 개 별빛에 모두오고,

복사꽃 고운 빰에 아롱질 듯 두 방울이야
세사(世事)에 시달려도 번뇌(煩惱)[72]는 별빛이라.

휘어져 감기우고 다시 접어 뻗는 손이
깊은 마음 속 거룩한 합장(合掌)인 양하고,

이 밤사 귀또리도 지새우는 삼경(三更)인데,
얇은 사(紗) 하이얀 고깔은 고이 접어서 나빌레라.

이 작품은 한국 현대시를 대표하는 명시(名詩)의 하나로 '승무'라는 춤을 소재로 하여
삶의 번뇌를 극복하려는 종교적 구도(求道)의 자세를 노래하고 있다. '승무'는 장삼(長衫)
위에 가사(袈裟)를 걸치고, 고깔 쓰고 법고(法鼓)를 두드리며 추는 춤으로, 불교의 수행

---

66) 정작으로 요긴하거나 진짜로.
67) 황촉(黃燭)불 노란 초에 켠 촛불.
68) 잎새 '잎사귀'의 사투리.
69) 지다 (달빛이) 비치다.
70) 소매 윗옷의 좌우에 있는 두 팔을 꿰는 부분.
71) 외씨버선 오이씨처럼 생겨 맵시가 있는 버선.
72) 번뇌(煩惱) 마음이 시달려 괴로움.

(修行) 과정에서 고통과 번뇌를 잊으려는 괴롭고 쓰라린 수도자의 심경을 표현하는 춤이다. 그러므로 이 시는 단순히 '승무'의 춤 동작이나 아름다움을 묘사하는 것이 아니라, 그 속에 담겨 있는 수도승의 번뇌 초극(超克)에 대한 안타까운 소망을 형상화한 작품이다. 특히 이 작품은 한국어의 운율감과 시각적 이미지를 탁월하게 조화시켜 작품의 아름다움을 잘 살리고 있다.

16. 나그네 (1946)

박목월

본명 박영종(朴泳鍾)

1916년 경상북도 경주 출생
1933년 대구 계성중학교 재학 중 동시 「통딱딱 통딱딱」이
　　　　『어린이』에, 「제비맞이」가 『신가정』에 각각 당선
1939년 『문장』에 「길처럼」, 「그것은 연륜이다」, 「산그늘」 등이 정지용의
　　　　추천으로 등단
1946년 김동리, 서정주 등과 함께 조선청년문학가협회 결성
　　　　조선문필가협회 사무국장 역임
1949년 한국문학가협회 사무국장 역임
1957년 한국시인협회 창립
1973년 『심상』 발행
1974년 한국시인협회 회장
1978년 사망

강나루[73] 건너서
밀밭 길을

구름에 달 가듯이

---

73) 강(江)나루 강에서 배가 건너다니는 일정한 곳.

가는 나그네

길은 외줄기
남도(南道) 삼백 리

술 익는 마을마다
타는 저녁놀

구름에 달 가듯이
가는 나그네

이 시는 7·5조의 음절수를 기초로 한 3음보 율격의 민요조 가락과 친근한 우리말 구사, 그리고 간결한 표현 방법을 사용하여, 체념과 달관으로 유유자적(悠悠自適)하는 나그네의 모습을 형상화한 작품이다. '나그네'는 떠도는 구름의 심정으로 여기저기 그저 발길 닿는 대로 흘러가는 사람으로, 구름을 따라 흘러가는 달과 함께 세속적인 집착과 속박에서 벗어난 동양적 해탈(解脫)의 경지(境地)를 표상한다. 나그네는 바로 나라 잃은 백성들의 체념과 달관(達觀)을 뜻하는 동시에, 현실 상황에 적극적으로 대처하지 못한 시인 자신의 표상이기도 하다.

한국 현대 문학사의 중요한 문예지

• 창조(創造)

1919년 일본 동경(東京)에서 발행되었다. 1921년 5월 통권 9호로 종간(終刊)되기까지 시 70여 편, 소설 21편, 희곡 4편, 평론 16편, 번역시 49편이 발표되었다. 주요한의 「불놀이」, 「새벽꿈」 등 자유시의 발전, 김동인의 「약한 자의 슬픔」, 전영택의 「천치? 천재?」 등의 구어체 문장 개혁, 계몽주의를 반대하고 순수문학 운동을 전개한 것 등이 이 동인지의 공적으로 평가된다.

• 백조(白鳥)

1922년 1월 창간된 문예 동인지. 이 잡지는 주로 퇴폐적 낭만주의의 경향을 짙게 드러내었다. 이 잡지의 핵심 인물인 박영희와 김기진 등이 『개벽』을 중심으로 한 계급주의 문학에 기울어지자 1923년 9월 통권 3호로 종간되었다.

• 시문학(詩文學)

1930년 3월 박용철에 의해 창간된 시 동인지. 프로문학 운동에 반대하여 언어의 형식미와 이미지를 강조한 순수시 운동을 전개하여, 김영랑·정지용·이하윤·박용철·신석정 등 순수시를 지향한 대표적인 시인들의 창작시와 번역시가 다수 발표되었다. 1931년 10월 통권 3호로 종간되었다.

• 문예월간(文藝月刊)

1931년 11월 발간된 종합 문예 월간지. 박용철의 주도 아래 이하윤의 편집으로 창간되었다. 1932년 3월 괴테 특집을 실은 통권 4호를 끝으로 종간하였다.

• 시인부락(詩人部落)

1936년 11월 창간된 격월간(隔月刊)의 문예 동인지. 특정한 시적 경향이나 유파가 중심이 된 동인지는 아니나, 인간 생명의 본질을 탐구하고자 하는 노력이 두드러진 결과 이 잡지를 통하여 '생명파'라는 시사적(詩史的) 명칭을 얻게 되었다. 1937년 12월 5호로 종간되었다.

• 문장(文章)

1939년 2월 창간된 문예 월간지. 이 잡지는 이태준·정지용·이병기 등을 심사위원으로 많은 신인 문인들을 추천하여 등단(登壇)시켰다. 이 잡지는 『인문평론』과 함께 당시의 가장 대표적인 문예지로서 작품 발표와 고전 발굴에 주력하였지만 일제의 조선어 말살(抹殺) 정책에 의해 1941년 4월 통권 27호로 강제 폐간되었다.

• 인문평론(人文評論)

1939년 10월 창간된 문예 월간지. 최재서를 발행 겸 편집인으로 하여 창간되었다. 일제 말기 『문장』과 더불어 대표적인 문예지로서 특히 비평을 중심으로 문단 활동에 크게 기여하였다. 일제의 조선어 말살 정책에 의해 1941년 4월 통권 16호로 폐간되었다가 1941년 최재서에 의해 『국민문학』으로 복간되었다.

• 국민문학(國民文學)

1941년 11월 간행된 문예 월간지. 『인문평론』을 발행하던 최재서가 중심이 되어 『인문평론』을 해체하고 발간한 문예지로, 일제 당국의 황국신민화(皇國臣民化)의 방침에 맞추어 반민족적 문학 행위의 중심이 되었다. 일제의 국어 말살 정책에 의해 1942년 5, 6월 합병호부터는 일문판(日文版)으로만 발행하였다. 1945년 2월 통권 38호까지 발행되었다.

1 각 시의 주제를 말해 봅시다.

2 위 시들을 사조(思潮) 별로 나누어 그 특성을 말해 봅시다.

3 위 시들 중 식민지 현실이 잘 나타난 시를 골라 시인의 현실인식에 대하여
말해 봅시다.

4 한국어의 아름다움을 잘 느낄 수 있는 시를 찾아 그 표현 기교를 말해 봅시다.

심화 학습

1 위 설명 글을 바탕으로 한국 현대시의 흐름을 정리해 봅시다.

2 위에서 언급되지 않은 중요한 한국의 현대시에 대하여 더 알아봅시다.

3 일제 강점기 한국의 현대시의 세계를, 비슷한 경험을 겪은 여러분 나라
(또는 주위의 다른 나라) 시인의 세계와 비교하여 봅시다.

한국의 현대소설 :
《우리들의 일그러진 영웅》

1. 한국 현대소설에서 주목할 만한 작가와 작품에 대해 말해 봅시다.

2. 폭력을 제압하기 위해 폭력을 사용하는 것이 정당한지 말해 봅시다.

작가 소개 : 이문열

이문열(1948~)은 동서양을 넘나드는 인문학적(人文學的) 교양과 탁월(卓越)한 문학적 구성력, 그리고 미려한 문장력에 바탕을 두고 한국 사회의 여러 의제들을 비범한 역량으로 형상화(形象化)해 내고 있는 한국의 대표적 작가이다. 또한 그의 소설은 한국 현대문학사상 최대의 문제 작가인 이광수(1892~1950) 이후 작품성과 대중성을 동시에 확보하며, 지금도 작품이 출간될 때마다 비평계와 독자들의 뜨거운 관심을 불러일으키고 있다. 그의 저작들이 외국의 유명한 출판사에서 한국의 어느 작가들보다 많이 출간된 점에서 알 수 있듯이 그는 국제적으로도 명실상부하게 한국을 대표하는 작가로 인정받고 있다. 이문열은 단편으로부터 대하(大河) 역사소설에 이르기까지 다양한 소설 양식을 섭렵(涉獵)하면서 1980년대까지 한국 문학의 주류를 형성해 온 리얼리즘의 창작 기법을 과감하게 탈피하려고 노력했다. 또한 한국 사회의 주요 의제들과 현실의 여러 세목들에 관심을 갖고 자신만의 독창적 상상력으로 주목할 만한 작품들을 잇달아 발표한다. 그의 대부분의 작품들이 베스트셀러를 기록하면서도 동시에 문학성을 인정받는 데에서도 알 수 있듯이, 이문열은 실험적인 서술기법과 문체를 비롯하여 형식과 주제 면에서도 대중적 사랑을 받으며 한국 소설의 수준을 한 단계 끌어올린 작가로 평가받고 있다.

작품 해설

슬픈 이야기이지만, 우리는 학교와 교실을 사회 전체의 구조적인 악을 드러내는 알레고리로 보는 소설들을 만나게 된다. 이 작품도 교실을 사회의 척도(尺度)로 보고 그 안에서 권력의 작동 방식을 구체적으로 그린 작품들 가운데 하나이다. 그러나 권력을 주제로 한 우의(寓意)적인 경향의 소설은 대부분의 경우 그 도식적인 측면 때문에 실패하기 쉽다. 이문열의 이 짧은 작품이 주는 매력은 초등학교 교실이 한국 전체의 상황이 되고, 주인공인 엄석대의 일생이 한 정치사의 알레고리가 되는 단순한 도식성에서 벗어나 있다는 점에 있다. 이 소설은 권력의 메커니즘을 냉철(冷徹)하게 분석하고 있다. 우선 엄석대가 권력을 행사하는 방식을 보면 그는 직접적인 폭력이나 타율적인 복종을 강요하지 않는다는 점에서 근대적인 권력의 구조를 잘 보여주고 있다. 그러나 이 소설은 권력의 문제를 권력을 휘두르고 행사하는 자의 관점에서만 그린 것이 아니라 권력에 저항하고 길들여지는 과정까지 그 전체적인 측면에서 다루고 있다. 그렇기 때문에 교활(狡猾)한 독재자의 모습을 형상화하고 있는 엄석대라는 인물에만 초점을 맞추어서 읽는 것은 위험하다. 엄석대가 지배하는 학급의 이면을 애써 모른 척한 담임선생님이나 새로 부임한 담임선생님에 의해 엄석대가 무너지자 급작스럽게 태도를 바꾸는 학생들 모두 권력의 메커니즘에서 자유롭지 못하다. 학생들은 자신의 권리와 자유를 지키려는 의지나 용기가 없이 엄석대에 저항했기 때문에 나중에 또 다른 지배자가 나타났을 때에는 다시 무릎을 꿇게 될 가능성이 높다. 어느 편이 선이고 어느 편이 악인지를 선명하게 가를 수 없으며 악에 대한 저항 또한 악이 될 수 있다는 점은 앞서 말한 권력의 작동 방식을 '냉철하게' 분석하고자 하는 작가의 의지의 소산(所産)이다.

《우리들의 일그러진 영웅》

(부분 발췌)

마지막 61번 아이가 고발을 끝냈을 때는 어느새 첫째 시간 수업이 끝났음을 알리는 종이 울리고 있었다. 그러나 담임선생님은 그 종소리를 무시하고 우리에게 말했다.

"좋다, 너희들이 용기를 되찾은 걸 선생님은 다행으로 생각한다. 이제 앞으로의 일은 너희 손에 맡겨도 될 것 같아 마음 든든하다. 그렇지만 너희들도 값은 치러야 한다. 첫째로는 너희들의 지난 비겁의 값이고, 둘째로는 앞으로의 삶에 주는 교훈의 값이다. 한번 잃은 것은 결코 찾기가 쉽지 않다. 이 기회에 너희들이 그걸 배워두지 않으면, 앞으로 또 이런 일이 벌어져도 너희들은 나 같은 선생님만 기다리고 있게 될 것이다. 괴롭고 힘들더라도 스스로 일어나 되찾지 못하고 언제나 남이 찾아 주기를 기다리게 된다."

그렇게 말을 맺은 담임선생님은 청소 도구함 쪽으로 가서 참나무로 된 걸렛대를 하나 빼내 들었다. 그리고 다시 교단 앞에 서더니 나직이 명령했다.

"1번부터 한 사람씩 차례로 나와."

그날 우리 모두에게 돌아온 매는 한 사람 앞에 다섯 대씩이었다. 앞에 아이들을 때릴 때와 다름없이 모진 매질이어서 교실은 또 한 번 울음바다를 이루었다.

"자, 이제 선생님이 너희들을 위해 해줄 수 있는 일은 다 끝났다. 모두 제자리로 돌아가라. 엄석대도. 그리고 이제부터는 너희들끼리 의논해서 다른 그 어떤 반보다 훌륭한 반을 만들어 봐라. 너희들은 이미 회의 진행 방법도 배웠고 의사를 결정짓는 과정과 투표에 대해서도 알 것이다. 지금부터 나는 그냥 곁에 앉아 지켜보기만 하겠다."

매질을 끝낸 선생님은 갑자기 지친다는 표정으로 그렇게 말하고 교실 한 구석에 있는 교사용 의자에 가 앉았다. 손수건을 꺼내 이마에 흐르는 땀을 닦는 것만 보아도 우리가 당한 매질이 얼마나 호된 것이었는가를 잘 알 수 있었다.

그곳 아이들은 학급자치회의 운영방식을 전혀 모르거나 까맣게 잊어버렸는 걸로 알았는데 막상 기회가 주어지니 그렇지도 않았다. 분위기가 약간 어색하고 행동들이 서툴기는 해도 그런대로 서울 아이들 흉내는 낼 줄 알았다. 쭈뼛거리며 말을 더듬는 것도 잠시, 아이들은 이내 자신을 회복해 동의하고 재청하고 찬성하고 투표했다. 그래서 결정된 게 먼저 임시 의장단을 구성하고 그들의 선거 관리 아래 자치회 의장단이자 학급의 임원직을 새로 뽑는다는 것이었다.

해명이 좀 늦은 감이 있지만, 어떻게 보면 아무래도 혁명적이 못 되는 석대의 몰락을 내가 군이 혁명이라고 표현한 것은 실로 그 때문이었다. 비록 구체제에 해당되는 석대의 질서를 무너뜨린 힘과 의지는 담임선생님에게 빚졌어도, 새로운 제도와 질서를 건설한 것은 틀림없이 우리들 자신의 힘과 의지였다. 거기다가 되도록 그날의 일을 우리들의 자발적인 의지와 스스로의 역량에 의해 쟁취된 것으로 기억되게 하려고 애쓰신 담임선생님의 심지 깊은 배려를 존중하여 나는 이런저런 구차한 수식어를 더해 가면서까지도 군이 혁명이란 말을 썼을 것이다.

임시 의장은 부급장이던 김문세가 거수 표결로 뽑혔고, 김문세의 재청에 의해 검표 및 기록을 맡을 임시 의장단이 번거로운 선거 없이 무더기로 선출되었다. 다섯 번이나 선거하는 대신 일정한 숫자로 끝나는 번호를 가진 아이들에게 그 일을 맡기자는 임시 의장단의 의견을 아이들이 받아들여 번호의 끝자리 숫자가 5인 다섯 명을 역시 거수 표결로 한꺼번에 결정한 것이었다.

뒤이어 두 시간에 걸친 선거가 실시되었다. 전에는 급장, 부급장, 총무만 선거로 뽑혔으나 이번에는 자치회의 부장들과 학급의 분단장까지 선거로 뽑게 되었다. 그 뒤 한동안 우리 반을 혼란스럽게 했던 선거 만능 풍조의 시작이었다.

그런데 급장 선거의 개표가 거의 끝나갈 무렵이었다. 추천제도 없이 바로 하게 된 선거라 반 아이 절반쯤의 이름이 흑판 위에 도토리 키재기를 하고 있는데, 갑자기 거세게 교실 뒷문이 열리는 소리가 들렸다. 모두 흑판 위에서 불어가는 正字에 정신이 팔려 있다가 놀라 돌아보니 엄석대가 그 문을 나가다 말고 우리를 무섭게 흘겨보며 소리쳤다.

"잘해 봐, 이 새끼들아."

그리고 잼싸게 복도로 뛰어 달아나는 것이었다. 우리들이 하는 양을 살피느라 잠깐 엄석대를 잊고 있던 담임선생님이 급하게 그의 이름을 부르며 뒤쫓아 나갔으나 끝내 붙잡지는 못했다.

그 갑작스러운 일에 아이들은 잠깐 흠칫했지만 개표는 다시 계속돼 곧 결과가 나왔다. 김문세가 16표, 박원하가 13표, 황영수가 11표, 그리고 5표, 4표, 3표, 하나씩에 한 표짜리가 대여섯 나오더니 무효표 둘로 반 전체 61표가 찼다.

석대의 표는 단 하나도 없었다. 아마도 석대는 그런 굴욕적인 표 결과가 확정되는 걸 참고 기다리지 못해 뛰쳐나갔을 것이다. 그러나 뛰쳐나간 것은 그 굴욕의 순간으로부터만은 아니었다. 그 뒤 그는 영영 학교와 우리들에게로 돌아오지 않았다.

〈우리들의 일그러진 영웅〉 줄거리

'나' 한병태는 서울명문초등학교에서 작은 읍의 별 볼 것 없는 시골초등학교로 전학 가게 되었다. 그 학교에는 선생님의 두터운 신임과 아이들의 절대적 복종을 받는 독재자이자 반장인 엄석대가 있었다. 전학 첫날부터 불편한 관계로 만난 '나'는 엄석대의 물당번을 거절하면서 그의 세력에 반항적이고 저항적인 도전을 시도하였다. 하지만 엄석대의 경계 대상이 되면서 친구들의 골림과 놀림을 당하였으며 소외감과 외로움을 느껴야 했다. 그래서 나는 그의 비행, 폭력, 위압을 선생님께 낱낱이 일렀지만 오히려 선생님은 못들은 체하였다. 결국 나는 엄석대에게 굴복하고 그의 보호를 받는 쪽을 택하게 된다. 하지만 편안히 지내던 '나'와 아이들은 6학년에 올라가면서 새로운 담임선생님을 만나면서 변화하게 된다.

새 담임선생님은 엄석대가 반장 선거에서 몰표에 가까운 표를 얻은 것을 수상하게 생각하였고, 그의 비정상적인 성적을 의심하였다. 또 '나'를 불러 엄석대의 비행을 폭로하게끔 설득하였다. 결국 시험 날 엄석대가 우등생을 시켜 완성한 시험지를 조작한 사건이 드러나면서, 학생들은 동요하여 엄석대의 비행을 낱낱이 일러바쳤고, 이로 인해 그는 몰락하게 된다. 엄석대는 이 사건을 계기로 학교에 불을 지르고 어디론가 사라진다.

나는 사업에 실패해 실업자가 되어 가혹한 세상에 내던져지게 되자 엄석대를 생각하게 된다. 그리고 우연히 수갑에 채워진 채 경찰에 연행되는 석대를 보며 회한에 잠긴다.

확인 학습

1 이 소설에서 가장 인상 깊은 장면을 말해 봅시다.

2 이 소설은 한국 사회의 어떠한 면모를 말하고 있는 작품입니까?

3 이 작품의 시대적 배경에 대해 알아봅시다.

4 소설 속의 서술자가 주인공 엄석대에 대해 어떠한 태도를 보이는지 말해 봅시다.

심화 학습

1 필자가 말하는 진정한 영웅과 일그러진 영웅을 비교해서 말해 봅시다.

2 여러분 나라의 학교 생활에 대한 소설이 있는지 알아봅시다.

3 주인공 '나'의 경우를 중심으로 권력에 대한 저항이 권력의 메커니즘에 손쉽게 편입될 수 있는 이유는 무엇인지 생각해 봅시다.

27. 한국의 옛 노래: 시조와 가사

고독普遍 세상에 홀로 떨어져 있는 듯이 매우 외롭고 쓸쓸함. loneliness.

곡조曲調 음악적 통일을 이루는 음의 연속. melody

구전口傳 말로 전하여 내려옴. 또는 말로 전함. oral tradition

굽이굽이 여러 개의 굽이. 또는 휘어서 굽은 곳곳. meandering

규방閨房 부녀자가 거처하는 방. women's guarters

기생妓生 예전에, 잔치나 술자리에서 노래나 춤 등으로 멋스럽게 흥을 돋우는 일을 직업으로 삼는 여자를 이르는 말. Korean geisha

노래집 일정한 기준에 따라 그 부류에 속하는 노래들을 묶어 놓은 책. songbook

당대當代 일이 있는 바로 그 시대. of the time

당시當時 일이 있었던 바로 그때. 또는 이야기하고 있는 그 시기. then, at that[the] time

대나무 볏과의 대나무 속屬 식물을 통틀어 이르는 말. bamboo

동짓달冬至- 음력으로 열한 번째 달. the 11th month of the lunar calendar

두견새杜鵑- 두견과의 새. a cuckoo

드러나다 가려 있거나 보이지 않던 것이 보이게 되다. be exposed

드러내다 '드러나다'의 사동사. expose

말기末期 정해진 기간이나 일의 끝이 되는 때나 시기. the last[closing] period

배꽃 배나무의 꽃. pear tree flower

벗 비슷한 또래로서 서로 친하게 사귀는 사람. friend, companion, buddy

변형變形 모양이나 형태가 달라지거나 달라지게 함. 또는 그 달라진 형태. transformation

비유하다比喩, 譬喩-- 어떤 현상이나 사물을 직접 설명하지 아니하고 다른 비슷한 현상이나 사물에 빗대어서 설명하다. compare, liken

비추다 빛을 내는 대상이 다른 대상에 빛을 보내어 밝게 하다. shine

사대부士大夫 벼슬이나 문벌이 높은 집안의 사람. nobleman, nobility

사무치다 깊이 스며들거나 멀리까지 미치다. sink deep into one's heart

사물事物 일과 물건을 아울러 이르는 말. thing, object

살해殺害 사람을 해치어 죽임. killing

상상력想像力 실제로 경험하지 않은 현상이나 사물에 대하여 마음속으로 그려 보는 힘. imagination

상징象徵 추상적인 개념이나 사물을 구체적인 사물로 나타냄. symbol

서리서리 실 따위를 헝클어지지 아니하도록 둥그렇게 포개어 감아 놓은 모양. coil after coil.

서정抒情/敍情 주로 예술 작품에서, 자기의 감정이나 정서를 그려 냄. lyric

섬세纖細 곱고 가늚. delicacy

소나무 소나뭇과의 모든 식물을 통틀어 이르는 말. pine

속요俗謠 민간에서 널리 부르는 속된 노래. folk song

속뜻 마음속에 품고 있는 깊은 뜻. underlying meaning

시가詩歌 poetry

시인詩人 시를 전문적으로 짓는 사람. poet

시적詩的 시의 정취를 가진. 또는 그런 것. poetic

시제詩題 시의 제목이나 제재(題材). title of a poem

시풍詩風 시 속에 나타나는 독특한 정서적 특색. a poetrical style

심정心情 마음속에 품고 있는 생각이나 감정. feelings, heart

쌍벽雙璧 두 개의 구슬. 여럿 가운데 특별히 뛰어난, 우열을 가리기 어려운 둘을 비유적으로 이르는 말. two great masters

연속체連續體 연속해서 이어지는 덩어리. continuum

외로움 홀로 되어 쓸쓸한 마음이나 느낌. loneliness

우열優劣 나음과 못함. superiority and inferiority

유자柚子 유자나무의 열매. citron, yuzu

율문律文 운율(韻律)이 있는 글. 운문(韻文). verse

음보音步 시에 있어서 운율을 이루는 기본 단위. foot

음절音節 하나의 종합된 음의 느낌을 주는 말소리의 단위. syllable

임 사모하는 사람. one's lover

애송되다愛誦-- 사랑 받으면서 노래로 불리다. love to recite poem

쟁반 깊이가 얕고 둥글거나 네모난, 넓고 큰 그릇. tray

전래傳來 예로부터 전하여 내려옴. be handed[passed] down

절개節概 신념, 신의 따위를 굽히지 아니하고 굳게 지키는 꿋꿋한 태도. integrity, fidelity

절절하다切切-- 매우 간절하다. very ardent

정서情緒 사람의 마음에 일어나는 여러 가지 감정. 또는 감정을 불러일으키는 기분이나 분위기. emotion, feeling

정조情調 진리, 아름다움, 선행, 신성한 것을 대하였을 때에 일어나는 고차원적인 복잡한 감정. atmosphere

정취情趣 깊은 정서를 자아내는 흥취. taste, flavor

정한情恨 정과 한을 아울러 이르는 말. attachment and sorrow regret

제한制限 일정한 한도를 정하거나 그 한도를 넘지 못하게 막음. 또는 그렇게 정한 한계. limit, restriction

창작創作 방안이나 물건 따위를 처음으로 만들어 냄. 또는 그렇게 만들어 낸 방안이나 물건. creation, writing

창제創製 전에 없던 것을 처음으로 만들거나 제정함. invention, invent

채록採錄 필요한 자료를 찾아 모아서 적거나 녹음함. 또는 그런 기록이나 녹음. recording in a book

초월하다超越-- 어떠한 한계나 표준을 뛰어넘다. transcendence

초월적 어떠한 한계나 표준, 이해나 자연 따위를 뛰어넘거나 경험과 인식의 범위를 벗어나는. transcendental

초청하다招請-- 사람을 청하여 부르다. invitation

추정推定 미루어 생각하여 판정함. estimation, assumption

충심忠心 마음속에서 우러나는 참된 마음. loyal, faithful

품격品格 사람 된 바탕과 타고난 성품. dignity, class

품성品性 품격과 성질을 아울러 이르는 말. character, personality

한스럽다 한이 되는 느낌이 있다. regretful

행行 글을 가로나 세로로 벌인 것 line

행수行數 글줄의 수. the number of lines

허무虛無 아무것도 없이 텅 빔. futility, vain

홍시紅柹 물렁하게 잘 익은 감. ripe persimmon

효심孝心 효성스러운 마음. love for one's parents, filial love

훗날 시간이 지나 뒤에 올 날. the future

28. 한국의 고전소설: 〈춘향전〉

가두다 사람이나 동물을 벽으로 둘러싸거나 울타리가 있는 일정한 장소에 넣고 밖으로 나오지 못하게 하다. shut up, lock up

가문家門 가족 또는 가까운 일가로 이루어진 공동체. one's family

가히可- '능히', '넉넉히'의 뜻을 나타낸다. enough

감옥監獄 죄인을 가두어 두는 곳. prison

감추다 남이 보거나 찾아내지 못하도록 가리거나 숨기다. hide, conceal

강요强要 억지로 또는 강제로 요구함. pressure, force

개척하다開拓-- 거친 땅을 일구어 논이나 밭과 같이 쓸모 있는 땅으로 만들다. pioneer, develop

거절拒絕 상대편의 요구, 제안, 선물, 부탁 따위를 받아들이지 않고 물리침. refusal, rejection

거지 남에게 빌어먹고 사는 사람. beggar

거지 행세行世-- 거지에 해당되지 아니하는 사람이 거지인 것처럼 처신하여 행동함. pretending like begger

고난苦難 괴로움과 어려움을 아울러 이르는 말. hardship, trouble

고난을 겪다 괴로움과 어려움을 경험하다. experience suffering

고수하다固守-- 차지한 물건이나 형세 따위를 굳게 지키다. stick to, adhere to

고전古典 1. 옛날의 의식儀式이나 법식法式. 2. 오랫동안 많은 사람에게 널리 읽히고 모범이 될 만한 문학이나 예술 작품. classic

곰곰이 여러모로 깊이 생각하는 모양으로. carefully

공연公演 음악, 무용, 연극 따위를 많은 사람 앞에서 보이는 일. performance

공연자公演者 공연을 하는 사람. performer

과거科擧 옛날 우리나라와 중국에서 관리를 뽑을 때 실시하던 시험. the highest-level state examination to recruit ranking officials during the Goryeo and Joseon Dynasty

관심을 끌다 어떤 것이 마음이 끌려 주의를 기울이게 하다. attract concern

광대 가면극, 인형극, 줄타기, 땅재주, 판소리 따위를 하던 직업적 예능인을 통틀어 이르던 말. entertainer, fool

구어口語 문장에서만 쓰는 특별한 말이 아닌, 일상적인 대화에서 쓰는 말. spoken language

국민소설國民小說 national novel

굳게 무른 물질이 단단하게 되게. firmly

권력權力 남을 복종시키거나 지배할 수 있는 공인된 권리와 힘. power, authority

근대近代 얼마 지나가지 않은 가까운 시대. modern times

급제及第 시험이나 검사 따위에 합격함. passing an examination

기생 잔치나 술자리에서 노래나 춤 또는 풍류로 흥을 돋우는 것을 직업으로 하는 여자. Gisaeng, Korean geisha

까닭 일이 생기게 된 원인이나 조건. reason, cause

끊임없이 계속하거나 이어져 있던 것이 끊이지 아니하게. constantly, ceaselessly

눈에 띄다 두드러지게 드러나다. stick out

능하다能-- 어떤 일 따위에 뛰어나다. good, proficient

능력能力 일을 감당해 낼 수 있는 힘. ability, capacity

당부當付 말로 단단히 부탁함. 또는 그런 부탁. request, entreaty

대목 일의 어떤 특정한 부분이나 대상, 이야기나 글 따위의 특정한 부분. part, passage

도중途中 일이 계속되고 있는 과정이나 일의 중간. on the way

독자讀者 책, 신문, 잡지 따위의 글을 읽는 사람. reader

돋보이다 무리 중에서 훌륭하거나 뛰어나 도드라져 보이다. stand out

돌보다 관심을 가지고 보살피다. look after

드러내다 가려 있거나 보이지 않던 것이 보이게 하다. show

맺다 물방울이나 땀방울 따위가 생겨나 매달리다. bear

바탕 물체의 뼈대나 틀을 이루는 부분. foundation, basis

반성反省 자신의 언행에 대하여 잘못이나 부족함이 없는지 돌이켜 봄. self-reflection, self-examination

백년가약百年佳約 젊은 남녀가 부부가 되어 평생을 같이 지낼 것을 굳게 다짐하는 아름다운 언약. wedding vow

부임하다赴任-- 임명이나 발령을 받아 근무할 곳으로 가다. start for one's new post

부친父親 '아버지'를 정중히 이르는 말. one's father

불리하다不利-- 이롭지 아니하다. unfavorable, disadvantageous

빼앗다 남의 것을 억지로 제 것으로 만들다. take, steal

사또 일반 백성이나 하급 벼슬아치들이 자기 고을의 원(員)을 존대하여 부르던 말. a district magistrate

사로잡다 사람이나 짐승 따위를 산 채로 잡다. capture, catch

사설辭說 늘어놓는 말이나 이야기. 길게 늘어놓는 잔소리나 푸념의 말. form of no restrictions on the length of verses

산문散文 율격과 같은 외형적 규범에 얽매이지 않고 자유로운 문장으로 쓴 글. 소설, 수필 따위이다. prose

설화說話 있지 아니한 일에 대하여 사실처럼 재미있게 말함. 또는 그런 이야기. tale, fable

승진昇進 직위의 등급이나 계급이 오름. promotion

시화詩畫 시와 그림을 아울러 이르는 말. poem and picture

신분身分 개인의 사회적인 위치나 계급. position, status, rank

악조건惡條件 나쁜 조건. unfavorable conditions

엄숙하다嚴肅-- 분위기나 의식 따위가 장엄하고 정숙하다. 말이나 태도 따위가 위엄이 있고 정중하다. solemn, sober

역경逆境 일이 순조롭지 않아 매우 어렵게 된 처지나 환경. adversity, hardship

영역領域 1. 한 나라의 주권이 미치는 범위. 영토, 영해, 영공으로 구성된다. territory

2. 활동, 기능, 효과, 관심 따위가 미치는 일정한 범위. field

옥獄 죄인을 가두어 두는 곳. prison

온갖 이런저런 여러 가지의. all, every

외면外面 마주치기를 꺼리어 피하거나 얼굴을 돌림. look away, turn away

용모容貌 사람의 얼굴 모양. appearance, look

원망하다怨望-- 못마땅하게 여기어 탓하거나 불평을 품고 미워하다. resent

유려하다流麗-- 글이나 말, 곡선 따위가 거침없이 미끈하고 아름답다. elegant, smooth

유지維持 어떤 상태나 상황을 그대로 보존하거나 변함없이 계속하여 지탱함. maintenance

윤리倫理 사람으로서 마땅히 행하거나 지켜야 할 도리. ethics, morality

이념理念 이상적인 것으로 여겨지는 생각이나 견해. ideology, idea

일삼다 주로 좋지 아니한 일 따위를 계속하여 하다. do sth bad habitually

이행移行 다른 상태로 옮아감. transition, changeover

장면場面 1.어떤 장소에서 겉으로 드러난 면이나 벌어진 광경 2. 영화, 연극, 문학 작품 따위의 한 정경. scene

장원급제壯元及第 과거에서, 갑과의 첫째로 뽑히던 일. wining the first place in a state examination

재창조再創造 이미 있는 것을 고치거나 새로운 방식을 써서 다시 만들어 냄. reinvention, recreation

정사政事 정치 또는 행정상의 일. political affairs

정절貞節 여자의 곧은 절개. chastity, fidelity

주목注目 관심을 가지고 주의 깊게 살핌. 또는 그 시선. attention

중세中世 역사의 시대 구분의 하나로, 고대에 이어 근대에 선행先行하는 시기. the Middle Ages

창조創造 전에 없던 것을 처음으로 만듦. creation

처하다處-- 어떤 형편이나 처지에 놓이다. face, encounter

천민賤民 지체가 낮고 천한 백성. the lowest class of people

청중聽衆 강연이나 설교, 음악 따위를 듣기 위하여 모인 사람들. audience, spectator

출두出頭 어떤 곳에 몸소 나감. appearance

충분히充分- 모자람이 없이 넉넉하게. enough, fully

탐관오리貪官汚吏 백성의 재물을 탐내어 빼앗는, 행실이 깨끗하지 못한 관리. corrupt official

퇴기退妓 지금은 기생이 아니지만 전에 기생 노릇을 하던 여자를 이르는 말. a retired gisaeng

평민平民 특권 계급이 아닌 일반 시민. the common people

풍속風俗 옛날부터 그 사회에 전해 오는 생활 전반에 걸친 습관 따위를 이르는 말. custom

핍박逼迫 1.형세가 절박함. 2.바싹 죄어서 몹시 괴롭게 굶. persecution, persecute

학정虐政 포학하고 가혹한 정치. tyranny, despotism

한없다 끝이 없다. infinite, unlimited

해설解說 문제나 사건의 내용 따위를 알기 쉽게 풀어 설명함. 또는 그런 글이나 책. explanation

핵심核心 사물의 가장 중심이 되는 부분. core

행세行世 해당되지 아니하는 사람이 어떤 당사자인 것처럼 처신하여 행동함. pretension

헌신獻身 몸과 마음을 바쳐 있는 힘을 다함. devotion

헤치다 1. 속에 든 물건을 드러나게 하려고 덮인 것을 파거나 젖히다. push one's way
2. 모인 것을 제각기 흩어지게 하다. disperse

후일後日 뒷날. the future

29. 한국의 현대시: 개화기부터 해방까지

가사袈裟 승려가 장삼 위에, 왼쪽 어깨에서 오른쪽 겨드랑이 밑으로 걸쳐 입는 법의(法衣). a Buddhist monks robe

가세加勢 힘을 보태거나 거듦. join

가혹하다苛酷-- 몹시 모질고 혹독하다. brutal

간행刊行 책 따위를 인쇄하여 발행함. publication

갈다 1.날카롭게 날을 세우거나 표면을 매끄럽게 하기 위하여 다른 물건에 대고 문지르다. grind 2. 이미 있는 사물을 다른 것으로 바꾸다. change

감회感懷 지난 일을 돌이켜 볼 때 느껴지는 회포. sentiment, memory

값지다 물건 따위가 값이 많이 나갈 만한 가치가 있다. valuable

강권强勸 하고 싶지 않은 것을 억지로 권함. a persistent recommendation

강렬하다强烈-- 강하고 힘세다. strong, intense

강령綱領 정당이나 사회단체 등이 그 기본 입장이나 방침, 운동 규범 따위를 열거한 것. doctrine

강인하다强靭-- 억세고 질기다. tough, tenacious

강제强制 권력이나 위력(威力)으로 남의 자유의사를 억눌러 원하지 않는 일을 억지로 시킴. compulsion

개화開化 사람의 지혜가 열려 새로운 사상, 문물, 제도 따위를 가지게 됨. be enlightened

견고하다堅固-- 굳고 단단하다. strong, solid

결성結成 조직이나 단체 따위를 짜서 만듦. organization

결연하다決然-- 마음가짐이나 행동에 있어 태도가 움직일 수 없을 만큼 확실하고 굳다. determined, resolute

결함缺陷 부족하거나 완전하지 못하여 흠이 되는 부분. flaw

경계심警戒心 경계하여 조심하는 마음. wariness

경박하다輕薄-- 말과 행동이 신중하지 못하고 가볍다. frivolous

경지境地 몸이나 마음, 기술 따위가 어떤 단계에 도달해 있는 상태. stage

경향문학傾向文學 특정한 사상이나 주의(主義)를 선전하려는 목적이 강한 문학. tendency literature

계급階級 사회나 일정한 조직 내에서의 지위, 관직 따위의 단계. class

계급문학階級文學 계급 간의 갈등이나 계급 의식을 다룬 문학. proletarian literature

계급주의階級主義 계급을 중시하는 사상이나 태도. classism

계몽주의啓蒙主義 16~18세기에 유럽 전역에 일어난 혁신적 사상. 교회의 권위에 바탕을 둔 구시대의 정신적 권위와 사상적 특권과 제도에 반대하여 인간적이고 합리적인 사유思惟를 제창하고, 이성의 계몽을 통하여 인간 생활의 진보와 개선을 꾀하려 하였다. the Enlightenment

계보系譜 조상 때부터 내려오는 혈통과 집안의 역사를 적은
  책. pedigree

계승繼承 조상의 전통이나 문화유산, 업적 따위를 물려받아 이
  어 나감. succession

계열系列 서로 관련이 있거나 유사한 점이 있어서 한 갈래로
  이어지는 계통이나 조직. affiliation

고깔 승려가 쓰는, 위 끝이 뾰족하게 생긴 모자. conical hat

고독孤獨 세상에 홀로 떨어져 있는 듯이 매우 외롭고 쓸쓸함.
  loneliness

고비 일이 되어 가는 과정에서 가장 중요한 단계나 대목. crisis

고통苦痛 몸이나 마음의 괴로움과 아픔. pain, agony

공감각共感覺 어떤 하나의 감각이 다른 영역의 감각을 일으키
  는 일. synesthesia

공허空虛 아무것도 없이 텅 빔. emptiness

과언過言 지나치게 말을 함. 또는 그 말. exaggeration to say

관념觀念 어떤 일에 대한 견해나 생각. idea

괄목하다刮目-- 눈을 비비고 볼 정도로 매우 놀라다.
  amazing

광복光復 빼앗긴 주권을 도로 찾음. independence

광야曠野 텅 비고 아득히 넓은 들. wilderness

교가校歌 학교를 상징하는 노래. school song

구도構圖 그림에서 모양, 색깔, 위치 따위의 짜임새.
  composition

구도求道 진리나 종교적인 깨달음의 경지를 구함. seeking
  the truth

구사하다驅使-- 말이나 수사법, 기교, 수단 따위를 능숙하
  게 마음대로 부려 쓰다. have a command of

구심점求心點 구심 운동의 중심점. pivot

구제救濟 자연적인 재해나 사회적인 피해를 당하여 어려운 처
  지에 있는 사람을 도와줌. relief

구축하다構築-- 어떤 시설물을 쌓아 올려 만들다. build

국권國權 국가가 행사하는 권력. national[sovereign] rights

국민문학國民文學 혈족, 종족, 민족, 토지, 풍속, 언어, 습관
  따위 그 나라의 국민적 특성이나 문화를 현저하게 반영한
  문학. 일제 강점기 말기에 친일파 문인들이 일본의 전쟁을
  합리화하고 그들의 정신을 드러낼 목적으로 벌인 문학 운
  동. national literature

극기克己 자기의 감정이나 욕심, 충동 따위를 이성적 의지로
  눌러 이김. self-control

극명히克明- 속까지 똑똑하게 밝게. clearly, obviously

극복하다克服-- 악조건이나 고생 따위를 이겨 내다.
  overcome

극한적極限 사물이 진행하여 도달할 수 있는 최후 단계의.
  extreme

근대近代 역사의 시대 구분의 하나로, 중세와 현대 사이의 시
  대. modern times

근원根源 사물이 비롯되는 근본이나 원인. origin, source

기교技巧 아주 교묘한 기술이나 솜씨. technique

기능機能 하는 구실이나 작용을 함. 또는 그런 것. function

기독교基督敎 예수 그리스도의 인격과 교훈을 중심으로 하는
  종교. Christianity

기법技法 기교와 방법을 아울러 이르는 말. technique

기상氣像 사람이 타고난 기개나 마음씨. spirit

까마득하다 시간이나 장소가 아주 멀어서 기억이나 소리 등
  이 희미하다. far, distant, remote

꺾다 길고 탄력이 있거나 단단한 물체를 구부려 다시 펴지지
  않게 하거나 아주 끊어지게 하다. break

끈끈하다 끈기가 많아 끈적끈적하다. sticky

나그네 자기 고장을 떠나 다른 곳에 잠시 머물거나 떠도는 사
  람. traveler

낭만주의浪漫主義 꿈이나 공상의 세계를 동경하고 감상적인
  정서를 중시하는 창작 태도. romanticism

노골화되다露骨化-- 숨김없이 모두가 있는 그대로 드러나
  다. become conspicuous

노작勞作 애쓰고 노력해서 이룸. 또는 그런 작품. elaboration

님 사랑하는 사람. one's lover

다분히多分 그 비율이 높게. quite

단연斷然 확실히 단정할 만하게. definitely, decidedly

단절斷絕 유대나 연관 관계를 끊음. severance, rupture

달관達觀 사소한 사물이나 일에 얽매이지 않고 세속을 벗어난
  활달한 식견이나 인생관에 이름. philosophical ripeness

당국當局 어떤 일을 직접 맡아 하는 기관. authorities

당나귀 말과 비슷한데 몸은 작고 앞머리의 긴 털이 없으며 귀
  가 긴 동물. donkey

대변代辯 어떤 사람이나 단체를 대신하여 그의 의견이나 태도
  를 표함. representation, speaking for

대유代喩 부분으로 전체를 표현하는 비유법의 하나.
  synecdoche

대항하다對抗-- 굽히거나 지지 않으려고 맞서서 버티거나
  저항하다. resist, fight against

도피逃避 도망하여 몸을 피함. escape

동인同人 어떤 일에 뜻을 같이하여 모인 사람. coterie

동인지同人誌 사상, 취미, 경향 따위가 같은 사람들끼리 모여 편집·발행하는 잡지. a (literary) coterie magazine

동조하다同調-- 남의 주장에 자기의 의견을 일치시키거나 보조를 맞추다. sympathize, accord with

등가적等價的 같은 값이나 가치의. equivalent

등단하다登壇-- 어떤 사회적 분야에 처음으로 등장하다. start one's literary career

등불燈- 등에 켠 불. lamp

떠돌다 정한 곳 없이 이곳저곳을 옮겨 다니다. wander, roam

말미암다 어떤 현상이나 사물 따위가 원인이나 이유가 되다. be derived from, be due to

망국亡國 이미 망하여 없어진 나라. ruined country

맞물리다 끊어지지 아니하고 이어져 있다. mesh, interlock

모국母國 자기가 태어난 나라. homeland

모더니즘 사상, 형식, 문체 따위가 전통적인 기반에서 급진적으로 벗어나려는 창작 태도. modernism

모란牡丹 늦봄에 크고 붉은 피는 꽃. peony

모순矛盾 어떤 사실의 앞뒤, 또는 두 사실이 이치상 어긋나서 서로 맞지 않음을 이르는 말. contradiction

몸부림치다 어떤 일을 이루거나 고통 따위를 견디기 위해서 고통스럽게 몹시 애쓰다. struggle, writhe

무력감無力感 스스로 힘이 없음을 알았을 때 드는 기운이 빠진 듯한 느낌. a feeling of helplessness

무상감無常感 모든 것이 보람 없고 쓸모 없어 헛되고 허전하다는 느낌. a feeling of meaningless

무한하다無限-- 수, 양, 공간, 시간 따위에 제한이나 한계가 없다. infinite

문단文壇 글과 글씨 쓰는 일에 종사하는 사람들의 사회. literary circles

문물文物 문화의 산물. the products of civilization

문예지文藝誌 시, 소설, 평론 따위의 문예 작품을 주로 싣는 잡지. literary magazine

문인文人 글과 글씨 쓰는 일에 종사하는 사람. writer

미상未詳 분명하지 않거나 알려지지 않음. unknown

바야흐로 이제 한창. 또는 지금 바로. on the point of (doing), high (time)

발간發刊 책, 신문, 잡지 따위를 만들어 냄. publication

방침方針 앞으로 일을 치러 나갈 방향과 계획. policy, course

방황彷徨 분명한 방향이나 목표를 정하지 못하고 이리저리 헤맴. wandering

배출하다排出-- 안에서 밖으로 밀어 내보내다. emit

백조白鳥 오릿과의 물새. swan

번뇌煩惱 마음이 시달려서 괴로워함. anguish, agony

법고法鼓 절에서 예불할 때나 의식을 거행할 때에 치는 큰북. Buddhist drum

변모變貌 모양이나 모습이 달라지거나 바뀜. transfiguration

변용變容 용모가 바뀜. transformation

변절變節 절개나 지조를 지키지 않고 바꿈. treachery

병행하다並行-- 둘 이상의 일을 한꺼번에 행하다. do sths at the same time.

본질本質 본디부터 가지고 있는 사물 자체의 성질이나 모습. essence

봉건적封建的 봉건 제도 특유의 성격을 가지고 있는. feudal

부각浮刻 어떤 사물을 특징지어 두드러지게 함. standing out

부락部落 시골에서 여러 민가(民家)가 모여 이룬 마을. village, town

부류部類 동일한 범주에 속하는 대상들을 일정한 기준에 따라 나누어 놓은 갈래. category

분루憤淚 분하여 흘리는 눈물.

분열分裂 찢어져 나뉨. division

붓 글씨를 쓰거나 그림을 그리거나 페인트칠을 할 때 쓰는 도구의 하나. brush

비상하다非常-- 평범하지 않다. unusual, extreme

비애悲哀 슬퍼하고 서러워함. grief, sorrow

비추다 빛을 내는 대상이 다른 대상에 빛을 보내어 밝게 하다. shine

사상思想 철학에서 논리적으로 통일된 판단 체계. thought, idea

사후死後 죽고 난 이후. after one's death

산문散文 율격과 같은 외형적 규범에 얽매이지 않고 자유로운 문장으로 쓴 글. 소설, 수필 따위. prose

산물産物 일정한 곳에서 생산되어 나오는 물건. product

상실喪失 어떤 것이 아주 없어지거나 사라짐. loss

생경하다生硬-- 익숙하지 않아 어색하다. strange, unfamiliar

생명파 생명 현상에 관한 시적 관심을 표현한 시인들의 집단.

생성生成 사물이 생겨남. creation, formation

서리다 어떤 기운이 어리어 나타나다. fog (up)

서정시抒情詩 개인의 감정이나 정서를 주관적으로 표현한 시. lyric (poem)

선명하다鮮明-- 산뜻하고 뚜렷하여 다른 것과 혼동되지 아니하다. clear

선전宣傳 주의나 주장, 사물의 존재, 효능 따위를 많은 사람이 알고 이해하도록 잘 설명하여 널리 알리는 일. propaganda

선험先驗 경험에 앞서 선천적으로 가능한 인식 능력. a priori

설움 서럽게 느껴지는 마음. sorrow, sadness

설화說話 있지 아니한 일에 대하여 사실처럼 재미있게 말함. 또는 그런 이야기. tale, fable

성립成立 일이나 관계 따위가 제대로 이루어짐. establishment

세속적世俗的 세상의 일반적인 풍속을 따르는. worldly, secular

세칭世稱 세상에서 흔히 말함. so-called

소외疏外 어떤 무리에서 기피하여 따돌리거나 멀리함. alienation

속박束縛 어떤 행위나 권리의 행사를 자유로이 하지 못하도록 강압적으로 얽어매거나 제한함. restriction

수도승修道僧 도를 닦는 승려. Buddhist monk

수도자修道者 도를 닦는 사람. ascetic

수련修鍊 인격, 기술, 학문 따위를 닦아서 단련함. training

수법手法 수단과 방법. way, method

수채화水彩畫 서양화에서, 물감을 물에 풀어서 그린 그림. watercolor

수탈收奪 강제로 빼앗음. exploitation

수행修行 행실, 학문, 기예 따위를 닦음. asceticism

승화昇華 어떤 현상이 더 높은 상태로 발전하는 일. sublimation

시가詩歌 가사를 포함한 시문학을 통틀어 이르는 말. poetry

시문학 시 또는 시가 장르의 문학을 통틀어 이르는 말. literature of poetry

시인부락 1936년에 발간된 시 동인지. name of a literary magazine

시작詩作 시를 지음. 또는 그 시. composing poetry

시집詩集 여러 편의 시를 모아서 엮은 책. collection of poems

시형詩形 시적인 형식. a poetic form

식민지植民地 정치적·경제적으로 다른 나라에 예속되어 국가로서의 주권을 상실한 나라. colony

신경향파新傾向派 1920년 무렵에 우리나라 문단에 나타난 사회주의 문학파. 3·1 운동 이후 병약한 문단의 분위기에 염증을 느낀 김기진·박영희 등이 주동이 되어 일어난 것으로, 사회주의 경향의 작품을 썼다. the Anti-Conventional School

신인新人 예술계나 체육계 따위와 같은 분야에 새로 등장한 사람. a new figure

신체시新體詩 1900년대 한국의 신문학 운동 초창기에 나타난 새로운 시 형식. 현대시의 출발점이 된다. the new style poetry

신흥新興 어떤 사회적 사실이나 현상이 새로 일어남. emerging, rising

실체實體 실제의 물체. true nature

심경心境 마음의 상태. mind, feelings

악랄하다惡辣-- 악독하고 잔인하다. wicked, vicious

암흑暗黑 암담하고 비참한 상태를 비유적으로 이르는 말. darkness

애상哀傷 슬퍼하거나 가슴 아파함. sorrow, grief

애상哀想 슬픈 생각. sorrow, grief

애잔하다 몹시 가냘프고 약하다. plaintive

어리다 빛이나 그림자, 모습 따위가 희미하게 비치다. shine dimly

어조語調 말의 가락. tone

역설力說 어떤 주의나 주장에 반대되는 이론이나 말. paradox

연聯 시에서, 몇 행을 한 단위로 묶어서 이르는 말. stanza

열사熱沙 햇볕 때문에 뜨거워진 모래. hot sand

영생永生 영원히 삶. eternal life

영혼靈魂 죽은 사람의 정신. soul, spirit

옥사하다獄死-- 감옥살이를 하다가 감옥에서 죽다. die in prison

우뚝 두드러지게 높이 솟아 있는 모양. towering

우수憂愁 근심과 걱정. melancholy, gloom

원동력原動力 어떤 움직임의 근본이 되는 힘. driving force, impetus

원망하다怨望-- 못마땅하게 여기어 탓하거나 불평을 품고 미워하다. resent

원색적原色的 강렬한 색의. 비난이나 표현 따위가 노골적인. raw

유고遺稿 죽은 사람이 생전에 써서 남긴 원고. posthumous work

유대紐帶 끈과 띠라는 뜻으로, 둘 이상을 서로 연결하거나 결합하게 하는 것. bond, link

유유자적悠悠自適 세상을 떠나 아무 속박 없이 조용하고 편안하게 삶. living free from worldly cares

율조律調 시의 리듬. rhythm

읊조리다 뜻을 음미하면서 낮은 목소리로 시를 읽거나 외우다. recite (a poem)

음보音步 시에 있어서 소리의 가락이미지즘을 이루는 기본 단위. metre

음절音節 자음과 모음으로 이루어진 말소리의 단위. syllable

이미지즘 제일 차 세계 대전 말기부터 영국과 미국에서 일어난 신시(新詩) 운동. 파운드가 주창한 것으로, 형식주의에 반대하며 시 창작에서 일상어를 쓰고 자유시의 형태를 취하되 리듬과 이미지를 창출하며, 제재를 자유롭게 선택하고 집중력을 중시할 것을 주장하였다. imagism

이채롭다異彩-- 보기에 색다른 데가 있다. unusual

인문人文 인류의 문화. humanities, liberal arts

인종忍從 말없이 참고 따름. obedience

일관一貫 하나의 방법이나 태도로써 처음부터 끝까지 한결같음. consistency, coherence

일군一群 한 무리의. a group of

일대一大 아주 굉장한. great

일제日帝 '일본 제국주의'가 줄어든 말. Japanese imperialism

임 사랑하는 사람. one's lover

입김 다른 사람에게 행사하는 영향력을 비유적으로 이르는 말. influence

자각自覺 현실을 판단하여 자기의 입장이나 능력 따위를 스스로 깨달음. self-awareness

자아自我 자기 자신에 대한 의식이나 관념. ego, self

자아내다 어떤 감정이나 생각, 웃음, 눈물 따위가 저절로 생기거나 나오도록 일으켜 내다. evoke, arouse

자연파自然派 1840년대에 제정 러시아 문학계에서 생겨난 사실주의 문학의 한 유파. 객관적 현실을 자연 그대로 묘사한다는 데서 붙은 이름으로, 사실주의를 표방하였다. naturalism

자의식自意識 자기 자신이 처한 위치나 자신의 행동, 성격 따위에 대하여 깨닫는 일. sense of identity

자화상自畵像 스스로 그린 자기의 초상화. self-portrait

장삼長衫 승려의 웃옷. a Buddhist monk's robe

저술著述 글이나 책 따위를 씀. writing

저항抵抗 어떤 힘이나 조건에 굽히지 않고 듣지 않거나 버팀. resistance

전기傳記 한 사람의 일생 동안의 행적을 적은 기록. biography

전대前代 지나간 시대. previous generation

전래傳來 예로부터 전하여 내려온. traditional

전제前提 어떠한 사물이나 현상을 이루기 위하여 먼저 내세우는 조건. premise

전형기轉形期 형식이나 형태가 바뀌는 시기. the turning point

전환轉換 다른 방향이나 상태로 바뀌거나 바꿈. change

절절하다切切-- 매우 간절하다. eager, ardent

정서情緒 사람의 마음에 일어나는 여러 가지 감정. emotion

정수精髓 사물의 중심이 되는 요점. essence

정제精製 정성을 들여 정밀하게 잘 만듦. refinement, purification

정조情操 진리, 아름다움, 선행, 신성한 것을 대하였을 때에 일어나는 고차원적인 복잡한 감정. atmosphere

정취情趣 깊은 정서를 자아내는 느낌이나 흥. taste, flavor

정한情恨 정과 한을 아울러 이르는 말. resentment, sorrow, regret

조국祖國 자기의 국적이 속하여 있는 나라. one's homeland

좌절挫折 마음이나 기운이 꺾임. frustration

주검 죽은 사람의 몸. dead body

주류主流 사상이나 학술 따위의 주된 경향이나 갈래. the mainstream

주조主潮 주된 조류나 경향. main trend

주창主唱 주의나 사상을 앞장서서 주장함. advocate

지사志士 나라와 민족을 위하여 제 몸을 바쳐 일하려는 뜻을 가진 사람. a patriot

지양止揚 더 높은 단계로 오르기 위하여 어떠한 것을 하지 않음. sublation, rejection

지조志操 원칙과 신념을 바꾸지 아니하고 끝까지 지켜 나가는 굳은 의지. fidelity, principle and belief

진리眞理 언제 어디서나 누구든지 인정할 수 있는 보편적인 법칙이나 사실. truth

진정하다眞正-- 참되고 올바르다. true

진취적進取的 적극적으로 나아가 일을 이루고자 하는. adventurous, enterprising

찬란하다燦爛-- 빛깔이나 모양 따위가 매우 화려하고 아름답다. brilliant, radiant

찬미讚美 아름답고 훌륭한 것이나 위대한 것 따위를 기리어 칭찬함. praise

찬송가讚頌歌 하나님의 사랑과 은총을 기리는 노래. hymn

찬양하다 讚揚-- 아름답고 훌륭함을 크게 기리고 드러내다. praise

창간創刊 신문, 잡지 따위의 정기 간행물의 첫 번째 호를 펴냄. publish the first issue

창립創立 기관이나 단체 따위를 새로 만들어 세움. foundation

창조創造 전에 없던 것을 처음으로 만듦. creation

처하다處-- face, encounter

천고千古 아주 오랜 세월 동안. all ages

청록靑綠 푸른빛을 띤 초록. bluish green

체념諦念 희망을 버리고 아주 단념함. resignation

초극超克 어려움 따위를 넘어 극복해 냄. conquest

초생달 초승달(그 달의 초하루부터 며칠동안 뜨는 달). crescent moon

초인超人 보통 사람으로는 생각할 수 없을 만큼 뛰어난 능력을 가진 사람. superman

추구追求 목적을 이룰 때까지 뒤좇아 구함. pursuit

추이推移 일이나 형편이 시간의 경과에 따라 변하여 나감. development

친일親日 일본과 친하게 지냄. pro-Japanese

침묵沈默 아무 말도 없이 조용히 있음. silence

침체되다沈滯-- 어떤 현상이나 사물이 진전하지 못하고 제자리에 머무르게 되다. be depressed, become stagnant

카프 KAPF, 조선프롤레타리아예술가동맹. Korea Artista Proleta Federatio

탐구探究 진리, 학문 따위를 깊이 연구함. investigation

토속土俗 그 지방의 특유한 풍속. local, folk

통합統合 둘 이상의 조직이나 기구 따위를 하나로 합침. merger

퇴폐적頹廢的 도덕이나 풍속, 문화 따위가 약해져서 어지러워진. decadent

투사鬪士 싸움터나 경기장에서 싸우거나 싸우려고 나선 사람. fighter

투철透徹 뚜렷하고 철저함. thoroughness

파닥거리다 작은 새가 잇따라 가볍고 빠르게 날개를 치다. flap, flutter

편입編入 이미 짜인 한 동아리나 대열 따위에 끼어 들어감. incorporation

평론評論 사물의 가치, 우열, 선악 따위를 평가하여 논함. critique

폐간廢刊 신문, 잡지 따위의 간행을 폐지함. discontinuance

포괄적包括的 일정한 대상이나 현상 따위를 어떤 범위나 한계 안에 모두 끌어넣는. comprehensive

폭로暴露 알려지지 않았거나 감춰져 있던 사실을 드러냄. exposure

표상表象 대표로 삼을 만큼 상징적인 것. symbol

표출表出 겉으로 나타냄. expression

품격品格 사물 따위에서 느껴지는 품위. dignity

풍경風景 자연의 경치. scenery

풍조風潮 시대에 따라 변하는 세태. trend

프로문학 프롤레타리아의 생활을 제재로 하여 그들의 사회·정치적 이념을 표현하는 문학. proletarian literature

한恨 몹시 원망스럽고 억울하거나 안타깝고 슬퍼 응어리진 마음. resentment, sorrow, regret

합일合一 둘 이상이 합하여 하나가 됨. union, unity

해방解放 구속이나 억압, 부담 따위에서 벗어나게 함. liberation

해산解散 모였던 사람이 흩어짐. 또는 흩어지게 함. breaking up

해탈解脫 불교에서 괴로움의 얽매임에서 풀리고 정신 차리지 못한 상태의 괴로움에서 벗어남. nirvana, vimutti

행行 글을 가로나 세로로 벌인 것. 줄. line

행진곡行進曲 사람들이 줄을 지어 나아갈 때에 쓰는 반주용 음악. march

향토鄕土 자기가 태어나서 자란 땅 또는 시골. rural area

허무虛無 무가치하고 무의미하게 느껴져 매우 빈 것 같고 쓸쓸함. futility

허물어지다 쌓이거나 지어져 있는 것이 헐려서 무너지다. collapse

허적虛寂 텅 비어 쓸쓸함. loneliness

험난險難하다 위험하고 어려워서 고생스럽다. rough, dangerous

헤다 세다(사물의 수효를 헤아리거나 꼽다)의 방언. count (up)

혁신革新 묵은 풍속, 관습, 조직, 방법 따위를 완전히 바꾸어서 새롭게 함. innovation

형상화形象化 사물의 본질, 존재의 근본 원리를 사고나 직관에 의하여 탐구하는 학문. embodiment

형이상학形而上學 사물의 본질, 존재의 근본 원리를 사고나 직관에 의하여 탐구하는 학문. metaphysical philosophy

혼魂 사람의 몸 안에서 몸을 다스린다는 비물질적인 것. soul, spirit

확고하다確固-- 태도나 상황 따위가 튼튼하고 굳다. firm, solid

확보確保 확실히 보증하거나 가지고 있음. securing

환기喚起 주의나 여론, 생각 따위를 불러일으킴. arousing public opinion

활력活力 살아 움직이는 힘. vitality, energy

황폐화하다荒廢化-- 거두지 않고 그냥 두어 거칠어지고 메마르게 되다. become desolated

회고하다回顧-- 지나간 일을 돌이켜 생각하다. recall, reminisce

획기적劃期的 어떤 과정이나 분야에서 전혀 새로운 시기를 열어 놓을 만큼 뚜렷이 구분되는. groundbreaking, epoch-making

획득하다獲得-- 얻어 내거나 얻어 가지다. acquire

30. 한국의 현대소설: 〈우리들의 일그러진 영웅〉

가르다 쪼개거나 나누어 따로따로 되게 하다. divide, split

강요强要 억지로 또는 강제로 요구함. pressure, force

경향傾向 현상이나 사상, 행동 따위가 어떤 방향으로 기울어짐. tendency, trend

과감하다果敢-- 과단성이 있고 용감하다. decisive, bold

교양敎養 학문, 지식, 사회생활을 바탕으로 이루어지는 품위. 또는 문화에 대한 폭넓은 지식. refinement

교활하다狡猾-- 간사하고 꾀가 많다. cunning

권리權利 어떤 일을 행하거나 타인에 대하여 당연히 요구할 수 있는 힘이나 자격. right, claim

근대적近代的 근대의 특징이 될 만한. modern

기록하다記錄-- 주로 후일에 남길 목적으로 어떤 사실을 적다. record

기법技法 기교와 방법을 아울러 이르는 말. technique

길들이다 어떤 일에 익숙하게 하다. train

끌어올리다 높은 지위로 올려 주다. raise

냉철하다冷徹-- 생각이나 판단 따위가 감정에 치우치지 않고 침착하며 사리에 밝다. cool-headedness, discerning

넘나들다 경계, 기준 따위를 넘어갔다 넘어왔다 하다.

단편短篇 짤막하게 지은 글. a short story

담임선생님擔任先生- 초등학교, 중학교, 고등학교 따위에서 한 반의 학생을 전적으로 책임지고 맡아 지도하는 교사의 높임말. teacher in charge

대하소설大河小說 사람들의 생애나 가족의 역사 따위를 사회적 배경 속에서 시대의 흐름에 따라 포괄적으로 다루는 소설 유형. saga, epic novel

도식적圖式的 사물의 구조, 관계, 변화 상태 따위를 나타낸 그림이나 양식 같은. 또는 그런 것. schematic

독창獨創 다른 것을 모방함이 없이 새로운 것을 처음으로 만들어 내거나 생각해 냄. creativity, originality

동서양東西洋 동양과 서양이라는 뜻으로, 온 세계를 이르는 말. The east and The west

매력魅力 사람의 마음을 사로잡아 끄는 힘. attraction,

메커니즘 사물의 작용 원리나 구조. mechanism

명실상부하다名實相符-- 이름과 실상이 서로 꼭 맞는 데가 있다. be true to the name

무너지다 쌓여 있거나 서 있는 것이 허물어져 내려앉다. collapse

무릎을 꿇다 항복하거나 굴복하다. kneel

문체文體 문장의 개성적 특색. 시대, 문장의 종류. style of writing

미려하다美麗-- 아름답고 곱다. beautiful, elegant

바탕 물체의 뼈대나 틀을 이루는 부분. foundation, basis

방식方式 일정한 방법이나 형식. way, means

벗어나다 공간적 범위나 경계 밖으로 빠져나오다. get out

복종服從 남의 명령이나 의사를 그대로 따라서 좇음. obedience

부임하다赴任-- 임명이나 발령을 받아 근무할 곳으로 가다. start for one's new post

비범하다非凡-- 보통 수준보다 훨씬 뛰어나다. extraordinary

비평批評 사물의 옳고 그름, 아름다움과 추함 따위를 분석하여 가치를 논함. criticism

비평계批評界 비평을 전문으로 하는 사람들의 활동 분야. Field of Criticism

사상思想 어떠한 사물에 대하여 가지고 있는 구체적인 사고나 생각. thought, idea

서술敍述 사건이나 생각 따위를 차례대로 말하거나 적음. description

선善 올바르고 착하여 도덕적 기준에 맞음. 또는 그런 것.
good, goodness

선명하다鮮明-- 산뜻하고 뚜렷하여 다른 것과 혼동되지 않
다. clear, distinct

섭렵涉獵 물을 건너 찾아다닌다는 뜻으로, 많은 책을 널리 읽
거나 여기저기 찾아다니며 경험함을 이르는 말. extensive
reading

세목細目 잘게 나눈 낱낱의 조항. details

소산所産 어떤 지역에서 생산되는 물건 혹은 어떤 행위나 상황
따위에 의한 결과로 나타나는 현상. product, outcome

실험적實驗的 과정이나 결과를 실지로 관찰하고 기록하는 방
법에 의한. 또는 그런 것. experimental

악惡 인간의 도덕적 기준에 어긋나 나쁨. 또는 그런 것. evil

알레고리 어떤 한 주제 A를 말하기 위하여 다른 주제 B를 사
용하여 그 유사성을 적절히 암시하면서 주제를 나타내는 수
사법. allegory

양식洋式 일정한 모양이나 형식. form, style

역량力量 어떤 일을 해낼 수 있는 힘. capability, competence

우의寓意 다른 사물에 빗대어 비유적인 뜻을 나타내거나 풍자
함. allegory

의제議題 회의에서 의논할 문제. agenda, topic

이면裏面 겉으로 나타나거나 눈에 보이지 않는 부분. hidden
side

인문학적人文學的 언어, 문학, 역사, 철학 따위를 연구하는
학문과 관계된. associated with humanities

인물人物 일정한 상황에서 어떤 역할을 하는 사람. person,
character, figure

작동방식作動方式 기계 따위가 작용을 받아 움직이는 일정
한 방법이나 형식. operation method

장편長篇 내용이 길고 복잡한 소설이나 시가 따위를 통틀어 이
르는 말. a long piece

저작著作 예술이나 학문에 관한 책이나 작품 따위를 지음.
writing, work

저항抵抗 어떤 힘이나 조건에 굽히지 아니하고 거역하거나 버
팀. resistance, resist

정치사政治史 정치적 사실과 정치권력의 발전 과정을 연구하
는 학문. political history

주류主流 사상이나 학술 따위의 주된 경향이나 갈래.
mainstream

중편中篇 장편 소설과 단편 소설의 중간쯤 되는 분량의 소설.
medium-length story

지배支配 어떤 사람이나 집단, 조직, 사물 등을 자기의 의사대
로 복종하게 하여 다스림. rule, domination

창작創作 방안이나 물건 따위를 처음으로 만들어 냄. creation

창작 기법創作技法 방안이나 물건 따위를 처음으로 만들어
내는 기교와 방법. technique of creation

척도尺度 평가하거나 측정할 때 의거할 기준. criterion

출간出刊 서적이나 회화 따위를 인쇄하여 세상에 내놓음.
publication

출판사出版社 서적이나 회화 따위를 인쇄하여 세상에 내놓는
사업을 하는 회사. publisher, publishing company

타율적他律的 자신의 의지와 관계없이 정해진 원칙이나 규율
에 따라 움직이는. heteronomous

탁월하다卓越 남보다 두드러지게 뛰어나다. excellent,
outstanding

탈피脫皮 껍질이나 가죽을 벗김. molting, shed the skin

행사하다行使-- 부려서 쓰다. use, exert

현대문학사상現代文學史上 지금 시대의 문학 역사에 나타
나 있는 바. on the history of modern literature

형상화形象化 형체로는 분명히 나타나 있지 않은 것을 어떤
방법이나 매체를 통하여 구체적이고 명확한 형상으로 나타
냄. imagery, embodiment

형성形成 어떤 형상을 이룸. formation

확보確保 확실히 보증하거나 가지고 있음. secure

휘두르다 이리저리 마구 내두르다. swing

VIII 모범답안

Ⅰ 자연과 환경

1 한국의 지리적 환경

확인학습

1. 한반도의 지리적 특징을 정리해 봅시다.

1) 위치

한반도는 유라시아 대륙의 동북 쪽에 위치한다. 북위 33°~43° 사이, 동경 124°~132° 사이에 있으며, 북쪽으로는 중국, 러시아와 국경을 접하고 있고 남쪽으로는 일본과 바다를 사이에 두고 있다.

2) 면적

약 22만㎢

3) 인구

남한 인구는 약 5,000만 명이고 북한 인구는 2,300만 명이 넘는 것으로 추정된다.

2. 다음 지역의 특징을 찾아 써 봅시다.

1) 산간 지역

한반도의 70% 정도가 산간 지역인데, 대부분의 산지는 500m 내외의 낮은 산으로 경사가 완만하다. 1,000m가 넘는 산은 주로 북동쪽에 분포한다.

2) 평야 지역

주로 남쪽과 서쪽에 있는데, 큰 강을 중심으로 평야가 펼쳐진다. 이곳에서는 예로부터 벼농사와 밭농사가 이루어졌고, 교통이 편리하여 가까이에 대도시가 자리 잡았고 제조업이 발달하였다.

3) 해안 지역

바다와 육지가 만나는 해안 지역에는 대규모의 양식장이 있고, 일본과 중국과의 무역항과 중공업이 발달한 도시들이 있다.

3. 한국의 계절과 특징을 연결해 봅시다.

1) 봄 • • 김장
2) 여름 • • 태풍
3) 가을 • • 꽃샘추위
4) 겨울 • • 천고마비의 계절

4. 한국의 지리적 상황과 한국인의 생활과의 관계를 정리해 봅시다.

한반도는 유라시아 대륙에 접하고 태평양에 면한 반도국으로, 대륙과 해양의 양방향으로 진출하거나 교류하기에 유리한 지점에 자리 잡고 있고, 인간이 활동하기에 비교적 편한 기후인 북반구의 온대 기후 지역에 속해 있다. 이렇게 지리적으로 유리한 면도 있지만, 국토가 넓지 않고 천연자원이 많지 않은 불리한 점도 있다. 한국은 이러한 한계를 극복하고자 교육을 통해 우수한 인적 자원을 양성하고 무역을 통해 선진국으로 도약하고자 힘쓰고 있다.

5. 아래에서 맞는 것에는 ○표, 틀린 것에는 ✕표 하세요.

1) 한반도 주변국으로는 중국, 러시아, 일본이 있다. (○)
2) 한반도의 평야 지역에는 제조업 공장과 대도시가 발달했다. (○)
3) 최근에는 지구온난화로 한반도에서는 겨울에도 따뜻한 날씨가 계속된다. (✕)
4) 한국은 풍요로운 천연자원을 이용하여 무역에 힘쓰고 있다. (✕)

심화학습

1. 한국의 지리적 환경과 의식주의 관련성을 알아 봅시다.

사계절의 변화가 뚜렷한 한국의 자연 환경은 한국

인의 의식주 생활에 큰 영향을 끼쳤다. 의생활의 경우 겨울에는 찬바람과 추위를 막기 위해 목면에 솜을 넣어 누빈 겹옷을 입었고 여름에는 덥고 습윤한 기후에 견딜 수 있도록 공기가 잘 통하고 땀을 잘 흡수하는 삼베, 목면, 모시 등을 즐겨 입었다. 한국은 기후와 풍토가 농사에 적합하여 일찍부터 농업이 행해졌다. 그래서 농사를 지어 수확한 곡물이 한국 음식 문화에서 중요한 식재료가 되어 밥, 죽, 떡, 국수, 만두, 수제비, 술 등의 곡물 음식이 발달하였다. 또한 밭에서 재배한 채소뿐만 아니라, 산야에 자생하는 채소로 생채, 쌈, 나물, 김치를 만들어 다양한 식생활을 즐겨 왔다. 한편 계절별로 더워서 지치기 쉬운 여름에는 원기를 회복시켜 주는 삼계탕이나 식욕을 되살려 주는 냉면을 즐기고, 채소가 나지 않는 겨울에 대비하여 한국인들은 가을에 채소를 말리거나 김장을 하였다. 한국의 전통적 건축물인 한옥은 무더운 여름과 매섭게 추운 겨울을 나도록 지어졌다. 즉 한국인들은 한옥마다 온돌을 두어 집을 데워 추운 겨울을 따뜻하게 나고, 대청마루를 두어 여름을 시원하게 보낸다.

2. 한국과 여러분 나라의 지리적 특징을 비교해 봅시다.
　(각자 조사)

관련 웹사이트

국토해양부 http://www.mltm.go.kr/portal.do
국토지리정보원 http://www.ngii.go.kr/

② 한국의 수도, 서울

확인학습

1. 위의 글을 통해 알 수 있는 서울의 특징을 정리해 봅시다.

　1) 자연 환경

중심에 262m의 남산이 솟아 있고 주변에는 북한산, 도봉산, 관악산 등 600m 이상의 높은 산들이 있다. 서울의 한가운데에는 폭이 최대 1km인 한강이 동서로 흐르고 있는데, 이를 기준으로 서울은 강남과 강북으로 나뉘며, 모두 31개의 다리로 강남과 강북이 연결되고 있다.

　2) 역사

서울은 조선의 건국과 함께 1394년부터 수도로 자리 잡았다. 조선 시대에는 '한양'으로, 일제 강점기에는 '경성부'로 불리던 서울은 1945년 8월 15일 광복과 함께 서울로 개칭되었다. 1948년 대한민국 정부가 수립되면서 다시 수도가 되었고 1949년에 지금의 서울특별시가 되었다.

　3) 경제적 역할

서울의 면적은 남한의 0.6%에 불과하지만 한국 GDP의 21%가 서울에서 창출된다. 금융의 50% 이상, 첨단 기술을 보유한 벤처 기업들의 43% 이상, 한국 전체 대학의 27%가 서울에 집중되어 있어 서울은 한국의 경제, 문화, 교육의 중심지라고 말할 수 있다. 서울은 한국의 수도인 동시에 동북아 비즈니스의 중심지이며 한국 산업의 집적지로 아시아 최대 시장인 중국과 일본 사이에 위치해 있다. 세계적 소비 시장과 물류의 거점인 서울은 공항과 고속철도, 고속도로 및 주변 항만 시설에 이르기까지 뛰어난 교통 체계를 갖추고 있다. 항공편을 이용하면 3시간 반 안에 18억 소비자와 전 세계 GDP의 22%를 점유하는 동북아 시장에 빠르게 접근할 수 있다. 오늘날 서울은 금융과 물류, 첨단 디지털 산업 및 지식 산업의 강한 경쟁력을 가지고 동북아 비즈니스의 허브 역할을 수행하고 있다.

　4) 문화

서울은 600여 년 전부터 한국의 수도였기 때문에 사람들은 도심 속에서도 전통 문화를 쉽게 접할 수 있다. 경복궁, 창경궁, 창덕궁, 덕수궁 등의 궁궐과 종묘, 숭례문, 흥인지문, 북촌과 남산의 한옥 마을 등은 한국 전통 건축물의 다양한 특성을 잘 보여 준다. 이 중 특히 창덕궁의 후원은 인간과 자연의 조화를 추구하는 한국적인 조경 양식을 잘 간직하고 있어 세계적으로 유명하다. 이 밖에도 종묘제례와 어가 행렬, 궁궐 수문장 교대식 등의 궁중 문화와, 남산골 단오 축제와 송파산대놀이 등의 민속 문화도 서울에서 체험할 수 있다.

또한 서울의 곳곳에서는 현대의 다양한 문화도 즐길 수 있다. 공연 문화의 거리 대학로, 클럽 문화와 재즈 음악의 중심지인 홍대 앞, 그리고 유행과 패션의 거리 압구정 등은 항상 젊은이들로 넘쳐난다. 인사동에서는 전통 문화 상품과 현대 미술품들을 쉽게 만날 수 있고, 이태원에서는 세계 곳곳의 이국적인 문화를 경험할 수 있다. 명동과 남대문시장은 다양한 매장과 상품을 갖추어 국내외 쇼핑객에게 인기가 높다. 최근에는 청계천이 복원되어 많은 사람들이 도심 속의 하천에서 휴식을 취하면서 일상의 여유를 찾는다. 서울은 이처럼 자연과 사람, 전통과 현대가 함께 살아 숨 쉬는 대표적인 도시라고 할 수 있다.

2. 한국에서 서울이 차지하는 비중에 대하여 말해 봅시다.

서울의 면적은 남한의 0.6%에 불과하지만 한국 GDP의 21%가 서울에서 창출된다. 금융의 50% 이상, 첨단 기술을 보유한 벤처 기업들의 43% 이상, 한국 전체 대학의 27%가 서울에 집중되어 있어 서울은 한국의 경제, 문화, 교육의 중심지라고 말할 수 있다.

3. 서울이 자연과 사람, 전통과 현대가 조화된 도시라고 할 수 있는 근거를 말해 봅시다.

서울은 1,000만 명이 넘는 인구가 모여 사는 거대 도시이지만, 한강과 남산, 그리고 가까운 주위에 많은 산들이 있어 많은 사람들이 쉽게 자연을 즐길 수 있다. 서울은 오랜 역사 동안 한 나라의 수도였기 때문에 전통 문화 유산이 풍부하다. 서울은 한국의 정치, 경제, 사회, 교육, 문화의 중심지여서 현대적인 첨단 문화의 도입과 유행이 활발하다.

4. 서울이 오늘날과 같이 발전할 수 있었던 근거를 말해 봅시다.

서울이 오늘날과 같이 발전할 수 있었던 데에는 오랜 역사 동안 수도였던 점, 많은 사람들이 모여 살아 교통, 통신, 문화가 발전한 점, 중국과 일본의 가운데에서 경제적 시장을 형성한 점 등을 들 수 있다.

5. 아래에서 맞는 것에는 ○표, 틀린 것에는 ×표 하세요.

1) 서울에는 한국 인구의 약 절반이 살고 있다. (×)
2) 서울은 아시아 최대 시장으로 평가된다. (×)
3) 서울은 일제 강점기 이전부터 한국의 수도였다. (○)
4) 명동은 외국 관광객들의 쇼핑 장소로 유명하다. (○)

심화학습

1. 서울의 지하철과 각 지방을 연결하는 교통망에 대해 알아봅시다.

서울 지하철은 1974년에 1호선이 개통되었고 현재는 9호선까지 있다. 서울에서 각 지방을 연결하는 주요 교통망은 항공, 철도, 버스이다. 비행기로는 제주, 부산, 광주, 울산 등 지방의 주요 도시들을 연결한다. 국내 노선을 연결하는 서울의 공항은 김포

공항이다. 주요 철도 노선은 서울역에서 출발한다. 철도는 무궁화호, 새마을호, KTX로 나누어 운행된다. 이 중 KTX는 시속 300km의 고속 철도로서 전국의 다양한 노선을 운행하고 있다.

2. 서울과 여러분 나라의 수도의 특징을 비교해 봅시다.

　　(각자 조사)

관련 웹사이트

서울특별시 http://www.seoul.go.kr
와우서울 http://wow.seoul.go.kr

③ 한국인의 의식주

확인학습

1. '신토불이'가 무엇인지 이 글에서 찾아 써 봅시다.

　　몸과 땅은 둘이 아니고 하나라는 뜻으로, 자기가 사는 땅에서 생산된 농산물이라야 체질에 잘 맞음을 이르는 말. 즉, 전통적인 우리의 것을 소중히 여기자는 뜻이다.

2. 현대 한국인의 옷차림의 구체적인 예를 이 글에서 세 가지 이상 찾아 써 봅시다.

　　예의를 갖추어 입는 양복, 활동성이 뛰어난 청바지, 우아한 한복, 미니스커트, 배꼽티 등.

3. 현대 식생활에 남아 있는 전통적인 식문화의 예를 이 글에서 세 가지 이상 찾아 써 봅시다.

　　첫돌 아기를 위한 돌상에는 백설기와 수수경단을 올리고, 혼례 때의 폐백 상에는 편포나 대추 등을

차린다. 한편 가장 기본적인 상차림이었던 삼첩반상의 전통은 밥과 국, 김치, 간장과 세 가지 반찬을 담을 수 있는 식당의 식판에 남아 있다.

4. 한국인들이 선호하는 현대적인 주거 방식과 전통적인 주거 양식은 무엇인지 찾아 써 봅시다.

　　한국인들이 선호하는 현대적인 주거 방식은 서구적인 주거 방식으로서 아파트, 침대 등을 예로 들 수 있다. 전통적인 주거 양식은 한옥으로, 방과 마루, 온돌을 생활공간으로 가지는 집이다.

5. 아래에서 맞는 것에는 ○표, 틀린 것에는 ×표 하세요.

　1) 한국인들은 전통적으로 편리하고 효율적인 생활 방식을 추구한다. (×)
　2) 특별한 행사 때에는 현대적인 디자인의 개량한복을 입는다. (×)
　3) 일반 가정에서는 밥, 국, 떡을 올리는 삼첩반상으로 상을 차린다. (×)
　4) 최근에는 온돌 난방과 마루를 두는 아파트가 인기를 끌고 있다. (○)

심화학습

1. 한국의 대표적인 의식주 생활에는 어떤 것이 있는지 더 알아봅시다.

　　한국인들은 예로부터 흰옷을 입고 흰색을 숭상하여 백의민족이라고 불려 왔다. 19세기에 한국을 다녀간 외국인들은 남녀를 막론하고 흰옷을 즐겨 입고 있는 한국인에게서 강한 인상을 받았다고 기록할 정도였다. 한복은 북방 민족의 풍습으로부터 영향을 받아 전통적으로 상의와 하의로 구분하여 지었고 유교의 영향으로 공식복·의례복·일상복으

로 나누어 정해진 의례(儀禮)에 따라 옷을 입었다. 최근에는 서구식 의생활의 영향으로 다양하고 개성적인 옷을 입지만, 특별한 날이나 나이, 지위에 따라서는 특별한 색상이나 무늬의 한복을 입는 등 전통적인 의생활을 유지하고 있다.

한옥이라고 하면 흔히 기와집을 떠올리지만 엄밀한 의미에서의 한옥은 초가집, 너와집, 기와집 등 한국의 모든 전통 건축물들을 포괄한다. 기와집은 기와로 지붕을 이은 집이다. 보통 찰흙으로 만든 검은색 기와를 많이 썼지만, 신분이 높은 사람의 집은 청기와로 지붕을 이기도 하였다. 한국의 대통령 관저는 청와대인데 푸른 기와로 지붕을 이은 집이란 뜻이다. 초가집은 갈대나 새, 볏짚 등으로 지붕을 이은 집을 말하는데, 단열이 잘 되고 보온이 뛰어나다는 특징이 있다. 농가에서 서민들이 주로 거주하였다. 너와집은 굵은 소나무를 도끼로 잘라 널판을 만들고 이것들을 지붕에 이어 만든 집을 가리킨다. 전통적인 한옥에서는 집의 형태뿐만 아니라 집의 위치도 중요하게 여겼다. 일반적으로 산을 등지고 물을 앞에 두며 남쪽으로 짓는 것을 이상적으로 간주하였다. 최근에도 한국인들은 여전히 겨울에 집으로 볕이 잘 드는 남향을 선호한다.

한식의 특징은 상차림에서 찾을 수 있다. 한국의 밥상에는 숟가락과 젓가락이 올라가고 밥, 탕, 김치가 기본으로 차려진다. 삼첩반상의 경우는 밥, 탕, 김치, 나물·생채, 그리고 구이 또는 조림과 간장 종지가 올라간다. 이렇듯 한식의 일반적인 특징으로, 첫째, 준비된 음식을 모두 한꺼번에 한상에 차려 먹고, 둘째, 밥이 주식이고, 셋째, 국물이 있는 음식을 즐기며, 넷째, 전골, 구이, 전, 조림, 볶음, 편육, 숙채, 생채, 젓갈, 장아찌 등 다양한 방식으로 조리하고, 다섯째, 김치, 장아찌, 장, 젓갈 등 발효식품을 많이 섭취하고, 마지막으로 식품 자체의 맛보다 조미료와 향신료를 써서 복합적인 맛을 즐기고 음양오행사상에 입각하여 오색재료나 오색고명을 사용하는 것 등을 들 수 있다.

2. 여러분 나라의 현대식 생활에 남아 있는 전통적인 생활 방식에 대해 말해 봅시다.
   (각자 조사)

관련 웹사이트
국립민속박물관 http://www.nfm.go.kr/
김치박물관 http://www.kimchimuseum.co.kr/

 ## 4 한국의 문화유산

확인학습

1. 《조선왕조실록》을 보관하기 위해서 한국이 어떠한 노력을 기울였는지 말해 봅시다.

《조선왕조실록》은 소중한 기록문화 유산이었기 때문에 한국인은 이를 후대에 온전히 물려주기 위해 노력했다. 화재·전란 등의 사고가 일어날 것을 대비해, 《조선왕조실록》을 분산시켜 보관한 것이 그 예이다.

《조선왕조실록》의 서고를 여러 고장에 설치하는 노력 이외에도 한국인은 책을 오랫동안 온전히 보존하기 위해 노력했다. 서고에 보관한 《조선왕조실록》은 충해와 습기에 의한 오손을 막기 위하여 정기적으로 바람에 쐬고 볕에 쬐도록 하였고, 이상 유무를 확인하기 위하여 정기적으로 실태 기록을 하였다.

관련 웹사이트
조선왕조실록 홈페이지 http://sillok.history.go.kr (영어, 중국어, 일본어 서비스 가능.)

2. 외규장각 도서가 프랑스로 유출된 경위와 반환의 노력에 대해 알아봅시다.

외규장각은 1866년 병인양요(丙寅洋擾, 대원군의 천주교 탄압으로 프랑스 함대가 강화도를 침범한 사건)가 발생하여 프랑스 함대에 의해 궁전과 외규장각 도서들이 불에 타 없어지는 큰 피해를 입게 된다. 또한, 프랑스 군대는 외규장각 도서 중 왕실이나 국가의 주요 행사 내용을 정리한 의궤류와 여러 고문서들을 약탈해갔다.

프랑스가 약탈해간 외규장각 도서는 지난 1975년 국립도서관 사서로 일하던 박병선 씨가 베르사유 별관 파손 창고에서 처음 발견하여 세상에 알려졌으며, 1992년 7월 프랑스의 한국대사관이 외규장각 도서 반환을 요청하면서 논의되기 시작했다. 이후 1993년 9월 서울에서 열린 김영삼 대통령과 미테랑 대통령 간의 정상회담에서 교환 기본원칙이 합의되어 이때 한 권이 반환됐다. 그러나 한국 측은 무조건적인 반환을 주장하는 한편, 프랑스 정부 측은 외규장각 도서를 국내로 반환하는 대신에 국내에 소장 중인 비슷한 가치를 지닌 우리 문화재를 대신 프랑스에 내주는 등가교환을 내세워 협의를 하였다. 하지만 약탈당한 문화재를 상호 대여 형식으로 돌려받는 것은 인정할 수 없다는 한국 문화계의 반대로 합의가 무산됐다.

최근 2010년 11월 G20 정상회의에서는 양국의 대통령 간에 외규장각 도서를 5년 단위 갱신이 가능한 임대형식으로 대여하기로 합의하였다. 이어 2011년 4월 14일 1차분 75권의 책이 반환되었고, 총 4차례에 걸쳐 297권이 모두 반환된다.

3. 경주는 한국의 중요한 문화유산이 모여 있는 한국문화의 보물과 같은 곳입니다. 경주의 문화유산 가운데 반드시 기억해야 할 몇 가지에 대해 말해 봅시다.

석굴암(石窟庵, 국보 제24호): 석굴암 석굴은 신라 불교예술의 전성기에 이룩된 최고 걸작으로 건축, 수리, 기하학, 종교, 예술 등이 유기적으로 결합되어 있어 더욱 돋보인다. 현재 석굴암 석굴은 국보 제24호로 지정되어 관리되고 있으며, 석굴암은 1995년 12월 불국사와 함께 유네스코 세계문화유산으로 공동 등재되었다.

첨성대(瞻星臺): 신라 선덕여왕(재위 632~647) 때 건립된 것으로 추측되며 현재 동북쪽으로 약간 기울어져 있긴 하나, 거의 원형을 간직하고 있다. 동양에서 가장 오래된 천문대로 그 가치가 높으며, 당시의 높은 과학 수준을 보여주는 귀중한 문화재라 할 수 있다.

불국사(佛國寺): 경주 토함산에 자리 잡은 불국사는 신라 경덕왕 10년(751)에 당시 재상이었던 김대성이 짓기 시작하여, 혜공왕 10년(774)에 완성하였다. 경내에는 통일신라시대에 만들어진 다보탑과 석가탑으로 불리는 3층 석탑, 자하문으로 오르는 청운·백운교, 극락전으로 오르는 연화·칠보교가 국보로 지정, 보존되어 있다. 이러한 문화재는 당시 신라 사람들의 돌을 다루는 훌륭한 솜씨를 엿볼 수 있게 해준다.

성덕대왕신종(聖德大王神鍾): 한국에 남아있는 가장 큰 종으로 높이 3.75m, 밑지름 2.27m, 두께 11~25㎝이며, 무게는 18.9톤이다. 통일신라 예술이 각 분야에 걸쳐 전성기를 이룰 때 만들어진 종으로 화려한 문양과 조각수법은 신라 시대를 대표할 만하다. 또한, 몸통에 남아있는 1,000여 자의 명문은 문장뿐 아니라 새긴 수법도 뛰어나, 1천 3백여 년이 지난 지금까지도 손상되지 않고 전해오고 있다.

한국문화재청 http://www.cha.go.kr (영어, 중국어, 일본어 서비스 가능.)

4. 안동 하회마을은 1999년 영국의 엘리자베스 여왕이 방문하여 유명해진 곳이기도 합니다. 안동 하회마을이 한국에서 꼭 들러야 할 중요한 문화유산이 된 이유는 무엇인지 알아봅시다.

안동 하회마을(중요민속자료 제122호)은 풍산 류씨가 600여 년간 대대로 살아온 한국의 대표적인 동성(同姓)마을이며, 와가(瓦家, 기와집)와 초가(草家)가 오랜 역사 속에서도 잘 보존된 곳이다. 하회마을이 한국의 중요한 문화유산이 된 이유는 수려한 마을 경관을 가지고 있고, 서민문화와 양반문화가 공존하고 있기 때문이다. 하회마을은 류성룡(柳成龍) 등 많은 고관들을 배출한 양반고을로, 임진왜란의 피해도 없어서 유교 문화가 잘 보존되어 있고, 서민들이 놀았던 '하회별신굿탈놀이'와 선비들의 풍류놀이였던 '선유줄불놀이'가 현재까지도 전승되고 있으며, 한국의 전통 생활 문화와 건축 양식을 잘 보여주는 문화유산들이 잘 보존되어 있다.

5. 아래에서 맞는 것에는 ○표, 틀린 것에는 ×표 하세요.

1) 해외로 유출된 한국의 문화재는 대부분 개인들이 소장하고 있다. (×)
2) 규장각은 전국 각지에 설치된 문화재 보관기관이다. (×)
3) 임진왜란 시기에 많은 문화재들이 중국으로 유출되었다. (×)
4) 《훈민정음》은 유네스코에 의해 세계무형유산으로 지정되었다. (○)
(*위 4)번 문제에 대한 내용은 본문에 제시되어 있지 않음. 학생들에게 따로 지도가 필요함.)

1. 경주 석굴암의 불상이 자랑하는 완벽한 조형미에 대해 알아봅시다.

석굴암의 구조적 특색은 무엇보다 화강암의 자연석을 다듬어 인공적으로 축조한 석굴사찰이라는 점이다. 즉, 인도·중국 등의 경우와 같이 천연의 암벽을 뚫고 조성한 천연석굴이 아니다. 이 같은 토목기술을 바탕으로 이룩된 석굴의 기본적인 평면구조는 전방후원(前方後圓)의 형태를 취하면서 네모진 공간의 전실(前室)과 원형의 주실(主室)로 나뉘어 있다. 주실에는 단독의 원각(圓刻) 본존상(本尊像)을 비롯하여 보살과 제자상 등이 있으며, 전실에는 인왕상(仁王像)과 사천왕상(四天王像) 등을 부조(浮彫)하여 배치하였다. 이 전실은 예배와 공양을 위한 장소이다.

천장은 궁륭형(穹窿形)의 둥근 양식이며, 그 위에 연화문(蓮花紋)의 원판을 두어 천개(天蓋)로 삼고 있다. 조각상의 배치는 전실부터 시작하여 팔부신중(八部神衆) 8구, 인왕(仁王) 2구, 사천왕 4구, 천부(天部) 2구, 보살(菩薩) 3구, 나한(羅漢) 10구, 감불(龕佛) 8구와 본존여래좌상 1구가 있다. 이들 불상 배치의 특징은 무엇보다 좌우가 대칭을 이루고 있다는 사실이다. 이는 고대 조형미술의 기본원칙과 같은 것이기도 하여서, 석굴의 안정감을 한층 강조하는 구실도 하고 있다.

조각상 가운데 가장 중심을 이루고 있는 것은 본존여래좌상이다. 이 석굴 자체가 본존상을 봉안하기 위하여 조영되었던 만큼 그 의미가 매우 큰 불상이다. 예배의 주 대상이 곧 이 본존상임은 물론, 중앙에 자리 잡아 석굴의 내부공간을 구획한 신라 조각 미술의 결정이라고 해도 지나치지 않을 뛰어난 작품이다. 본존상은 연화문이 새겨진 대좌(臺座) 위에 결가부좌(結跏趺坐)하고 있다. 광배(光背)는 석굴 후벽의 천장 밑에 둥근 연화판석(蓮花瓣石) 1매로 조성하였다. 이는 전실의 법당에서 본존상에 예배할 때, 동일시각 위에 놓이는 치밀한 계산에 따라 처음부터 마련된 것이다.

본존상의 양식적 특징은 신라가 삼국을 통일한 직후 7세기 후반부터 유행하여 고려 전기에 이르기까지 계속된 여래좌상의 기본양식이다. 법의(法衣)는 오른쪽 어깨를 벗고 왼쪽 어깨에 가사(袈裟)를 걸친 우견편단(右肩遍袒) 양식을 보이고 있다. 또한, 수인(手印)은 악마의 유혹을 물리친다는 항마촉지인(降魔觸地印)을 결(結)하고 있다. 머리 위에는 육계(肉髻)를 표시했으며 머리는 나발(螺髮)이다. 상호(相好)는 원만한 모습에 자비(慈悲)를 지니고 있다.

신부(身部)는 매우 당당할 정도의 거구로서 장부의 상을 보이고 있다. 목에는 삼도(三道)가 있으며 오른손은 무릎에 올려놓고 두 번째 손가락을 다음 손가락 위에 겹쳐 운동감을 주고 있다. 왼손은 두 발 위에 놓아 편안한 자세를 보이고 있다. 어떻든 본존상의 신앙적인 의미와 조형적인 가치가 훌륭히 조화를 이루는 가운데 부드러운 자태와 인자한 표정에서 고도의 조각술을 살필 수 있는데, 이는 궁극적으로 불교의 구원상(久遠像)을 형상화한 것이라고 할 수 있겠다.

2. 여러분 나라의 문화재 유출 및 반환의 노력에 대해 알아보고 한국의 경우와 비교해 봅시다.
   (각자 조사)

Ⅱ 전통과 역사

5 한국의 역사 1: 고조선에서 통일신라까지

1. 위의 글을 통해 알 수 있는 한국의 역사를 정리해 봅시다.

1) 고조선

고조선은 B.C. 4세기경 철기 문화를 바탕으로 한반도와 만주 일대에 넓은 영토를 지녀 중국과 대립하였다. 고조선은 노비와 귀족, 왕이 있는 신분제 사회였고 8조법과 같은 법률이 있었다. 이후 중국의 연나라 사람 위만이 고조선에 망명하여 임금 준왕을 쫓아내고 왕위를 찬탈하여 위만조선이 성립했다. 위만의 손자 우거왕이 중국 한나라와 대립하자 전쟁이 일어나 B.C. 108년 고조선은 한나라에 의해 망하고 말았다. 한나라는 고조선에 4개의 군현을 설치하고 통치하였다.

2) 고구려

평양을 도읍으로 정한 고구려 사람들은 검소하고 무예를 숭상하여 말 타기, 활쏘기에 능하였다. 고구려는 문학, 음악, 미술 분야에 상당히 뛰어났는데 이 중 고구려의 기상을 잘 보여 주는 대표적인 예는 고분벽화이다. 고구려는 4~5세기경 광개토왕 시대에 전성기를 맞았다. 광개토왕은 고구려의 영토를 크게 확장하여 만주를 실질적으로 장악하였으며, 내정 정비에 노력하는 한편, 불교를 적극 장려하였다.

3) 백제

한강 유역에 자리 잡은 백제는 고구려의 북방 문화를 바탕으로 중국 남조 문화를 받아들여 세련되고 고상한 문화를 발전시켰다. 백제는 6세기 초 무령왕과 성왕 시대에 문화를 고도로 발전시켰고, 불경과 의학, 천문 등 전문 지식을 일본에 전해 주어 일본 문화 발전에 지대한 영향을 미쳤다. 고구려와 백제는 7세기 말 신라와 당나라의 연합군에 의하여 멸망하였다.

4) 신라

신라는 경주 지역에서 기원전 57년경에 건국되었다. 신라는 삼국 중 가장 먼저 세워졌지만 국가의 틀을 세우는 데는 가장 늦었다. 4세기 내물 이사금

때 신라는 중앙 집권 국가로 발전하기 시작하였으며, 이때부터 김씨에 의한 왕위 계승권이 확립되었다. 지증왕 때에 이르러서는 정치 제도가 더욱 정비되어 국호를 신라로 바꾸고, 군주의 칭호도 마립간에서 왕으로 고쳤다. 6세기 중반 진흥왕은 화랑도를 국가적인 조직으로 개편하고, 불교 교단을 정비하여 사상적 통합을 도모하였다. 이러한 제도 정비를 토대로 신라는 삼국 통일을 달성할 수 있었다.

2. 한국의 인종과 언어적 특성을 알아봅시다.

한국인은 인종적으로 아시아 인종의 하나인 북방 몽고 인종에 속하며, 한국어는 언어학적으로 알타이 언어군에 속한다고 알려져 있다.

3. 신라가 삼국을 통일할 수 있었던 요인을 말해 봅시다.

화랑도를 조직하고 불교를 정비하여 사상적 통일을 이루었고, 외교 능력을 발휘하여 중국의 당나라와 연합할 수 있었기 때문이다. 또한 김유신 장군, 무열왕 등 정치 지도자들의 능력이 뛰어났다.

4. 각 시대의 대표적인 예술품에 대하여 말해 봅시다.

고구려는 고분벽화, 백제는 무령왕릉에서 출토된 순금 장신구들, 신라나 통일신라는 금관, 석가탑, 다보탑, 석굴암 등을 들 수 있다.

5. 아래에서 맞는 것에는 ○표, 틀린 것에는 ×표 하세요.

1) 고조선은 위만이 건국하였다. (×)
2) 고구려는 광개토왕 시대에 영토가 크게 확장되었

다. (○)
3) 신라가 삼국을 통일할 수 있었던 힘은 화랑도와 관계있다. (○)
4) 향찰은 통일신라 시대의 독창적인 노래이다. (×)

심화학습

1. 한국의 건국 신화와 여러 나라의 신화를 비교해 봅시다.
(교재의 '참고자료'에 제시된 한국의 단군 신화를 참조)

2. 고대 한국의 영토가 어디까지 뻗어 있었는지 지도상에서 확인해 봅시다.
(각자 풀이)

6 한국의 역사 2: 고려에서 대한민국 건국까지

확인학습

1. 위의 글을 통해 알 수 있는 각각의 역사적 특성을 말해 봅시다.

1) 고려의 쇠퇴
13세기 강성해진 몽골의 침략에 따른 전쟁으로 국토가 황폐해지고 많은 문화재가 소실되었다. 고려는 팔만대장경 등을 조판하면서 몽골에 저항하였으나 결국 항복하였고, 이후 몽골의 정치적 간섭으로 사회 모순이 격화되었다. 원이 쇠퇴한 후 공민왕의 개혁이 실패로 끝나고 홍건적과 왜구의 침입이 빈번하자 정치 기강이 문란해지고 백성들의 삶은 더욱 어려워졌다. 결국 고려는 신진 사대부 계층과 결합한 신흥 무인 세력을 대표하는 이성계에 의하여 멸망하고 말았다.

2) 세종의 업적
세종은 안정된 정치적 기반을 바탕으로 학문, 군사, 과학, 문화 방면에 많은 업적을 쌓았다. 무엇보다도 1443년 세종이 만든 '훈민정음'은 말을 소리 나는 대로 적을 수 있는 과학적 원리의 문자로서 조선의 문화를 획기적으로 발전시킨 수단이었다. 뿐만 아니라 세종은 측우기를 개발하고 금속활자를 개량하였으며 음악을 정리하는 등 많은 업적을 남겼다.

3) 임진왜란

1592년 일본이 조선을 침략하여 7년간 전쟁을 치렀는데 이를 임진왜란이라 부른다. 미처 전쟁 준비가 되어 있지 않던 조선은 육지 전투에서 크게 패했지만, 이순신의 해전에서의 연전연승과 의병들의 활약으로 일본을 물리칠 수 있었다.

4) 실학

커다란 전쟁을 계속 치른 조선에서는 종래의 성리학을 반성하고 현실을 중시하는 '실사구시'의 학문, 즉 실학이 크게 융성하였다. 17세기 후반부터 19세기 전반까지 크게 유행한 실학은 개혁을 주장하고 근대를 지향하는 유학의 한 분파이다. 중국의 청을 통해 서양의 새로운 문물을 받아들이면서 이들 학자들은 종래의 정치, 경제, 교육 제도 등을 강하게 비판하였다. 과학적 사고와 합리적 세계관을 바탕으로 제도의 개혁을 지향하였지만 현실 정치의 벽을 넘지는 못하였다.

2. 조선이 건국될 수 있었던 요인을 말해 봅시다.

원나라가 쇠퇴한 후 공민왕의 개혁이 실패로 끝나고 홍건적과 왜구의 침입이 빈번하자 정치 기강이 문란해지고 백성들의 삶은 더욱 어려워졌다. 결국 고려는 신진 사대부 계층과 결합한 신흥 무인 세력을 대표하는 이성계에 의하여 멸망하고 말았다.

3. 훈민정음의 창제가 문화에 미친 영향을 말해 봅시다.

조선 시대에는 훈민정음의 창제에 힘입어 많은 수의 한글 문학 작품이 창작되었다. 운문 문학에서는 시조와 가사라고 하는 고유의 시 형식이 고안되어 많은 노래들이 만들어져 불렸다. 특히 시조는 절제된 형식과 내용을 지닌 정형의 노래로서 수천 편이 지금까지 전해진다. 이 밖에 한국의 고유한 노래 형식으로 판소리가 있다. 판소리는 조선 후기에 만들어진 서민들의 극 노래로서 전문 광대들이 부르는 1인의 장편 양식인데 그 내용은 소설로도 기록되었다. 판소리는 오늘날에도 계승되어 한국 음악의 한 양식으로 자리 잡고 있으며 '창극'이라는 연극 양식으로도 발전되어 공연되고 있다. 한편 조선 후기에는 많은 소설들이 창작되었는데, 대부분의 소설들은 수십 권의 분량에 해당하는 장편 소설들로서 주로 부녀자들이 즐겨 읽었다.

4. 조선이 멸망하게 된 원인을 말해 봅시다.

조선 시대 말 개혁의 실패, 변화하는 세계 정세에 대한 이해 부족, 일본의 근대화와 침략 등.

5. 아래에서 맞는 것에는 ○표, 틀린 것에는 ×표 하세요.

1) 조선은 신진 사대부와 무인 세력에 의해 건국되었다. (○)
2) 고려청자의 독창적인 특성은 상감 기법에 있다. (○)
3) 한글은 임진왜란 이후 발명되었다. (×)
4) 조선은 일본의 도움이 없었으면 경제적 발전을 이룰 수 없었다. (×)

심화학습

1. 일제 강점기 한국의 독립 운동에 대하여 더 알아봅시다.

일제의 한국의 강제 병합 이후, 한반도에서 전개된 헌병 경찰을 통한 무단통치 시기에는 공개적으로 독립운동을 하기가 어려웠다. 이로 인해 국내에서는 비밀결사 형태의 항일운동이 전개되었는데, 이들은 독립운동 기지 건설에 주력하였다. 특히 근대 시기 고종의 강제 퇴위 이후 결성된 신민회는 애국계몽세력 등이 주축이 되어 서간도의 삼원보에 있는 한국의 독립운동사에 큰 영향을 미친 신흥무관학교의 설립에 밑바탕이 되었다. 그러나 안악 사건과 105인 사건 등의 일제의 조작 사건에 의해 10년대 초 해산되었다. 특히 신민회 이후의 거의 모든 단체는 공화제를 내세웠다는 점에서 의의가 있다.

이외에도 독립군 자금 모집을 위한 대한광복회나, 독립 자금 전달을 한 평양의 송죽회 등이 존재하였다. 특히 대한광복회는 애국계몽운동 계열과 의병 활동을 한 세력이 연대하여 만든 단체인데, 독립군 기지 건설에 노력하였다.

경술국치 이후 일제의 강압적 통치로 국내에서 민족해방운동이 어렵게 되자, 독립운동가들은 해외에서 민족해방운동의 근거지를 마련하는 데 힘을 쏟았다. 이에 따라 연해주에서는 이범윤(李範允)이 중심이 된 권업회(1912년)와 이상설(李相卨)·이동휘(李東輝)가 중심이 된 대한광복군정부(1914)가 만들어졌고, 북간도에서는 의병장 출신 홍범도(洪範圖)가 이끄는 대한독립군, 서간도에서는 신민회 세력이 주축이 된 경학사·부민단 등 항일 민족단체들이 잇달아 생겨났다. 미주지역에서도 안창호(安昌浩)와 박용만(朴容萬) 등이 중심이 되어 대한인 국민회를 만들어 동포 사회를 규합하려 했다.

※ 위키백과, '한국의 독립운동' 참조. 3.1운동 이후 다양한 독립운동의 전개에 대해서도 위키백과(http://ko.wikipedia.org/wiki) 참조.

2. 한국의 근대사를 여러분 나라의 역사와 비교해 봅시다. (각자 풀이)

참고 웹사이트

한국역사정보통합시스템 http://www.koreanhistory.or.kr
서울역사박물관 http://www.museum.seoul.kr
전쟁기념관 http://www.warmemo.or.kr
독립기념관 http://www.i815.or.kr

 유교와 선비 문화

확인학습

1. 유교가 한국의 역사에서 가장 큰 영향력을 행사한 시대는 언제입니까?

조선 시대.

조선은 유교, 곧 성리학의 철학적 이론으로 무장된 도학을 국가이념으로 받아들이고, 불교에 대한 억압정책을 실행했다. 조선 초기를 통하여 역대 임금들은 유교 이념에 입각하여 사회제도를 전면적으로 정비했다. 세종 때에는 유교적 국가의례와 제도를 정비했으며, 유교적 교화체계를 체계적으로 구축하여 유교 사회의 기틀을 확립했다. 이후 조선 시대 500년 동안 유교는 민중의 전반적인 생활에 영향력을 끼치게 되었다.

2. 한국인의 '효도정신'에 대해 말해 봅시다.

조선왕조는 다른 어떤 왕조보다 특히 효를 통치 사상의 근간으로 삼았다. 즉, 이 땅에 인간이 존재하는 까닭은 어버이와 자녀의 도리가 지켜지고 어버이와 자녀의 사랑이 이루어지는 데 있다는 사상을 통치에 적용했고, 효도를 충실히 지킴으로써 사회 질서가 유지된다고 생각했다. 한국의 효도정신은 자식이 항상 공경하는 마음가짐으로 부모를 섬기는 것과 부모에 대한 순종, 또 부모를 위해서라면 자기희생도 마다치 않는 것을 주요 내용으로 한다. 그리고 효행은 부모가 살아 계실 때뿐만 아니라 부모가 돌아가신 후에도 계속되어야 하며, 이 경우 효행은 상제례(喪祭禮), 특히 『주자가례(朱子家禮)』에 따른 예제(禮制)의 실천이 주된 내용이었다.

3. 퇴계 이황 선생이 한국의 대표적인 선비로 꼽히는 이유에 대해 알아봅시다.

이황은 뛰어난 학문적 업적뿐만 아니라, 성인의 풍모와 언설을 갖춘 참 선비였기에 한국의 대표적인 선비로 꼽힌다. 퇴계 이황의 학문은 일대를 풍미했을 뿐만 아니라, 한국의 역사를 통해 영남을 배경으로 한 주리적(主理的)인 퇴계학파를 형성해 왔다. 그리고 도쿠가와(德川家康) 이래로 일본 유학의 기몬학파(崎門學派) 및 구마모토학파(熊本學派)에 결정적인 영향을 끼쳐 왔다. 개화기 중국의 정신적 지도자에게서도 크게 존경을 받아, 한국뿐만 아니라 동양 3국의 도의철학(道義哲學)의 건설자이며 실천자였다고 볼 수 있다. 퇴계 이황은 유교의 덕을 몸소 실천하는 참 선비였기 때문에, 이익은 『이자수어(李子粹語)』를 찬술해 그에게 성인(聖人)의 칭호를 붙였고, 정약용(丁若鏞)은 「도산사숙록(陶山私淑錄)」을 써서 그에 대한 흠모의 정을 술회하였다. 일본 기몬학파의 창시자 야마사키(山崎暗齋)는 그를 "주자의 직제자(直弟子)와 다름없다."며 '조선의 일인(一人)'이라 평가하였고, 구마모토학파의 시조 오쓰카(大塚退野)는 "만약에 이 사람이 없었다면 주자의 미의(微意)는 불명해 속학(俗學)이 되어 버렸을 것이라 생각된다."고 하였다.

4. 한국인은 제사를 통해 무엇을 확인합니까?

한국인에게 효는 죽음 이후에도 이어진다. 한국인은 제사 등을 통해 부모의 은혜에 감사하며, 자식된 도리를 다하고자 한다. 각 가정에서는 설날이나 추석날 조상님께 차례를 지내고, 부모님이나 조부모님이 돌아가신 날 모여서 제사를 지낸다. 요즈음은 핵가족화의 결과로 제사를 간소하게 지내거나, 종교적인 이유로 제사를 지내지 않고 추모 예배를 드리는 집도 늘었다. 이처럼 시대의 흐름에 따라 제사를 대하는 태도는 달라졌지만, 일가친척이 모여 돌아가신 분을 회고하며 서로가 한 뿌리에서 나온 가족임을 확인하려는 생각에는 차이가 없다.

5. 아래에서 맞는 것에는 ○표, 틀린 것에는 ×표 하세요.

1) '효도'는 가족이라는 울타리 안에서만 가치가 있다. (×)
2) 유교는 한국에서 생겨난 종교의 일종이다. (×)
3) 선비와 양반은 조선 시대의 지식인을 가리키는 말이다. (○)
4) 한국사회가 핵가족 제도로 변하면서 제사를 지내는 의식은 사라졌다. (×)

심화학습

1. '효도'와 관련된 한국의 옛날 이야기를 찾아봅시다.

효도와 관련된 한국의 옛날 이야기는 많이 있는데, 대표적인 것으로 '효녀 심청'을 들 수 있다. 심청이라는 효녀가 맹인 아버지의 눈을 뜨게 하려고 공양미(쌀) 300석에 몸을 팔아 인당수의 제물이 되었으나, 사해(四海) 용왕(龍王)에 의하여 구출되어 왕후에까지 오르게 되고, 맹인 잔치를 열어 아버지를 만나고 결국 아버지가 눈까지 뜨게 된다는 행복한 결말을 가진 이야기이다. 효를 강조하는 한국의 유교사상과 인과응보(因果應報)의 불교사상이 작품 속에 흐르고 있다. 자세한 줄거리는 다음과 같다.

황주 도화동(桃花洞)에 맹인(盲人) 심학규(沈鶴圭)가 아내 곽씨(郭氏) 부인과 살았다. 혈육이 없어 걱정하였는데 기이한 꿈을 꾸고 심청을 낳는다. 그러나 슬프게도 부인은 산후 탈이 일어나 죽는다. 맹인 심학규의 사랑을 받은 심청은 7, 8세부터 효성으로 아버지를 봉양한다. 심 봉사는 가난해서 심청이 이웃집에서 바느질거리를 거들어주고, 품삯을 받아 간신히 끼니를 이었다. 심청이 효녀라는 소문이 옆 마을 장 승상 댁 부인에게도 퍼져서 수양딸로 삼고 싶어 했지만, 심청은 아버지를 생각해 거절했다.

그러던 어느 날 심 봉사는 집에 돌아오지 않는 심청이 걱정되어 집을 나서 더듬거리며 가다가 구덩이에 빠졌다. 그때 길을 가던 스님이 그를 구해주었다. 그리고 공양미(供養米, 부처에게 공양으로 바치는 쌀) 삼백 석을 부처님께 바치면 눈을 뜰 수 있다고 말했다. 심 봉사는 눈을 뜰 수 있다는 말에 그 자리에서 약속하고 말았다. 집에 돌아와서 심 봉사는 곧 후회했고, 자신을 걱정하는 심청에게 자초지종(自初至終)을 설명했다.

그때 중국으로 가는 상인들이 뱃길의 안전을 빌기 위해 어린 처녀를 제물로 구하고 있었다. 심청은 자기를 희생하여 아버지의 눈을 뜨게 할 수만 있으면 자기가 제물이 되겠다고 생각하고, 공양미 삼백 석에 자신을 팔았다. 아버지 심 봉사는 강경하게 말렸지만, 결국 심청은 남경 상인의 배에 올랐고, 인당수에서 제물로 던져졌다.

물에 빠진 심청은 용궁(龍宮, 바닷속에 있다고 하는 용왕의 궁전)에 도착했다. 용왕은 심청의 효성에 감동하여 연꽃에 심청을 넣어 다시 바다 위로 보냈다. 조선으로 가던 뱃사람들은 커다란 연꽃을 건져서 왕에게 바쳤다. 왕이 연꽃을 바라보고 있을 때 연꽃이 서서히 열렸고, 왕은 그녀가 하늘이 내려준 왕비라고 생각하고 그녀와 결혼했다.

왕비가 된 이후에도 심청은 홀로 남은 아버지를 걱정해 날마다 울었고, 왕은 그녀를 위해 전국의 봉사들을 위한 잔치를 열었다. 그 잔치에서 심청은 아버지 심 봉사와 만나게 되는데, 그 순간 심 봉사의 눈이 떠졌다. 이후 심청은 아버지를 잘 공경하며 행복하게 살았다.

2. 여러분 나라의 종교가 일상생활에 미치는 영향에 대

해 알아보고 유교의 경우와 비교해 봅시다.
(각자 풀이)

 8 **한국인의 종교 생활**

확인학습

1. 한국인의 종교 생활의 두드러진 특성은 무엇인지 말해 봅시다.

한국인들은 다양한 종교 활동을 영위한다. 심지어 한 가족 구성원들이 서로 다른 종교를 갖고 있는 경우도 있다. 한국에서는 석가가 탄생한 음력 4월 8일과 예수의 탄생일인 크리스마스가 함께 공휴일일 정도로 특정한 종교가 지배적이지 않으며, 상대의 종교 활동을 존중해 주기 때문에 종교로 인한 사회적 갈등은 거의 일어나지 않는다. 한국인들은 종교를 자유롭게 선택하며 종교들 간에 우열을 두지 않는다. 일부 배타적인 기독교 신자들이 한국의 전통적 유교나 무속 신앙을 비판하는 것을 제외하면, 대부분의 한국인들은 상대방의 종교 활동에 대해서 매우 너그럽다.

2. 다음 각 종교의 유래를 알아봅시다.

1) 불교
불교는 4세기 말 고구려에 처음으로 전파되어 삼국으로 확대되고 국교로 숭상되어 많은 문화를 발전시켰다. 불교는 고려 시대에 가장 융성하였으나 조선 시대에는 불교를 억압하고 유교를 숭상하는 정책에 의해 크게 쇠퇴하였다. 오늘날 대부분의 불교 사찰은 깊은 산중으로 물러가게 되었지만 도심의 한복판에서도 일부 큰 절을 볼 수 있을 정도로 불교는 한국인들의 생활과 밀접하게 연관되어 있다. 불교는 현재 한국에서 가장 많은 신자 수를 가지고 있는 종교이다.

2) 유교

유교도 불교와 마찬가지로 중국으로부터 4세기 말 고구려에 들어왔다. 삼국 시대와 고려 시대에 유교는 지배층의 정치적 목적으로 활용되고 교육되었다. 특히 조선 시대에는 유교의 한 분파인 성리학이 지배 이념으로 자리를 굳히고 종교적 성격까지 띠면서 점차 엄격해진 생활 규범으로까지 작용하게 되었다.

3) 기독교

기독교의 전래는 17세기 초 중국 청나라를 통해 들어온 천주교로부터 비롯되었다. 한국에서 최초로 1842년 김대건이 신부가 되었지만 이후 극심한 박해를 받으며 쇠퇴하였다가 오늘날에는 5천 명에 이르는 성직자와 두 명의 추기경을 가진 큰 종교로 자리 잡았다. 한국 천주교 200주년이 되는 1984년에 교황 바오로 2세가 내한하여 순교자 103명을 성인 품에 올리는 시성식을 거행하여 한국 가톨릭의 지위가 국제적으로도 확고해졌다. 개신교는 19세기 초 조선이 서양과 수교한 뒤 서양의 선교사들이 별다른 저항 없이 선교하면서 교세를 확장하게 되었다. 개신교는 오늘날 인구의 20% 정도의 신자 수를 가질 만큼 한국의 중요 종교로 자리 잡았다.

3. 한국의 무속의 특징을 알아봅시다.

무속은 한국의 종교 중에 가장 오랜 역사를 갖고 있다. 무속 일을 전문으로 하는 직업인들을 '무당'이라고 부르며 무당의 무속 행사를 '굿'이라고 한다. 오늘날 일상생활에서 '굿'을 보기는 매우 힘들어졌으며 무당이 예술인으로 대접받을 정도로 무당의 수도 매우 줄어들었다. 그러나 여전히 많은 사람들은 이사할 때나 결혼할 때 이른바 '길일'을 고르며, 선거나 입시철이 되면 무속인의 집을 찾아 '점'을 본다. 심지어 배우자를 선택할 때도 사주를 견주어 자격을 따지기도 할 정도로 여전히 무속은 한국인의 생활 속에 매우 큰 영향을 미치고 있다. 일부 기독교 집안을 제외한 대다수의 집에서는 명절과 기일에 음식을 차려놓고 조상을 기리는데 이를 제사라고 한다. 제사는 무속과 불교, 유교의 관습이 결합된 한국의 고유한 종교 행사라고 할 수 있다.

4. 유교가 한국 사회에 미친 영향에 대하여 말해 봅시다.

한국의 유교 사상은 오늘날 사회의 질서를 바로 세우고 효 사상을 유지하는 긍정적인 기능을 지니기도 하지만, 지나치게 형식에 얽매이고 서열을 강조하고 남녀를 차별하는 등 부정적으로 작용하기도 한다.

5. 아래에서 맞는 것에는 ○표, 틀린 것에는 ×표 하세요.

1) 한국에서 가장 많은 신자를 갖고 있는 종교는 기독교이다. (×)
2) 한국에서 오늘날 무당은 예술가로 대접받기도 한다. (○)
3) 한국의 가족은 하나의 종교를 가진다. (×)
4) 성리학은 조선 시대의 엄격한 생활규범으로 자리 잡았다. (○)

심화학습

1. 한국 고유의 종교에 대하여 알아봅시다.
(교재의 '참고자료' 참조)

2. 한국과 여러분 나라의 종교 생활을 비교해 봅시다.
(각자 풀이)

9 화폐 속 한국 인물

1. 화폐에는 어떤 인물들의 초상이 들어갑니까?

　　흔히 그 나라를 대표하는 역사적 인물의 초상이 들어간다.

2. 이순신 장군에 대해 다음과 같이 정리해 봅시다.

　1) 생존 연대
　　1545년~1598년

　2) 주요 업적
　　일본이 한국을 침략한 임진왜란(1592~1598) 때에 일본군을 물리치는 데에 결정적인 공을 세웠다. 이순신 장군이 이끄는 조선 해군은 일본에서 한반도로 건너오는 길목인 남해 바다를 지키며 매번 큰 승리를 거두었다. 특히 한산대첩, 명량대첩, 노량대첩 등의 삼대 대첩은 일본군의 전쟁 물자 보급을 막고 한국군의 사기를 높였다. 이순신 장군은 세계 최초의 철갑선인 거북선을 만들고 학익진이라는 해전 전술을 펴기도 했다.

3. 퇴계 이황과 율곡 이이의 삶은 어떤 점에서 서로 비교가 됩니까?

　　퇴계 이황은 뛰어난 학자로 권력에 연연하지 않고 관직을 사양하고 학문에 정진하였으며 도산서원을 세워 후학의 양성에 힘썼다. 반면 율곡 이이는 학자이자 정치가로 주요 관직을 거치며 백성을 위한 사회정책을 펴고자 노력하였다.

4. 신사임당이 왜 사람들의 존경을 받는지 찾아 써 봅시다.

　　현모양처의 귀감이 되는 위인으로, 재능을 살리는 자녀 교육과 가정을 지킨 부덕으로 추앙받는 인물이며, 한시를 여러 편 남기는 등 시문이 뛰어났고, 섬세함과 정교함이 돋보이는 초충도를 즐겨 그린 한국 최고의 여류 화가로 평가받는다.

5. 아래에서 맞는 것에는 O표, 틀린 것에는 ×표 하세요.

　1) 한국의 모든 화폐에는 조선 시대 인물의 초상이 들어 있다. (×)
　2) 이순신 장군은 천 원짜리 화폐에 등장한다. (O)
　3) 세종대왕은 정치면보다는 문화면에서 탁월한 업적을 남겼다. (×)
　4) 한국의 화폐에 여성은 2명 등장한다. (×)

1. 최근 한국 사람들이 존경하는 인물들은 누구인지 알아봅시다.

　　조사 대상자의 연령이나 조사 시기에 따라 조금씩 달라지지만, 한국인들이 존경하는 역사적 인물을 묻는 설문에서 상위 순위를 늘 지키는 인물로는 세종대왕, 이순신 장군과 박정희 대통령이 있다.
　　한편 최근의 한 설문조사에 따르면 한국 대학생들이 존경하는 한국인으로는 안철수 서울대 융합과학기술대학원장 외에 반기문 유엔사무총장과 고(故) 노무현 대통령이 뒤를 이었다. 한편 외국인은 스티브 잡스 외에 워런 버핏과 빌 게이츠가 뒤를 이었다. 대학생들을 대상으로 하는 설문결과는 조사 시기에 따라 차이를 보이는데 2010년 직전의 설문 조사에서는 지휘자 정명훈과 오지여행가 한비야가 1위를 하기도 했다.

2. 여러분 나라의 화폐에 등장하는 인물의 특징과 한국 화폐에 등장하는 인물의 특징을 비교해 봅시다.

(각자 풀이)

관련 웹사이트

화폐금융박물관 http://museum.bok.or.kr/
화폐박물관 http://museum.komsco.com/

Ⅲ 정치, 경제, 사회

 남북의 분단과 대립

확인학습

1. 남북한의 분단의 원인을 말해 봅시다.

1945년 8월 15일 조선은 일본의 압제로부터 해방되었다. 태평양전쟁에서 일본이 패하자 전후 처리를 위하여 북위 38도 선을 경계로 북쪽에는 소련군이, 남쪽에는 미군이 각각 진주하여 실질적으로 지배하였다. 1945년 12월 모스크바에서 개최된 미국, 영국, 소련의 외무장관 회담에 따라 남북한은 각각 미국과 소련의 신탁통치를 받기로 결정되었다. 이 결정에 대하여 남한의 우익 정당 사회단체들은 모두 반대하였지만, 남한의 좌익 정당과 북한에서는 찬성하여 이들 간의 이념 대립이 극심하였다. 북한에서는 이미 소련의 지령을 받은 김일성 정권이 수립되어 한반도의 분할 지배를 의도하였기 때문에 남북한 지도자 간의 단일 독립 정부 수립을 위한 회담도 전혀 성과를 거둘 수가 없었다. 결국 1948년 남북한은 각각 단독 정부를 구성하여 오늘에 이르기까지 분단 체제를 형성하게 되었다.

2. 한국 전쟁의 경과에 대하여 말해 봅시다.

1950년 6월 25일 새벽, 북한군의 대대적인 침공으로 한국 전쟁이 개시되었다. 전쟁에 대비한 군사적 준비가 전혀 없었던 남한은 침략 3일 만에 수도 서울을 빼앗기고, 계속 후퇴하여 경상도 이남의 일부 지역을 제외한 전 영토를 상실하고 말았다. 그러나 북한을 침략자로 규정한 유엔 안전보장이사회의 결의에 따라 구성된 연합군의 9월 15일의 인천 상륙 작전을 계기로 전세가 역전되어 남한은 다시 서울을 회복할 수 있게 되었다. 연합군은 계속 북진하여 북한과 중국의 경계선까지 영토를 차지하였으나, 1950년 11월 중공군이 북한을 도와 참전하고 1951년 1월 대규모 공세를 가하여 연합군은 다시 남쪽으로 후퇴하고 말았다. 이후 2년 이상의 전투를 계속하다가 1953년 6월 27일에 유엔군 사령관과 공산군 사령관 사이의 정전 회담이 성립되어 3년에 걸친 한국 전쟁은 막을 내렸다.

※ 추가 설명

1945년 제2차 세계대전이 종결됨에 따라 한국은 일본의 불법적인 점령으로부터 해방되었다. 그러나 카이로회담에서 나라의 독립이 약속은 되어 있었으나, 북위 38도선을 경계로 하여 남과 북에 미소 양군이 분할 진주함으로써 국토의 분단이라는 비참한 운명에 놓이게 되었다. 8월 9일 뒤늦게 대일전에 참가한 소련군은 허울뿐인 관동군을 격파하면서 파죽지세로 남하하여 8월 13일 제25군단의 일부가 청진에 상륙하고, 8월 22일에는 평양에 진주하였다. 미군 제24사단은 9월 8일에야 인천에 상륙하여 이튿날 서울에 진주하였다. 미소 양군의 한반도 진주 목적은 일본군의 무장해제 등 전후처리에 있었다.

그러나 북한에 진주한 소련 군정당국은 남북 간의 왕래와 일체의 통신연락을 단절시킴으로써 38도선을 남북을 가르는 정치적 경계선으로 만들었으며, 공산화 통일이 보장되지 않는 어떠한 통일정부수립도 거부함으로써 한반도의 반영구적인 정치적 분단을 강요하였다. 한반도에서의 지배권 강화를 목표로 하는 소련의 기도와 적대 정부의 출현만은 절대로 반대하는 미국의 입장이 타협될 수 없었다. 따라서 한국의 통일 독립 문제의 해결은 극히 어려웠으며 이 문제를 위해 개최된 미소공동위원회도 결렬되고 말았다.

1947년 중반에 이르러 미국은 마침내 단일 정부의 수립과 신탁통치의 실시를 전제로 하여 한반도를 통일하려 했던 종래의 대한 정책을 포기하고, 분단의 고정화라는 기정 사실을 바탕으로 하여 한반도의 세력 균형을 보장할 수 있는 새로운 대안을 모색하기에 이르렀다. 유엔은 1947년 제2차 총회에서 통일된 한국 정부 수립을 위한 총선거를 1948년 5월 31일 이전에 한반도 전역에서 실시하기로 결의하고, 선거 감시를 위한 유엔 한국임시위원단을 구성하였다. 그러나 유엔이 결의한 전국적 범위에서의 총선거는 1948년 1월 소련 군정 당국이 이의 수락을 거부하고 유엔 한국임시위원단의 북한 지역 출입을 막음으로써 좌절되었다.

1948년 2월 26일 유엔 소총회는 '유엔의 감시가 가능한 지역에서의 선거 실시'를 결의하였다. 이에 따라, 1948년 5월 10일 38도선 이남 지역에서 유엔 감시하의 자유 총선거가 실시되어 제헌국회가 구성되었으며, 1948년 8월 15일에는 대한민국의 건국이 세계 만방에 선포되었다. 소련군의 비호 아래 북한 지역을 장악한 김일성 등 공산주의자들은 1948년 9월 9일 이른바 '흑백선거'에 의하여 북한지역에 독자적 공산정권인 '조선민주주의 인민공화국'을 선포하고 소련을 비롯한 공산 제국의 승인을 얻어냈다. 그러나 1948년 12월 12일 제3차 유엔총회는 대한민국정부만이 '한반도에 존재하는 유일한 합법 정부'(유엔 총회결의 195 Ⅲ호)임을 결의함으로써, 한반도의 유일 합법 정부로서 대한민국의 법통을 확인하였다.

(출처: 네이버 백과사전, 6·25전쟁 [六二五戰爭, Korean Conflict])

3. 남북한 간의 평화 정착에 대한 노력을 말해 봅시다.

① 7·4 공동성명

1972년 7월 4일 남북한 당국이 국토분단 이후 최초로 통일과 관련하여 합의, 발표한 역사적인 공동성명.

1971년 11월부터 1972년 3월까지 남북한은 한국적십자사의 정홍진과 북한적십자사의 김덕현을 실무자로 하여 판문점에서 비밀접촉을 가졌다. 이 접촉의 성과를 바탕으로 1972년 5월 초에는 이후락 중앙정보부장의 평양 방문과, 5월과 6월 사이 북한 노동당 조직지도부장 김영주를 대신한 박성철 제2 부수상의 서울 방문이 실현되어 남북한 간의 정치적 의견 교환이 처음 이루어졌다. 6월 29일 이후락과 김영주는 그동안의 회담 내용에 합의, 서명하고, 7월 4일 마침내 서울과 평양에서 공동성명을 발표하게 되었다.

이 성명은 통일의 원칙으로, 외세(外勢)에 의존하거나 외세의 간섭을 받음이 없이 자주적으로 해결하여야 한다는 것이다. 서로 상대방을 반대하는 무력 행사에 의거하지 않고 평화적 방법으로 실현하여야 한다. 사상과 이념 및 제도의 차이를 초월하여 우선 하나의 민족으로서 민족적 대단결을 도모하여야 한다고 밝힘으로써 자주·평화·민족대단결의 3대 원칙을 공식 천명하였다. 남북한이 분단 27년 만에 처음으로 합의한 당시의 3대 원칙은 이후 남북한 간에 이뤄진 모든 접촉과 대화의 기본 지침이 되었다. 이 밖에도 상호 중상·비방·무력 도발 금지, 남북한 간 제반 교류의 실시, 적십자회담 협조, 남북 직통 전화 개설, 남북조절위원회의 구성과 운영, 합의 사항의 성실한 이행 등으로 이루어졌다.

이 선언으로 남북조절위원회가 구성되는 등 분단 26년 만에 처음으로 남북 대화의 통로가 마련됐다. 그러나 남한의 시월유신(1972. 10. 17)과 북한의 사회주의헌법 채택(1972. 12) 등에서 보이듯 통일 논의를 자신의 권력기반 강화에 이용하려는 남북한 권력자들의 정치적 의도로 인해 그 빛을 잃게 되었고, 급기야 김대중 납치사건(1973년 8월)을 계기로 조절위원회마저 중단되었다.

1991년 합의된 남북기본합의서 전문(前文)에도 3

대 원칙이 언급되었으며 1990년 9월 시작된 남북 고위급회담도 이 원칙에 따라 이뤄졌다.

② 남북정상회담

남북정상회담은 1980년대 들어 남북한 간의 실무적인 대화가 재개되는 가운데 몇 차례 제의되긴 하였으나 양측의 입장 견지로 실질적 진전은 없었다.

이후 1980년대 말에서 90년대에 이르면서 탈냉전, 동구권의 변화, 한·소 수교 등 국제 정세의 변화에 따라 남북한 대화가 보다 진전되어, 1990년 북한이 김일성 신년사를 통해 남북최고위급회담을 제의하였고 남한도 남북정상회담의 조속한 개최를 제의하였다. 이로써 남북 정상회담은 성사되지 않았으나, 대신 분단 이후 처음으로 남북 고위급 회담이 서울과 평양을 오가며 8차에 걸쳐 진행되었다.

그 뒤 북한 핵문제가 세계적 관심사로 부각되면서 1994년 6월 위기 상황으로 돌입한 핵문제 타결을 중재하기 위해 북한을 방문한 J.카터 전 미국 대통령을 통해 김일성 주석이 김영삼 대통령과의 정상회담을 제시하였다. 남한정부가 이 제의를 즉각 수락함으로써 곧바로 양국간 협의를 통해 역사적인 남북정상회담의 구체적인 일정이 마련되었으나, 7월 김일성 주석의 갑작스러운 죽음과 뒤따른 김영삼 정부의 조문 거부로 남북정상회담은 무기한 연기되었다.

이후 김대중 정부 들어 분단 이후 첫 남북정상회담이 2000년 6월 13일부터 15일까지 평양에서 열렸고, 6월 15일 양국 정상은 6·15 공동 선언문을 발표하였다.

(출처: 네이버 백과사전 http://100.naver.com)

4. 남북한 간의 이질화가 어떻게 진행되었는지 알아봅시다.

북한은 마르크스 레닌주의와 김일성의 주체사

상에 입각한 공산 독재 국가로 자리 잡았으며, 남한은 자유 민주주의와 자본주의 경제 체제에 근거한 민주 국가로 성장하였다. 분단 60여 년이 지나면서 남북한의 문화적 이질화는 더 심해졌고, 경제력의 차이도 크게 벌어졌다. 2012년 1인당 GNI(국민총소득)는 남한이 2,559만 원인 반면 북한은 137만 원에 불과해 18.9배의 차이를 보였다. 무역 총액에서도 남한은 2012년 1조 675억 달러였으나 북한은 68억 달러에 그쳐 약 157배의 격차를 나타냈다. 전체적으로 볼 때 남한의 경제력은 북한보다 40배 정도 앞선 것으로 판단된다.

언어와 문화의 차이에서 비롯되는 이질화도 심각하여 남북한 학자들이 함께 '겨레말큰사전' 편찬을 준비하고 있으나 큰 진전은 이루지 못하고 있다.

5. 아래에서 맞는 것에는 ○표, 틀린 것에는 ×표 하세요.

1) 미국과 소련의 신탁통치에 대하여 남한에서는 모두 반대하였다. (×)
2) 남북 정상회담 이후 이산가족 상봉이 이루어졌다. (○)
3) 북한은 개방 정책을 통하여 적극적으로 국제 교류를 도모하고 있다. (×)
4) 남북한의 경제력의 차이는 점점 더 줄어들고 있다. (×)

심화학습

1. 오늘날 남북한의 정세에 미치는 강대국의 움직임에 대하여 알아봅시다.
(각자 풀이)

2. 제2차 세계 대전 직후의 한반도의 정세를 당시의 여러분 나라와 비교하여 봅시다. (각자 풀이)

남북회담 http://dialogue.unikorea.go.kr
이산가족정보통합시스템 http://reunion.unikorea.go.kr

 11 한국의 산업화와 경제성장

확인학습

1. '한강의 기적'은 한국 사회의 어떠한 측면을 상징하는 표현입니까?

한강의 기적은 대한민국에서 한국 전쟁 이후부터 아시아 금융 위기 시기까지 나타난 반세기에 이르는 급격한 경제성장을 나타내는 상징적인 용어이다. 대한민국은 경제적으로 빠르게 성장하여 아시아의 네 마리 용 중 하나로 꼽히게 되었다.

2. 한국 정부가 '초고속 성장'을 위해 추진한 전략은 무엇입니까?

경제개발계획에 대한 국제적 관심이 높아져 가는 시대적 조류에 따라 한국에서도 1960년 당시의 부흥부 산업개발위원회에 의하여 1960~62년까지의 종합경제개발 3개년계획이 처음으로 입안되었다. 경제개발 3개년계획은 미국의 대한원조가 점차 감소하리라는 예상 하에 자립화 기반 구축을 목표로 하였으나 4·19혁명으로 계획에 그치고 말았다. 5·16 이후 그 내용이 수정되어 1962년 제1차 계획으로 실천에 옮겨진다. 이 1962년의 제1차 5개년계획을 시발점으로 하여 1991년까지 6차의 5개년계획이 시행되었다.

한국의 경제개발 5개년계획은 다음과 같은 일반적 성격을 가지고 있다. 첫째, 그것은 물량적 차원에서의 성장우선 계획이었다. 그것은 광공업을 성장주도 산업으로 하여 전략부문과 사회간접자본의 집중적 개발에 중점을 둔 불균형 성장모형이었다. 둘째, 그것은 자원 동원과 배분의 중점을 공업화에 둔 공업화 계획이었다. 셋째, 그것은 공업화에 필요한 투자재원의 조달을 경제협력을 통한 적극적인 외자도입에 의존한 계획이었다.

1962~1991년까지 6차에 걸친 계획을 통하여 한국 경제는 연평균 17.6%의 GNP 성장률을 달성하였다. 1인당 GNP도 1961년의 83달러에서 1992년에는 6,749 달러로 80배 이상 증가하였다. 또한, 산업구조가 일차 산업 중심에서 중화학공업 중심으로 발전하였다. 이 기간에 수출은 연평균 약 27.4%로 급속히 증가하여 1960년에는 32.8백만 달러에 불과하던 수출실적이 1995년에는 125,058백만 달러에 달했다.

3. 한국이 세계에서 손꼽히는 IT 강국이라는 점을 확인할 수 있는 구체적인 현상을 말해 봅시다.

한국의 기업은 휴대폰, 가전제품, 반도체 등 세계 첨단 산업에서 뛰어난 경쟁력을 갖추고 있다. 가령, 2011년 3분기 세계 휴대폰 점유율 상위 5위 회사 중 두 곳이 한국 기업이다. IT 전문 시장 조사 기관인 가트너(www.gartner.com)에 따르면 세계 휴대폰 점유율 1위인 노키아(23.9%)에 이어 삼성이 2위(17.8%), 엘지가 3위(4.8%)를 차지했다. 그러나 스마트폰 판매량에서는 삼성이 세계 1위(2,400만대)를 기록했다. 또한, 2011년 반도체 세계 시장에서도 한국 기업인 삼성은 매출액 기준으로 세계 2위를 차지했다(www.gartner.com). 스마트폰 시장에서는 애플(Apple)과 경쟁 관계에 있지만, 삼성은 애플의 iPhone 4S와 iPad 2에 탑재되는 A5 프로세서를 공급하는 업체이기도 하다. 평면 텔레비전 세계 시장에서도 삼성·엘지 등의 한국 기업은 2011년 전체 점유율 34%로 세계 1위를 차지했고, 3차원·스마트 텔레비전 등 최첨단 기술에서 앞선 기술을 확보하고 있기 때문에 앞으로 점유율이 더 높아질 전망이다.

4. 1997년 IMF 구제금융이 한국 경제에 미친 영향과 그 극복 과정에 대해 알아봅시다.

　한국은 1997년 IMF 구제금융 과정에서 국내의 자산을 헐값에 매각하는 등의 피해를 입었지만, 정부와 국민의 하나 된 노력으로 위기를 극복하고 한국 산업의 경쟁력을 더욱 높일 수 있었다. 1998년 김대중 정부로 정권이 바뀌면서 IMF를 극복하는 목적으로 외국인 투자 자율화 정책, 대기업을 각 기업으로 독립시키는 구조조정을 단행하고, IT 육성정책, 신용카드 정책, 정리해고제를 도입했다. IMF 2년을 겪으면서 한국은 경제 지표상으로 실업률을 제외하고 성장·물가·경상수지 등에서 전반적으로 외환위기 이전 수준을 거의 회복했다. 주가는 외환위기 이전 수준보다 높아졌고 금리는 낮아졌으며 환율도 거의 비슷한 수준까지 내려앉았다.

　외환위기의 영향으로 1998년에 급속하게 내수가 위축되면서 큰 폭의 마이너스 성장을 기록했지만, 1999년 들어 예상보다 훨씬 빠른 회복속도를 보이며 두 자리 수 성장을 바라볼 정도였다. 1998년 무역수지 흑자가 390억 달러로 사상 최대를 기록한 데 이어 1999년에도 239억 달러 흑자를 기록했다. 2000년에는 유가 상승과 경기 상승으로 인한 수입수요 증가에 따라 흑자 규모가 축소되기는 했지만 역시 117억 달러 이상의 흑자를 기록했고, 공장 가동률도 내수 증가세를 반영하며 수출이 꾸준히 증가하면서 80%대로 다시 상승했다. 업종 간의 격차가 다소 있기는 하지만 철강, 섬유를 제외한 대부분 업종에서 뚜렷한 경기상승이 보이고 특히 반도체·정보통신·조선·자동차는 1990년대 초에 이어 호황기를 맞은 상태였다. 1999년 1인당 국민소득도 약 8,400여 달러, 2000년의 11,292달러로 회복하기 시작했다.

　이처럼 한국 경제는 IMF 위기를 겪은 지 2년 만에 '고성장−저물가−경상수지 흑자'라는 세 마리 토끼를 동시에 잡는 능력을 발휘했다. 또한, 1997년 IMF 구제금융 요청 당시 대한민국의 외채를 갚기

위해 시민들이 자발적으로 자신이 소유하던 금을 기부해 전국 누계 약 350만 명이 참여한 이 운동으로 약 227톤의 금이 모여 세계적 이슈가 되기도 했다. 이러한 금 모으기 운동은 한국 경제에 대한 국제사회의 긍정적 평가를 이끌어 내는데 일조했다. 2000년 12월 4일 김대중 대통령은 "한국이 IMF 위기에서 완전히 벗어났다."고 공식 발표했다. 그러나 그 이후에도 내수 진작을 위한 무분별한 신용카드 정책, IT 거품, 비정규직 문제 등이 대두하며 IMF의 상처는 여전히 남아 있기도 하다.

5. 아래에서 맞는 것에는 O표, 틀린 것에는 ×표 하세요.

　1) 한국은 전통적으로 산업사회였다. (×)
　2) 한국사회의 산업화는 1970년대에 들어 본격적으로 추진되었다. (×)
　3) 한국은 경제협력개발기구(OECD)에 가입한 국가이다. (O)
　4) 한국은 고유의 자동차 브랜드를 갖고 있다. (O)

심화학습

1. 한국이 세계에서 손꼽히는 IT 강국으로 부상한 원인에 대해 알아봅시다.

　한국에서 초고속인터넷 가입자는 서비스 개시 4년 만에 1천만 명을 넘어섰다. 지난 98년 6월 초고속인터넷이 처음 등장해 4년 만에 세계 최고의 인터넷 국가로 우뚝 선 것이다. 한국은 산업화에는 뒤졌으나 정보화에는 뒤질 수 없다는 국민적 공감대 하에 통신망 현대화 사업과 국가사회 정보화 정책을 추진한 결과, 세계 최고의 유·무선 통신망을 보유한 IT 강국이 되었다. 이러한 한국의 비약적인 정보화 성과는 종합적인 정보화 추진체계 확립, 전략적인 연구개발 투자, 전문인력 양성, 통신사업의 경쟁환경 조성, 정보화 저변확대 정책 등에 기인한 것

으로 요약할 수 있다.

2. 여러분 나라에서 가장 많이 알려진 한국 상품과 그 이유에 대해 말해 봅시다.

　(각자 풀이)

 한국의 민주화

1. 1960년 4·19혁명의 의미에 대해 알아봅시다.

　4·19혁명은 1960년 3·15부정선거에 반발한 대학생들이 선거 무효와 재선거를 주장하면서 비롯된 사건이다. 이 사건은 처음부터 정권을 탈취하려는 목적이나 체제 변혁을 꾀하려는 목적에서 시작된 것이 아니다. 4·19혁명은 하나의 결과적 현상으로서 학생들이 불의에 항거하기 위해 집단행동을 취하는 과정에서 발생하였다. 4·19혁명은 학생에 의해 주도되어 전 국민으로 확산된, 민중의 힘을 보여준 일대의 사건이자 한국 민주화의 큰 획을 그은 사건이었다.

　한국 역사상 최초로 민중에 의하여 정권이 교체된 4·19혁명은 주권재민(主權在民)의 민주주의 원리를 그대로 입증했다는 점에서 큰 의미를 지닌다. 본래 국민은 해방과 함께 도입된 서구 민주주의의 제도와 운영절차를 그대로 모방, 이식하기만 하면 민주주의가 서구처럼 정착되는 것으로 인식하고 있었다. 그러나 건국 이후 국정 운영 과정에서 민주주의는 제도 이식이나 운영절차의 모방만으로 국민의 것이 되는 것이 아니라, 헌법에 보장된 국민의 권리를 정당하게 요구하고 행사할 때 얻어진다는 것을 국민이 점차 통감하게 되었다. 그러한 국민적 각성에 따른 투쟁이 바로 4·19혁명으로 나타나게 된 것이다. 4·19혁명을 한국 민주주의의 시작으로 보는 이유가 바로 여기에 있다.

　그러나 4·19혁명의 민주이념은 그 후의 정권 세력의 무능과 경제·사회적 기반의 취약성으로 미완의 상태로 좌절되었다는 점에서 한국 국민에게 또 하나의 귀중한 각성과 교훈을 안겨주었다. 4·19혁명의 고귀한 피의 희생이 바탕이 되어 가장 민주적이며 국민적 신망을 받는 국정이 이루어지고 참다운 민주주의의 발전을 기약할 수 있을 것으로 기대하였다. 그러나 허약하고 무능한 정부나 경제·사회적 기반의 취약성은 민주발전을 저해하는 가장 큰 요인의 하나가 된다는 것을 경험을 통하여 알게 되었다.

2. 1970년대 유신 체제의 성격에 대해 알아봅시다.

　1972년 10월 17일 대통령 박정희가 초헌법적 비상조치를 통해 수립한 유신체제(維新體制)는 집권자의 장기집권을 목적으로 단행된 정권 내의 우파 혁명이라고 할 수 있다. 유신체제는 국가의 안정과 국력의 극대화를 통한 평화통일을 이룩한다는 명목으로 다음과 같이 헌법을 수정하였다.

　① 통일주체국민회의가 대통령선거 및 최고 의결기관으로 설치되었고, ② 직선제이던 대통령선거가 통일주체국민회의 대의원들에 의한 간선제로 바뀌었으며, ③ 대통령 임기가 4년에서 6년으로 연장되었고, ④ 국회의원 정수(定數)의 1/3을 대통령의 추천으로 통일주체국민회의에서 일괄 선출하고, ⑤ 국회의원의 임기를 6년과 3년의 이원제(二元制)로 하여 통일주체국민회의에서 선출된 의원은 3년으로 하였으며, ⑥ 국회의 연간 개회일수를 150일 이내로 제한하고, ⑦ 국회의 국정감사권을 없앴으며, ⑧ 지방의회를 폐지하고, ⑨ 대통령이 제안한 헌법개정안은 국민투표로 확정되고, 국회의원의 발의로 된 헌법개정안은 국회의 의결을 거쳐 통일주체국민회의에서 다시 의결함으로써 확정되도록 이원화하였다. 그 밖에도 1972년 10월 17일의 비상조치와 그에 따른 대통령의 특별선언을 제소하거나 이의를

제기할 수 없도록 헌법에 못 박았다.

박정희는 '한국적 민주주의의 토착화'라는 명분을 내걸고 유신체제를 수립하였으나, 그 때문에 자유민주주의의 기본원칙들이 부정되고 한국의 민주주의는 크게 후퇴하였다. 사실상 유신체제는 국민의 판단과 비판, 선택권을 원천 봉쇄하고, 체제를 비판하거나 비난하는 자는 국민상호감시제를 통해 색출하여 엄단하는 초유의 독재체제였다. 따라서 유신체제에 항거하는 민주세력의 투쟁이 이후에 지속적으로 발생하였다. 1973년 유신헌법개정 100만인 서명운동, 1975년 민주회복국민회의 결성, 1976년 민주구국선언, 1979년 부마민주항쟁 등이 그 예라고 할 수 있다.

3. 1987년 6월의 민주화 요구 시위가 가져온 결과에 대해 이야기해 봅시다.

1987년 6월 민주화 시위는 군사적 독재정치의 종식을 고하는 계기가 되었다. 형식적으로는 독재정권의 연장이라 할 수 있는 노태우 정권이 성립되어 군사주의가 완전히 종결되었다고 보기 어렵지만, 정치·사회적으로 민주주의 이념과 제도가 뿌리내리는 결정적 계기가 된 것은 확실하다. 또한, 이 민주화 시위를 통해 자주, 민주, 통일이라는 구호가 자리 잡게 되었다. 1980년부터 촉발된 미국에 대한 비판은 미국에 대한 의존과 반공 이데올로기에서 벗어나 자주와 통일에 새로이 주목하게 하였다. 뿐만 아니라 이 시위를 통해 각계각층의 민주적인 시민운동, 민중운동 등이 비약적으로 발전하였다. 민주화 시위는 노동자, 학생, 시민, 빈민, 농민 등이 사회 전반에 걸쳐 전 지역적으로 전개한 투쟁이었고 항쟁의 전 과정은 참여한 모든 사람이 각성하고 조직적 힘을 발하는 계기가 되었다. 특히 노조를 통해 조직화하여 나타난 7, 8, 9월의 노동자 대투쟁은 향후 노동자의 사회적 위상을 급격하게 드높이는 결과를 가져왔고 사회적으로 주목할 만한 현상

이 되었다.

4. 인터넷과 같은 온라인 공간의 등장이 한국의 민주주의에 미친 영향에 대해 알아봅시다.

인터넷은 지난 10여 년간 한국 사회의 변화를 초래하였다. 정치, 경제, 사회, 문화 등 한국 사회 전반의 정보가 인터넷을 통해 확산되고 공유되고 있으며, 사회의 주요 이슈가 인터넷을 통한 사이버공간에서 논의되고 있다. 각종 사회적인 현안에 대한 대응은 과거처럼 개별적인 형태로 진행되는 것이 아니라 사이버공간에서 광범위한 토론과 논쟁을 거쳐 일어나고 있다. 2000년 총선시민연대의 낙천·낙선 운동이나 2004년 노무현 대통령 탄핵 국면에서의 탄핵반대운동과 성공적인 촛불집회, 17대 총선에서의 국회권력 교체, 2008년 광우병 쇠고기 수입반대 촛불집회 등은 인터넷을 통한 시민의 정치 참여와 저항운동을 보여준 대표적인 사례이다. 이 같은 예들은 한국 사회에서 여론의 장이 인터넷이라는 새로운 공간으로 이동하고 있음을 보여주었다.

한국 사회에서 인터넷은 폭발적인 시민의 정치 참여를 가져왔고, 이는 한국 사회의 권위구조의 분권화를 초래하는 등 그동안 정치로부터 소외당했던 시민의 정치권력을 크게 강화하는 데 기여했다. 인터넷이 한국의 민주주의에 기여한 성과에도 불구하고 그것은 참여민주주의와 대의민주주의에 균열을 초래했다는 점에서 문제가 있다. 즉 인터넷을 통한 정치참여는 정치적 효율성과 반응성을 높였으나 정치적 책임성과 대표성을 훼손했으며, 시민사회와 정치사회의 불균형 성장을 촉진했다.

5. 아래에서 맞는 것에는 ○표, 틀린 것에는 ×표 하세요.

1) 유신 체제는 1970년에 막을 내렸다. (×)

2) 1987년까지 한국은 군사 독재정권이 지배했다. (○)

3) 한국은 경제 성장과 산업화를 위해 민주화를 억압한 역사가 있다. (○)

4) 한국의 민주주의는 통치자의 결단에 의해 이루어졌다. (✕)

심화학습

1. 한국 사회의 산업화와 한국인의 민주화 열망 사이의 관계에 대해 알아봅시다.

한국의 산업화는 최소한 일본 식민시대로 거슬러 올라가지만, 그 본격적인 시작은 1960년부터라고 볼 수 있다. 한국 산업화의 주요 단계를 요약해 보면, 60년대의 경공업, 70년대의 중화학공업, 그리고 80년대의 하이테크 산업의 도약으로 정리할 수 있다. 경제 구조의 변화와 그에 따른 경제적 성장은 중산층을 형성시키고 높은 수준의 교육인구를 증가시킴에 따라 사회변혁에 대한 적극적인 관심을 가져왔다. 특히 대학생 수와 학교 수의 증가 추이는 교육기회 공급의 확대를 통한 교육의 양적 발전과정과 고학력화를 이루었고, 대학생 집단은 독특한 대항문화를 형성하여 반체제적 성격을 강하게 나타내었다. 학생들은 한국의 민주화 이행과정에서 반대투쟁을 전개해 온 대표적인 세력이다. 실제로 한국의 학생운동은 4·19혁명, 10월 유신반대운동, 1980년 민주화운동 등을 주도적으로 전개하였다. 1985~87년 학생운동은 반(反)정권 운동을 위한 조직화된 집단을 형성하면서 지식인계층뿐만 아니라 일반대중의 전폭적 지지와 참여를 확보하여 전두환 정권에 저항함으로써 한국의 민주화 이행을 실현하는 데 중요한 역할을 하였다.

2. 여러분 나라의 민주화 과정을 살펴보고 이를 한국의 경우와 비교해 봅시다.

(각자 풀이)

---

13 한국의 교육열

확인학습

1. 한국의 교육열을 나타내는 사례를 세 가지 이상 찾아 써 봅시다.

한국의 어린 아이들은 심한 경우에는 3세 무렵부터 한글을 배우거나 영어, 수학 등을 배우기 시작하며, 초등학교에서 고등학교까지 정규교육을 받으면서 과외로 학원, 개인교습, 인터넷 강의 등의 사교육을 받고 있다. 조기 유학도 성행하며 어학연수가 보편화되어 있다.

2. 한국에서 교육열이 높아지게 된 역사적인 원인은 무엇인지 찾아 써 봅시다.

역사적으로 한국은 상업이나 무술보다는 학문을 숭상하여 학자들은 사람들의 존경을 받았고, 교육은 신분 상승을 가능하게 하는 강력한 수단으로 자리 잡아 교육열을 부추겼다. 한편 인력의 육성에 힘쓴 정부의 정책도 학벌과 학력을 중시하도록 하여 교육열을 높이는 데에 영향을 주어 왔다.

3. 한국의 교육열이 가져 온 긍정적인 영향과 부정적인 영향이 무엇인지 말해 봅시다.

1) 긍정적인 영향

많은 인재를 길러 내어, 천연자원과 민족 자본이 부족한 한국이 이 같은 수준 높은 인적 자원을 배경으로 하여 6·25전쟁의 폐허(廢墟) 속에서도 '한강의 기적'이라고 불리는 경제 발전을 이뤄 냈다.

2) 부정적인 영향

부정적 영향으로 공교육의 부실, 입시 위주의 교육으로 인한 창의적 인재 양성의 실패, 불필요한 천문학적 액수의 교육 비용 발생 등이 있다.

4. 교육과 관련하여 최근의 한국에는 어떤 변화가 생기고 있는지 정리해 봅시다.

   1) 부모

   자녀의 재능을 살펴서 적극적으로 키워 주려 하거나, 획일적인 입시 위주의 교육에서 벗어나 대안 교육을 모색하고 있다.

   2) 사회

   학력을 파괴하고 학벌보다 실력을 강조하는 사회의 분위기가 형성되고 있다.

   3) 정부

   능력별 수업, 대입 전형의 다양화, 각종 학력 차별 철폐 등의 제도적 장치를 마련하고 있다.

5. 아래에서 맞는 것에는 ○표, 틀린 것에는 ×표 하세요.

   1) 한국의 지나친 교육열은 한국 국내에서만 그 예를 찾아볼 수 있다. (×)
   2) 예로부터 교육은 출세를 위한 수단으로 여겨져 왔다. (○)
   3) 높은 교육열은 공교육과 사교육의 획기적인 발전을 가져왔다. (×)
   4) 한국의 교육열은 이미 건전한 방향으로 자리 잡아 가고 있다. (×)

심화학습

1. 한국의 사교육에는 어떤 유형이 있는지 알아봅시다.

   사교육(私敎育)은 공교육에 반대되는 개념으로, 국가가 관리하는 유아교육법 및 초·중등교육법 그리고 고등교육법의 적용을 받는 교육기관(유치원, 초등학교, 중학교, 고등학교, 대학교) 밖에서 이루어지는 교육을 일컫는다. 대표적인 사교육 형태로는 학원, 개인과외, 인터넷 강의, 학습지 등이 있다. 학원의 종류는 교습과정별로 400여 종에 달하고 계열별로 크게 구분하면 인문, 기술, 외국어, 사무, 음악, 미술, 보습, 컴퓨터, 속셈, 웅변, 서예, 연예, 자동차운전 및 독서실 등으로 나눌 수 있다. 일정한 시설을 갖추고 30일 이상의 프로그램을 운영하는 기관이 학원이라면 개인과외는 일반인이 소규모로 하는 과외 형태이다. 주로 대학생들이 아르바이트로 개인과외를 하고 있다. 시간과 장소에 구애받지 않고 비교적 저렴한 비용으로 학습이 이루어지는 형태가 인터넷 강의이다. 공공기관에서 저렴하게 운영하는 인터넷 강의가 학생들 사이에 널리 인기를 끌고 있다. 학습지 교습은 주로 아동을 대상으로 이루어진다.

2. 여러분 나라의 교육에는 어떤 문제가 있고 그것을 어떻게 해결하고 있는지 말해 봅시다.

   (각자 조사)

관련 웹사이트

교육과학기술부 http://www.mest.go.kr/
EBS(교육 방송) http://www.ebs.co.kr/
한국교육개발원 http://www.kedi.re.kr/
통계청 http://www.index.go.kr/

14 변화하는 한국의 가족

확인학습

1. 한국의 전통적인 가족 형태는 무엇이고 어떤 특징이 있는지 말해 봅시다.

   한국의 전통적 가족 형태는 부계적 직계의 대가족이다. 이러한 대가족 제도는 유교적인 가치가 강조되던 17세기 이후 확립된 것으로, 가족은 부모와 가계를 계승할 장자 부부 및 그 자녀들로 구성된다. 이 가족 제도에서는 가장으로서의 권위를 존중받는 아버지, 즉 가부장을 중심으로 가정생활이 운영되며, 아들을 통한 '대 잇기', '혈연 의식', 그리고 '효도' 등의 가치가 강조된다.

2. 핵가족에서 어머니는 어떤 역할을 하는지 찾아 써 봅시다.

집안 살림을 책임질 뿐만 아니라, 직장을 갖고 가정 생계에도 크게 기여하는 주부들이 늘고 있다. 또한 어머니로서 자녀 교육을 주로 담당하며 학습을 돕거나 진로를 결정하는 과정에서 자녀의 미래에 큰 영향을 주는 경우가 많아졌다.

3. 최근 증가하는 가족 형태와 그 증가 요인은 무엇인지 세 가지 이상 찾아 써 봅시다.

1) 최근 증가하는 가족 형태
1인 가구, 조손 가구, 분거 가구, 다문화가정 등

2) 증가 요인
결혼율이 하락하고 결혼 적령기가 늦어짐으로써 1인 독신 가구가 증가하고, 맞벌이나 조기 유학으로 인한 분거 가족이 늘어나고 있다. 한편 이혼율이 높아짐으로써 조손가구가 늘어나고, 국제결혼의 확대에 따라 다문화가정이 증가하고 있다.

4. 앞으로는 한국 사회에 어떤 가족관이 정립될 것인지 찾아 써 봅시다.

가족이란 구성원 간의 유대를 바탕으로, 서로에게 정서적인 안정을 주는 사회 단위라는 새로운 가족관이 널리 퍼질 것이다. 즉, 가족을 구성하는 기본적인 요건이 혈연이 아니라 사랑과 이해라는 인식이 생길 것이다.

5. 아래에서 맞는 것에는 ○표, 틀린 것에는 ×표 하세요.

1) 전통적인 대가족 제도는 이미 1,000년 전부터 확립되어 있었다. (×)
2) 핵가족 형태에서 여성들은 더 이상 살림을 혼자 하지 않는다. (×)
3) 사회 변화 때문에 한국에는 새로운 가족 형태가 발생하고 있다. (○)
4) 앞으로도 가족 형태나 가족 관계 등은 계속 변화를 겪을 것이다. (○)

심화학습

1. 최근 증가하는 한국의 가족 형태에는 어떤 것들이 있는지 알아봅시다.

요즘 나타난 신(新) 가족 유형은 다음과 같다.

1) 신(新)다문화가정
북한 이탈 주민이 한국에서 만든 가정. 한국 여성-외국 남성 가정.
북한 여성과 한국 남성으로 구성된 남남북녀 부부가 증가하고 있다. 원래 다문화가정은 우리나라와 다른 문화적 배경을 가진 사람들로 구성된 가정을 지칭하는 말이다. 하지만 분단된 지 60년 이상이 지나면서 한국과 북한의 문화적 괴리가 극심해졌다. 게다가 최근 북한 경제 사정이 악화되며 한국으로 건너오는 탈북자 수가 증가하는 추세다. 이들이 한국에서 결혼을 하고 아이를 낳으며 새로운 유형의 가정이 탄생하고 있다.

2) 기러기 가족
주로 자녀 교육을 위해 국내외에서 떨어져서 사는 가정.
예전에는 가족을 두고 홀로 해외로 떠나거나, 자식의 조기 유학에 따라 가족과 떨어져 지내는 기러기 아빠들이 많았다. 그렇지만 최근에는 주말에 가족이 상봉하는 근거리 기러기 가족이 늘고 있다. 최근의 경기 침체와 불안정한 국제 정세도 근거리 기러기 가족의 탄생에 한몫했다. 기러기 아빠들은 기러기 가족의 삶을 선택한 가장 중요한 이유로 불안정한 경제 상황을 꼽았다.

3) 1~2인 가구(돌싱, 골드미스, 미스맘)

혼자 사는 1인 가구가 늘고 있다. 결혼이 필수가 아닌 선택의 시대가 되면서부터이다. 이혼을 하고 혼자 사는 사람들도 많아졌다. 이들은 비슷한 처지의 마음에 맞는 사람과 커뮤니티를 형성해 취미생활을 같이한다. 경제력이 있는 독신남, 독신녀끼리 함께 사는 경우도 있다. 결혼하지 않고 아이만 낳고 혼자 사는 미스맘도 늘고 있다.

4) 셀프 효도족

부부가 본인의 부모에게 각자 효도하는 가족.

통계청 자료에 따르면 맞벌이 가구는 507만 가구로 외벌이 가구(491만 가구)보다 많은 것으로 나타났다. 본인이 안 하는 효도를 남한테 강요하지 말라는 의미에서 일명 '셀프 효도'를 선호하는 시대상을 반영한다. 셀프 효도는 '정말 효자가 되고 싶으면 본인이 스스로 알아서 하라'는 의미다. 이들은 "상대방 부모한테는 효도를 안 하겠다는 것이 아니다. 가족에 대한 책임을 지는 데 있어 동등하고 부담 없이 하자는 뜻"이라고 '셀프 효도'의 개념을 설명한다. 또한 양가 부모님께 용돈을 드리는 것도 양쪽이 각자 소득에 비례해 일정 금액을 적립하고 양가에 일이 생기면 그 통장에서 지출을 해야 합리적이라고 말했다.

5) 재혼 가족

재혼으로 구성된 가족.

전체 혼인에서 재혼이 차지하는 비중이 급격히 늘면서 재혼 가족이 새로운 가족의 유형으로 자리 잡고 있다. 통계청 혼인 통계에 따르면 남녀 모두 초혼인 비율은 1990년 89.3%에서 2009년 76.5%로 낮아졌으나 남녀 모두 재혼인 비율은 4.7%에서 12.8%로 증가했다.

재혼 유형도 여러 가지다. 30~40대 이혼 남녀의 재혼이 있는가 하면 60대 이후 황혼재혼도 상당수다. 경기도에선 지난해 황혼재혼자 수가 1,438명으로 10년 전에 비해 2.8배 증가했다.

6) 모계사회

육아를 이유로 처가살이를 하는 가족.

통계청 자료에 따르면 시집살이를 하는 여자는 1990년 44만 4634명에서 2011년 19만 8656명으로 절반 이하로 줄어든 반면, 처가살이를 하는 남자는 같은 기간 1만 8,088명에서 5만 3,675명으로 늘었다.

처가살이의 가장 중요한 이유는 육아다. 처가살이를 하는 가족은 처음부터 처가살이를 한 것은 아니라 첫 아이가 태어난 이후에 육아를 위해 처가살이를 한다. 맞벌이 부부가 크게 증가하면서 육아 부담이 한국의 가정을 모계사회로 유도하고 있는 것이다.

7) INK족들(DINK · PINK족)

업무 부담이나 재정적 이유 등으로 아이를 갖지 않는 부부.

정상적인 부부생활을 영위하면서 의도적으로 자녀를 두지 않는 맞벌이 부부가 딩크족(DINK: Double Income, No Kids)이고, 소득 수준이 낮아 생활고에 시달리다 어쩔 수 없이 자녀를 갖지 못하는 부부를 핑크족(PINK: Poor Income, No Kids)이라고 한다. 이들은 자녀 양육이 결혼의 필수 조건이라고 생각하지 않는다.

8) 불황형 대가족

경기가 어려워지자 부모 세대와 합가(合家)한 가족.

결혼 직후 부부가 분가해서 살다가 경기가 어려워지자 부모 세대와 집을 합친 형태가 불황형 대가족이다. 최근의 어려워진 사회 경제 상황을 반영하고 있다.

9) 대학생 부부

초혼 연령이 점차 늦어지고 있지만, 남들보다 먼저 결혼을 선택한 이들이다. 이들이 사회에 자리 잡지 못한 상황에서 육아, 생활비를 해결해야 하는 것은 부담이지만, 젊은 나이에 육아도 적극적으로 할 수 있고 노후 대비도 일찍부터 가능하다는 장점도 있다.

(출처: 매일경제 기사 부분 발췌 http://news.mk.co.kr/v3/view.php?sc=&cm=1641_%C4%BF%B9%F6&year=2012&no=48197&selFlag=&relatedcode=&sID=300)

2. 한국과 여러분 나라의 가족 형태와 가족 관계를 비교해 봅시다.

　(각자 조사)

관련 웹사이트

통계청 http://www.index.go.kr/
여성가족부 http://www.mogef.go.kr/

 15 다문화 가족과 한국 사회의 변화

확인학습

1. 다문화 가족의 개념이 무엇인지 말해 봅시다.

'다문화 가족'이란 말 그대로 다른 민족 또는 다른 문화적 배경을 가진 외국 출신 가족 구성원이 포함된 가족을 의미한다. 대부분 부모 중 한 사람이 외국인으로, 결혼 이민을 오거나 결혼 후 귀화하여 가정을 꾸린 경우이다.

2. 한국에서 살고 있는 외국인에 대한 한국인의 인식이 어떻게 변했는지 말해 봅시다.

한국은 그동안 지정학적 위치에 따라 민족 간의 교류가 활발하지 않은 국가였다. 한국인들은 오래 전부터 단일민족임을 내세워 왔으며, 조상을 숭배하고 혈통과 가문을 중요시하는 유교적 전통이 강한 민족이었다. 따라서 결혼은 두 집안의 가문이 결합하는 매우 중요한 행사로서, 나와 다른 계층이나 민족과의 결혼이란 감히 생각하지도 못하는 일이었다. 그러나 21세기 이후에는 모든 것이 달라졌다. 오늘날에는 국제화의 조류에 따라 국적을 초월한 인적 교류가 활발해지고 이에 따라 한국인들이 외국인과 결혼하는 것도 한층 자연스러워졌다. 아울러 혼혈인의 국내외 사회적 진출도 활발해짐에 따라 이러한 '국제결혼'에 대한 편견도 많이 사라졌다.

3. 한국의 다문화 가족이 겪고 있는 문제에 대해 말해 봅시다.

결혼 이민으로 한국인과 살게 된 외국인들은 언어와 문화의 차이에서 오는 이질감과 소외감으로 한국 생활에 많은 어려움을 겪게 된다. 특히 아시아에서 이주한 외국인 노동자들은 저임금에 시달리면서 인격적인 대접을 받지 못하는 경우가 많고, 이들 가정의 자녀들이 사회생활에 잘 적응하지 못하고 따돌림을 당하는 일이 많다.

4. 한국의 다문화 가족을 지원하고자 하는 한국 정부의 방안은 무엇입니까?

다문화 가족 지원 센터 설립, 관계법령의 정비, 지원 조직의 확충 등.

5. 아래에서 맞는 것에는 ○표, 틀린 것에는 ×표 하세요.

1) 한국인들은 그동안 단일민족임을 자랑스럽게 생각해 왔다. (○)

2) 다문화 가족은 주로 한국인들이 외국에 나가서 결혼함으로써 형성된다. (×)

3) 한국인들을 대상으로 한 다문화 교육이 매우 활발하게 이루어지고 있다. (×)

4) 외국 문화에 대한 이해가 다문화 사회로 가는 지름길이라고 할 수 있다. (○)

심화학습

1. 한국 사회에서 외국인이 성공한 사례를 찾아봅시다.

　잘 알려진 외국인으로 줄리엔 강(프랑스 출신 연기자), 에브둘레바 자밀라(우즈베키스탄 출신 모델 겸 가수), 박칼린(미국 출신 음악인), 다니엘 헤니(미국 출신 배우), 이참(독일 출신 귀화 한국인, 본명 번하트 콴트, 현 한국관광공사 사장), 로버트 할리(미국 출신 귀화 한국인, 한국 이름 하일, 현 광주외국인학교 이사장) 등이 있고, 이 밖에도 다수의 스포츠 선수, 방송인 등이 있다.

2. 한국과 여러분 나라의 다문화 가족에 대한 의식을 비교해 봅시다.
　(각자 연구)

관련 웹사이트
다문화가정 http://family.gen.go.kr
전국다문화가족지원센터 http://www.liveinkorea.kr

IV 언어

 16 **한국어의 특징**

확인학습

1. 한국어의 유형론적 특징을 정리해 봅시다.

1) 다음의 각 부분에 해당하는 여러분 나라의 말을 쓰고 두 언어의 구조가 어떻게 다른지 말해 봅시다.
　문법 – 이 제일 어렵 – 지만 재미있 – 었 – 어요
（각자 조사）

2) 교착어의 특징을 써 봅시다.
　어기에 조사나 어미와 같은 문법 형태소들이 결합하여 단어를 형성하거나 문법 관계를 표시한다.

2. SOV형 언어에는 어떤 언어들이 속하고 그 특징은 무엇인지 써 봅시다.

　SOV형 언어에는 일본어, 터키어, 몽골어 등이 있다. 이들은 어순이 비교적 자유롭고, 왼쪽에 수식어가 오고 오른쪽에 피수식어가 오는 좌분지 수식을 하며, 평서문과 의문문의 어순이 동일하다는 특징을 가진다.

3. 다음의 필수성분이 생략된 예를 찾아서 써 봅시다.

1) 주어
"오다가 봤어?", "어디 가니?", "응, 학교."

2) 목적어
"오다가 봤어?"

3) 서술어
"응, 학교."

4. 한국어의 높임법을 표로 정리해 봅시다.

이름: 주체높임법
정의: 말하는 이보다 서술어의 주체가 나이나 사

회적 관계 등에서 높은 위치에 있을 때 선어말어미 '-(으)시-'로 높임을 나타내는 방법
예: "할아버지께서 …… 오세요?"와 같은 예에서 쓰이는 '-(으)시-'

이름: 객체높임법
정의: 목적어나 부사어가 지시하는 대상인 서술어의 객체를 높이는 방법
예: "할머니를 모시고 오세요?"와 같은 예에서 쓰이는 '뵙다, 드리다, 모시다' 등의 어휘

이름: 상대높임법
정의: 말을 듣는 상대를 대우하는 방법
예: '하십시오, 하오, 하게, 해라, 해요, 해' 등의 종결 표현

5. 아래에서 맞는 것에는 O표, 틀린 것에는 ×표 하세요.

  1) 한국어의 조사와 어미는 문법적인 기능을 나타낸다. (O)
  2) SOV형 언어는 타동사 구문만을 만든다. (×)
  3) 한국어에서 필수성분은 항상 생략될 수 있다. (×)
  4) 다양한 높임법은 대상을 높이거나 낮추어 대접할 때 사용한다. (O)

심화학습

1. 한국어의 높임말의 특징에 대해 더 알아봅시다.

한국어는 말을 듣는 사람이나 말에 등장하는 사람을 언어적으로 적절하게 대우하는 방법이 잘 발달한 언어이다. 특히 특정한 어휘를 사용하는 방법은 실생활에서 아주 다양하게 나타난다.

용언으로 쓰이는 말 중에서는 '계시다, 잡수시다, 주무시다'와 '드리다, 모시다, 여쭈다'를 대표적인 것으로 꼽을 수 있다. '계시다, 잡수시다, 주무시다'

는 '있다, 먹다, 자다'를 높여 이르는 말인데 이것들은 대체로 주어의 자리에 오는 사람을 높이는 데 사용된다. 이에 비해 '주다, 데리다, 묻다'를 높여 이르는 말이라 할 수 있는 '드리다, 모시다, 여쭈다'는 대체로 목적어의 자리에 오는 사람을 높이는 데 사용된다. 예를 들어 "철수가 선생님을 모시고 간다."에서 '모시다(모시고)'는 '선생님'을 높이지, 주어의 자리에 오는 '철수'를 높이는 것은 아니다. 단어 각각이 어떻게 높임말로 쓰이는가를 보아도 차이가 있다. 자는 행위를 높이고자 할 때는 반드시 '주무시다'라고 해야 된다. '자시다'는 쓰이지 않는다. 그런데 '있다'를 높일 때는 '계시다'와 '있다'에 '-(으)시-'를 덧붙인 '있으시다'가 짝을 이룬다. 둘이 어떻게 달리 쓰이는가에 대해서는 견해 차이가 다소 있기는 하지만 '선생님의 말씀이 있으시겠습니다.'처럼 사람을 직접 높이는 것이 아니라 거기에 딸린 것을 높일 때는, 즉 선생님이 아니라 선생님의 말씀을 높일 때는 '있으시다'가 쓰인다.

먹는 행위를 높여 말할 때 '잡수시다'가 쓰인다. 이와 관련된 말로 '잡수다'도 있다. 보통의 국어 구조로 보면 '잡수다'에 '-(으)시-'가 붙어 '잡수시다'가 만들어진 것으로 볼 수 있다. 그렇다면 '잡수시다'를 더 높이는 말로 보아야 할 것이다. 《표준국어대사전》에서 택한 방식이다. 그런데 '있다-있으시다'처럼 높임의 차이가 분명하게 이 두 말에서는 드러나지 않는다는 어려움이 있다. 먹는 행위를 높여 말하는 것을 더욱 복잡하게 만드는 것은 '자시다'라는 단어가 있다는 점이다. '자시다'도 분명히 먹는 행위를 높여 이르는 말이기는 하다. 그러면 무슨 차이가 있는가? '자시다'는 아주 높일 사람은 아니고 하대하기 어려운 사람에게 쓰일 수 있는 말이다. 예를 들어 장모가 사위에게 쓸 수 있는 말이다. 높임말을 만드는 데 많이 이용되는 것이 '-님'이다. 명사 뒤에 이 말을 덧붙이면 높임말이 된다. '선생'에 '-님'을 붙여서 '선생님'이라고 하여 높이는 것이다. 그런데 이 '-님'이 높일 필요가 없어 보이는 말에 붙기도 한다. '아드님, 따님'과 같은 예들이다. 이 말들은 단지

앞에 오는 '아들, 딸'을 높이는 말이라고 하기는 어렵다. 그들을 소유하고(?) 있는 사람을 높이기 위해 쓰이는 것이다. "선생님의 아드님"은 흔히 쓰는 자연스러운 말이지만 "우리 아드님이 많이 바쁜가?"와 같은 문장은 격식을 갖추어 말할 때 쓰기에는 적절하지 않은 것은 그런 차이로 인한 것이다. 이런 면에서 '아드님, 따님'은 '진지, 병환, 생신, 말씀' 등과 같은 성격의 높임말이다. 언어적으로 대우하는 방법은 크게 셋으로 구분이 될 수 있다. 높이는 방법, 낮추는 방법, 예사로 대접하는 방법이 그것이다. '아버님, 아버지, 아비'의 짝이 거기에 해당하는 전형적인 예가 될 것이다. 그런데 항상 이렇게 짝이 있는 것은 아니다. '각하'와 같은 말에서는 높이는 말만 있을 뿐 예사로 대우하거나 낮추는 말을 찾기가 어렵다. '여보십시오, 여보시오, 여보세요, 여보시게, 여보게, 여보, 여봐'와 같은 감탄사에서는 말을 듣는 사람에 따라 다양하게 대우하는 말을 구분하고 있다. 최근에 국어의 경어법은 많이 단순해지고 있다. 이는 어휘에도 반영이 되어 과거에는 흔히 쓰던 말 중에서 이제는 거의 사라진 말들도 적지 않다. 부모를 가리키는 말이라 해도 '가친(家親), 춘부장(春府丈), 자당(慈堂), 자친(慈親)'처럼 자신과 어떤 관계에 있는 분인가에 따라 구분해서 말해야 하는데 이제는 거의 듣기 어려운 말이 되었다. '영부인(令夫人), 영식(令息), 영애(令愛)'처럼 남의 가족을 높여 말하던 것도 이제는 거의 듣기 힘들어졌다. 단지 '영부인'만 거의 대통령 부인의 의미로 굳어져 쓰이고 있다.

[조남호(2005, 새국어소식 제89호)에서 발췌]

2. 한국어와 여러분 나라 언어의 유사점과 차이점을 말해 봅시다.

　(각자 조사)

관련 웹사이트

국립국어원 http://www.korean.go.kr/

누리 세종 학당 www.sejonghakdang.org
디지털 한글 박물관 www.hangeulmuseum.or.kr
표준국어대사전 stdweb2.korean.go.kr
한국어진흥재단 www.klacusa.org

17　한글의 창제와 변천

확인학습

1. 한글은 어떻게 만들어졌습니까?

　1) 만든 사람: 세종대왕과 학자들
　2) 만든 이유: 한자를 모르는 일반 서민들의 문자 생활을 편하게 하기 위해
　3) 한글의 다른 이름들: 훈민정음, 정음, 언문

2. 한글의 제자 원리를 써 봅시다.

　1) 자음: 상형의 원리와 가획의 원리. 발음기관의 모양을 본떠서 기본 글자 'ㄱ, ㄴ, ㅁ, ㅅ, ㅇ'을 만들고, 여기에 획을 더하여 가획글자 'ㅋ / ㄷ, ㅌ / ㅂ, ㅍ / ㅈ, ㅊ / ㆆ, ㅎ'을 만들었다. 발음기관의 모양과 관계없이 만든 이체글자도 있는데, 여기에는 'ㆁ, ㄹ, ㅿ' 등이 있다.
　2) 모음: 상형의 원리와 합용의 원리. 천(天), 지(地), 인(人)의 삼재를 본떠서 기본 글자 'ㆍ, ㅡ, ㅣ'를 만들고, 이것을 합하여 초출자와 재출자 'ㅗ, ㅏ, ㅜ, ㅓ, ㅛ, ㅑ, ㅠ, ㅕ' 등을 만들었다.

3. 한글은 만들어진 후 지금까지 어떻게 바뀌어 왔습니까?

　글자 수가 28자에서 24자로 줄고 자형도 많이 바뀌었다.

4. 한글은 다음과 같은 평가를 받고 있습니다. 그 근거를 정리해 봅시다.

1) 독창성

기존의 문자를 모방하지 않고 상형, 가획, 합용 등의 원리를 적용하여 만들었다.

2) 과학성

발음의 원리를 글자에 반영하였다.

3) 학습 용이성

모음 3자와 자음 5자의 기본 글자만 익히면 다른 글자도 쉽게 익힐 수 있어서 문자를 배우는 시간이 그리 많이 들지 않는다.

4) 디지털 적합성

자음과 모음을 음절 단위로 묶어서 글자를 쓰고 무한한 음성을 나타낼 수 있는 표현력을 가졌다.

5. 아래에서 맞는 것에는 ○표, 틀린 것에는 ×표 하세요.

1) 한글이라는 이름은 1900년대 들어서 사용되기 시작하였다. (○)
2) 한글은 17세기 이후 널리 보급되었다. (○)
3) 한글 자모는 모두 상형의 원리와 가획의 원리로 만들어졌다. (×)
4) 현재 쓰이고 있는 한글의 자형은 《훈민정음》 해례본의 자형과 동일하다. (×)

심화학습

1. 한글 문자의 특징을 더 알아봅시다.

한글은 글자들 사이의 관계가 매우 정연하고 체계적이다. 로마자의 경우에는 비슷한 소리를 적는 k와 g, t와 d 등이 형태 면에서 아무런 공통점이 없다.

하지만 한글의 자음은 상형으로 만든 다섯 개의 기본 자음만을 가지고 나머지 글자들을 일관되게 가획의 방법으로 만들었다. 그러므로 한글은 'ㄱ[k]'과 'ㅋ[kʰ]', 'ㄷ[t]'과 'ㅌ[tʰ]'처럼 같은 자리에서 나는 소리들의 글자 모양이 형태적으로 관련성을 갖는다.

한글은 자음과 모음을 구분하여 적는 소리문자이면서도 자음과 모음을 음절 단위로 모아 쓰는 독특한 표기 방식을 갖고 있다. 한글의 모아쓰기 방식은 독서 능률을 높이고, 뜻을 좀 더 쉽게 파악할 수 있도록 한다. 일반적으로 한글은 왼쪽에서 오른쪽으로 가로쓰기를 하는데, 세로쓰기도 가능하여 필기 공간을 효율적으로 사용할 수 있다.

(국립국어원 자료 발췌)

2. 한글로 여러분 나라 언어를 표기할 때 어떤 장점과 단점이 있는지 말해 봅시다.

(각자 조사)

관련 웹사이트

국립국어원 http://www.korean.go.kr/
누리 세종 학당 www.sejonghakdang.org
디지털 한글 박물관 www.hangeulmuseum.or.kr
표준국어대사전 stdweb2.korean.go.kr
한국어진흥재단 www.klacusa.org

 18 **생활 속의 한국어**

확인학습

1. 한국어의 사용 인구를 정리해 봅시다.

한국어는 남한에서 약 4,800만 명, 북한에서 약 2,400만 명 등 약 7천만 명이 사용한다. 또 국외의 재외동포 수는 중국 210만, 미국 210만, 일본 60만, 러시아 수십만 명 등 약 700만 명인데 이 중 상당수가 한국어를 알고 있는 것으로 추정된다.

2. **여성과 남성의 언어생활은 어떻게 다른지 써 봅시다.**

1) 대화 구성

여성은 맞장구를 치는 등 상호협동적인 대화를 추구하지만, 남성은 화제를 주도하며 경쟁적인 대화를 하는 경향이 있다.

2) 대화 주제

여성들은 일상적인 집안의 일이나 외모, 옷차림 등을 주제로 직설적 칭찬을 많이 하는 데 반해 남성은 칭찬을 하는 횟수가 드물며, 칭찬을 할 경우에도 상대의 재주 등에 대한 내용으로 국한된다.

3) 어휘

여성은 남성에 비해 '그치(그렇지)' 등의 축약형을 더 빈번히 쓰거나 지시사를 사용할 때 '요것, 고것, 조것' 등의 작고 귀여운 어감의 어휘를 선택하는 경향이 있다.

4) 발음

여성은 경음화를 선호하며 다소 길고 완만하고 부드러운 억양을 갖는 데에 비해, 남성은 짧고 급하게 하강하는 억양으로 말하는 경향이 있다.

3. **젊은 세대와 나이 든 세대의 언어생활에는 어떤 차이가 있습니까?**

젊은 세대: 유행어를 자주 사용하고 언어를 바꿔 나가는 경향이 있다(나이든 세대에서 쓰지 않는 언어 형식이나 경음화 등의 발음을 선호한다.).

나이든 세대: 언어 예절을 좀더 철저하게 지키거나 격식적인 점잖은 말투를 사용한다.

4. **남북한의 언어에는 어떤 차이가 있는지 말해 봅시다.**

음운, 문법, 어휘 면에 차이가 있지만 특히 어휘 부분에서 차이가 많이 나타난다. 남한의 표준어는 서울 말을 중심으로 하고 북한의 표준어인 '문화어'는 평양 말을 중심으로 정해져서, 분단 이후 북한에서는 '가찹다(가깝다)', '남새(채소)' 등 서북방언에 속하는 4,000여 개의 어휘가 북한의 문화어가 되었다. 남한에 비해 한자어나 외래어를 덜 쓰는 북한의 언어 정책으로 북한과 남한 어휘에 '가루소젖-분유', '얼음보숭이-아이스크림' 등의 차이가 생겼다. 한편 남북한의 일부 어휘들은 의미도 달라서 '감투'가 남쪽에서는 '벼슬을 속되게 이르는 말'인데 비해 북쪽에서는 '억울하게 뒤집어쓰는 책임'이고, '신사'의 경우는 남북한의 어휘 사이에 어감이 달라서 남한에서는 '점잖고 예의바른 남자'라는 긍정적인 느낌이 있는 반면에 북한에서는 '말쑥한 차림의 거드름 피우는 남자'와 같이 부정적인 느낌이 있다. 남북한 사이에는 어문규범의 차이도 있다. 두음법칙을 채택하지 않는 북한의 규정 때문에 '량심-양심' 등으로 표기가 달라졌다. 아울러 '나무가지(나뭇가지)'와 같이 북한어에서는 사이시옷을 거의 쓰지 않고 '미누스-마이너스', '뽈스카-여러분 나라의' 등과 같이 외래어 표기법도 다르다.

5. **아래에서 맞는 것에는 ○표, 틀린 것에는 ×표 하세요.**

1) 사용 인구 면에서 한국어는 세계 20위 안에 드는 언어이다. (○)
2) 여성과 남성들이 선호하는 문법은 아주 다르다. (×)
3) 젊은 세대나 나이 든 세대 모두 한국어의 변화를 선도한다. (×)
4) 남한과 북한은 문법보다는 어휘에서 차이를 보인다. (○)

심화학습

1. **남북한 언어의 차이를 더 알아봅시다.**

어휘뿐만 아니라 발음이나 어조, 문체 면에서도

남한과 북한의 말에 차이가 있다. 북한 사람들은 남한 사람에 비해 비교적 높은 음으로 말을 하고 말하는 속도가 빠른 편이며, 대체로 좀 더 큰 소리로 말한다. 문체면에서 북한 사람들은 주로 짧은 문장을 써서 전투적이며 선동적인 느낌을 준다.

말하는 태도면에서도 남북이 차이를 보인다. 남한 사람들은 상대방의 부탁을 거절할 때 완곡하게 말하거나 돌려 말하는 것을 바른 태도라고 생각한다. 반면에 북한 사람들은 좋고 싫음을 분명하게 직설적으로 드러내는 표현을 선호하는 경향이 있다.

분단 후 남북한의 언어는 독자적으로 발전하여 원래 있었던 방언적인 차이 외에 어휘나 표현, 표기 면에서 적지 않은 차이가 생겼다. 하지만 남한과 북한의 언어가 의사소통이 되지 않을 만큼 완전히 달라진 것은 아니다. 남한과 북한은 여전히 한 언어를 사용하는 언어 공동체로, 의사소통을 하는데 크게 불편을 겪을 정도로 그 차이가 벌어진 것은 아니다. 또한 예전에 비해, 남한과 북한의 교류가 활발해지고 있으며, 최근에는 남북한이 공동으로 국어사전을 편찬하기 위해 함께 작업을 진행하는 등, 남북한의 언어 차이를 극복하기 위한 노력이 지속적으로 이루어지고 있다. (국립국어원 자료에서 발췌)

2. 여러분 나라 언어에서 보이는 여성어와 남성어의 차이를 정리하고 한국어와 비교해 봅시다.
　　(각자 조사)

V 예술과 대중문화

19 한국의 전통 공연 예술: 탈춤과 판소리

확인학습

1. 탈춤의 공연 방식과 주제에 대하여 말해 봅시다.

공연 방식: 초저녁부터 밤이 깊을 때까지 여러 사람이 모인 마당에서 횃불을 켜놓고 공연한다. 음악에 맞추어 춤을 추며 배우들 간에 대사를 주고받으며 이야기를 진행시킨다는 점이 특징이다.

주제: 양반 계층에 대한 반항, 파계승에 대한 풍자, 서민 생활의 실상 등 현실에 대한 비판과 풍자.

참조 웹사이트

※ 자세한 내용은 아래 사이트 참조
http://navercast.naver.com/contents.nhn?contents_id=4022

2. 판소리를 연극이라고 할 수 있는 근거가 무엇인지 말해 봅시다.

판소리는 창을 부르는 창자(광대)가 고수의 북 반주에 맞추어 노래하면서 다수의 등장인물을 연기하는 1인극이라고 할 수 있다.

3. 판소리가 세계무형유산으로 지정된 이유에 대하여 알아봅시다.

오래 전부터 불려 온 전통의 노래 형식이 지금까지 원형을 유지하면서 보존되어 온 점.

1인이 노래로써 다양한 인물의 성격을 보여 주면서 감정의 변화를 전해 주는 독특한 형식이라는 점.

참조 웹사이트

※ 유네스코 등재 한국의 무형유산

	무형유산 명	등록연도	
1	종묘제례 및 종묘제례악	2001.05	
2	판소리	2003.11	
3	강릉 단오제	2005.11	
4	강강술래	2009.09	
5	남사당놀이	2009.09	
6	영산재	2009.09	
7	제주 칠머리당 영등굿	2009.09	
8	처용무	2009.09	
9	가곡	2010.11	
10	대목장	2010.11	
11	매사냥	2010.11	

[출처] 판소리 | 네이버 백과사전

4. 판소리와 창극의 차이점에 대하여 말해 봅시다.

　　판소리는 무대 장치가 없는 1인극인 반면, 창극은 무대 장치가 있는 다인극이다.

5. 아래에서 맞는 것에는 ○표, 틀린 것에는 ×표 하세요.

　1) 오늘날 한국에서 볼 수 있는 탈춤은 역사가 1,000 년 이상 된 것이다. (×)
　2) 탈춤은 주로 실내 극장에서 공연된다. (×)
　3) 판소리는 음악, 문학, 연극 등의 장르가 종합된 예술이다. (○)
　4) 탈춤은 현실에 대한 비판과 풍자의 내용이 주된 주제를 이룬다. (○)

심화학습

1. 창극의 공연 양식을 서양의 현대 연극과 비교해 봅시다.

　　창극은 판소리 음악을 기본으로 하고 대사가 삽입 되어 있는 한국적 음악극(오페라)이라고 할 수 있다.

2. 한국의 전통 공연 예술을 여러분 나라의 전통 공연 예술과 비교해 봅시다.
　(각자 조사)

관련 웹사이트

판소리닷컴 http://www.pansoree.com
고창 판소리박물관 http://www.pansorimuseum.com
봉산탈춤보존회 http://www.bongsantal.com
한국문화의 집 http://www.fpcp.or.kr

20 한국 영화의 현재와 미래

확인학습

1. 한국 영화는 국내에서 어떤 흥행 성적을 얻고 있습니까?

　　미국을 제외하고 전세계적으로 자국 영화의 점유 율이 50%를 넘기 힘든 현실에서 국내 시장의 한국 영화 점유율은 50% 내외로, 한국 영화의 선전은 눈부시다.

2. 한국 영화계의 동향을 시대별로 정리해 봅시다.

  1) 일제 강점기
   사실주의와 계몽주의 영화

  2) 광복~1950년대
   민족정신을 찬양하거나 남북분단의 비극을 다룬 영화, 전쟁 영화나 전쟁기록 영화

  3) 1960년대
   사극 영화, 전쟁 영화, 멜로 영화 등 다양한 장르의 영화

  4) 1970년대
   한국 영화의 침체기

  5) 1980년대 이후
   한국 영화의 중흥기. 소재와 영상 표현에서 대담한 시도를 함.

3. 한국 영화가 다시 중흥기를 맞이한 이유는 무엇입니까?

   1990년대 이후 유능한 감독의 등장을 그 이유로 들 수 있다. 이들은 소재를 다양화하고 줄거리 구성을 탄탄하게 하고 영상미를 극대화하여, 흥행성과 작품성을 두루 갖춘 영화를 만들었다.

4. 앞으로 한국 영화계의 과제로는 어떤 일들이 있습니까?

   작품성, 흥행성, 기술력을 더 높여 좁은 한국 시장에서 벗어나서 해외 시장으로의 진출을 모색해야 한다.

5. 아래에서 맞는 것에는 ○표, 틀린 것에는 ×표 하세요.

  1) '괴물'은 1000만 이상의 관객을 동원한 유일한 한국 영화이다. (×)
  2) 1980년대에 한국 영화가 국제영화제에서 처음 상을 받았다. (×)
  3) 1990년대 이후 다양한 소재의 영화들이 관객들의 사랑을 받았다. (○)
  4) 한국 영화는 SF영화나 애니메이션 영화로 기술력을 인정받았다. (×)

심화학습

1. 대표적인 한국 영화를 선정하고 선정 이유를 말해 봅시다.
  (각자 조사)

2. 한국 영화와 여러분 나라 영화의 유사점과 차이점을 말해 봅시다.
  (각자 조사)

관련 웹사이트

영화진흥위원회 http://www.kofic.or.kr/
한국영상자료원 http://www.koreafilm.or.kr/
한국콘텐츠진흥원 http://www.korean-content.com/

 한류의 중심 텔레비전 드라마

확인학습

1. 한류의 뜻과 그 발생 원인에 대하여 말해 봅시다.

2000년대 이후 한국의 대중문화는 외국에서 많은 인기를 얻고 있다. 특히 대중음악, 영화, 드라마, 음식 등의 한국 문화와 한국의 가전제품에 대한 선호도가 매우 높은데 외국에서의 이러한 한국 선호 현상을 한류(韓流, Korean Wave)라고 말한다.

2. 텔레비전 드라마가 한류의 중심이 된 원인에 대하여 말해 봅시다.

잘 짜여 재미있는 내용, 공감할 수 있는 주제, 뛰어난 연출 기법, 스타 배우들의 출연 등.

3. 한류의 긍정적인 면과 부정적인 면에 대하여 말해 봅시다.

긍정적인 면: 국가 브랜드의 가치 상승에 따른 막대한 경제 효과의 창출. 한국에 대한 긍정적 이미지 제고.
부정적인 면: 스타 마케팅에 의존. 비슷비슷한 내용이 많음. 영세성.

4. 한류가 지속되기 위한 정책과 방안에 대하여 말해 봅시다.

보편적 공감을 얻을 수 있는 다양한 콘텐츠의 개발, 체계적인 정부의 지원 등

5. 아래에서 맞는 것에는 ○표, 틀린 것에는 ×표 하세요.

1) 한류는 유럽에서 시작하여 미국으로 확산되었다. (×)
2) 한류와 한국 제품의 해외 판매 실적은 밀접한 관련이 있다. (○)

3) 한국의 문화 콘텐츠 수출 중에서 가장 큰 비중을 차지하는 것은 영화이다. (×)
4) 한국의 문화 산업은 소규모로서 연예 산업에 치중되어 있다. (○)

심화학습

1. 한국의 텔레비전 드라마가 해외에서 인기를 얻게 된 원인에 대하여 말해 봅시다.

한국의 텔레비전 드라마는 특히 아시아권에서 인기가 있다. 아시아인의 보편적 정서에 친근한 소재와 주제(가족의 문제, 유교적 덕목 강조 등), 영화적 연출에 의한 화면 구성, 스타 배우들의 연기 등이 그 원인인 것으로 생각된다.

2. 한국 텔레비전 드라마의 특징을 여러분 나라의 텔레비전 드라마와 비교해 봅시다.
(각자 조사)

관련 웹사이트

한국영상자료원 http://www.koreafilm.or.kr
한국드라마이해 http://www.koreanwiz.org
한국드라마감상 http://www.mysoju.com

22 **대중가요와 아이돌**

확인학습

1. 한국의 대중가요에는 주로 어떠한 장르들이 있는지 말해 봅시다.

초창기 한국 대중가요의 중심에는 트로트가 있었다. 트로트(trot)는 4분의 4박자를 기본으로 하는 장르로서, 일본 고유의 민속음악에 서구의 폭스트롯이 접목된 엔카로부터 영향을 받은 것으로 추정

된다. 1920년대 말부터 유행한 엔카 풍의 가요는 해방 후 건전가요의 제작과 보급, 팝송과 재즈 기법 등이 도입되면서 일명 '뽕짝'으로 부르는 트로트로 거듭난다. 1970년대에는 청년들 사이에서 포크와 록이 유행하기 시작한다. 포크와 록은 체제 비판적인 내용으로 인해 정부에서 금지했지만 그 노래들은 민중가요로서 꾸준히 사랑을 받았다. 1980년대에는 유명상표 상품들과 워크맨, 그리고 컬러 TV의 등장에 힘입어 이미지 중심의 10대 문화가 생겨났다. 발라드와 댄스가 10대 문화를 사로잡았으며, 이와 별도로 대학가의 아마추어 가수, 헤비메탈이 기성세대 사이에서 유행하였다. 1990년대에는 X세대의 등장으로 외국 문화가 빠르게 수용되었다. 뮤직비디오의 보급과 인기그룹 '서태지와 아이들'의 등장으로 사람들은 영상 스타를 선호하기 시작하고, 랩과 힙합, 댄스가 유행하게 된다. 2000년대에는 아이돌 중심의 댄스 음악과 발라드와 알엔비(R&B)가 인기를 끌었다.

2. 뽕짝이라고도 불리는 트로트 가요가 많은 대중들의 사랑을 받아온 이유는 무엇입니까?

해방 직후의 새로운 경향으로 가장 눈에 띄는 것은 해방의 감격을 노래한 작품의 출현이다. 그러나 이러한 해방의 기쁨을 노래한 곡은 고작 몇 개에 불과했다. 그에 비해 분단과 전쟁의 아픔을 그린 노래는 해방의 기쁨을 노래한 작품과 비교할 바 없이 많았다. 분단으로 인한 실향과 이별은 당시 대중들에게 보편적이면서도 절절한 경험이었다. 이별의 슬픔을 노래하는 트로트는 사회의 소용돌이 속에서 무력했던 많은 대중들에게 큰 호소력을 가졌다. 또한, 이러한 노래들은 남한 사회의 반공 이데올로기를 저해하지 않는다는 이유로 검열을 무사히 통과했으며 꾸준히 재생산되었다.

3. 1990년대 '서태지와 아이들'이 청소년들로부터 폭발

적인 인기를 얻은 이유는 무엇입니까?

1980년대 말의 록과 댄스음악의 발전은 한국에서 개인주의적인 새로운 세대가 형성되고 있음을 보여주었다. 1990년대 들어 본격적으로 형성되기 시작한 신세대는 보편적인 가치관 대신 자기실현을 최고의 미덕으로 여겼다. 신세대는 마음속에서 그리던 이상을 현실에서 실현하고 문화의 힘으로 기성세대를 압박하는 모습을, 1992년 등장한 '서태지와 아이들'을 통해 목격하게 되었다. 서태지와 아이들은 랩뮤직, 과격한 춤 동작 등을 사용하여 기성세대에게 신선한 충격을 가했으며 반바지와 벙거지 모자를 착용하여 신세대의 감각을 표현했다. 입시 위주의 교육현실과 기성세대의 억압에 반발한 청소년들은 서태지를 통해 대리만족을 느꼈으며, 〈난 알아요〉와 〈하여가〉 앞에 무너지는 트로트를 보면서 자신들의 문화적 우위를 실감하게 된다.

4. 아이돌 문화로 대표되는 대중문화의 부정적 영향에 대해 알아봅시다.

아이돌 문화가 대중문화의 핵심으로 부상한 것이 단순히 대중들의 자연스러운 관심에 의한 것이라고 보기는 어렵다. 아이돌 문화는 대형 기획사로부터 나온다. 대형 기획사는 말 그대로 기획된 가수와 노래로 대중음악이라는 큰 판을 움직인다. 그 영향력은 음악을 넘어 대중문화 전반에 미치고 있다. 이러한 현상의 부정적 영향은 아이돌 가수들의 음악을 즐기는 대중들이 단순화되고 있다는 것이다. 인간은 매우 다양한 음악과 즐길 거리를 통해 복합적이고 종합적인 감수성과 사고력을 키울 수 있어야 하고, 그로 인해 좀 더 즐거운 삶을 살아갈 수 있어야 한다. 더 많은 것을 경험해야 하는 청소년들에게 자극적이고 일회적인 유희만을 제공한다면 그들이 주인공일 미래 역시 현재에서 한걸음도 나가지 못할 수 있다.

2. 한국의 사례에 해당하는 여러분 나라의 예법을 알아 봅시다. (각자 조사)

관련 웹사이트

한국예절문화원 http://www.etiquette.or.kr
한국의 집 http://www.koreahouse.or.kr

24 한국인의 여가와 놀이 문화

확인학습

1. 서울의 길거리에서 발견할 수 있는 '방'의 종류에 대해 말해 봅시다.

　PC방: 한국 현대 사회를 인터넷 사회라고 해도 과언이 아닐 정도로 한국의 인터넷 사용자 수는 매우 많다. 1992년 인터넷이 서서히 등장하면서 1995년을 시작으로 급속도로 전국적으로 2만 개가 넘는 PC방이 만들어졌고, 스타크래프트 같은 각종 컴퓨터 게임의 인기로 PC방의 열기는 줄지 않았다. 오늘날에도 집에서 온라인 게임을 이용하는 것보다 훨씬 빠른 속도로 게임을 즐길 수 있기 때문에, 집에서 인터넷을 할 수 있는 사람들도 PC방을 많이 찾는다.

　찜질방: 50~90도 정도의 사우나에서 땀을 흘리고 휴식을 취할 수 있게 한 대중 시설이다. 주로 대도시에서 많이 볼 수 있으며 대부분 24시간 내내 영업하고 있어서 숙박시설 대신 이용되기도 한다. 찜질방은 목욕탕에서 시작되었지만 오락실, 영화관, 매점, 노래방 등 다양한 시설을 갖춘 복합문화공간으로 탈바꿈하고 있다.

　노래방: 노래방은 노래 반주 장치가 설치되어 있어 남녀노소에 관계없이 정해진 요금을 내고 노래를 부를 수 있는 곳이다. 노래 반주 장치는 일본의 '가라오케'에서 비롯되었다. '가라오케'는 '노래가 없는 오케스트라'라는 뜻으로 노래 없이 반주만 녹음

된 테이프나 디스크 또는 그 연주 장치를 말하는 것이었다. 이러한 연주장치가 1970년대 후반부터 한국에서 유행하기 시작하는데 처음에는 술집에서 돈을 내고 녹음된 반주에 맞추어 노래를 부르는 정도였다. 이러한 노래 부르기가 인기를 얻자 1990년 무렵부터는 동영상을 배경으로 노래 가사와 반주가 화면에 함께 나오는 장치로 발전하였다. 매월 신곡이 추가되며 애창곡의 순위가 발표되기도 한다. 한국인들은 노래 부르기를 좋아하여 가족과 친구, 동료들과 함께 노래방을 찾아 스트레스를 풀거나 친목을 도모한다.

2. 한국의 전통적인 방의 기능에 대해 말해 봅시다.

　한국의 방은 독립적인 공간인 동시에 다른 사람들과 함께 공유하는 공간이다. 한국인은 방 문화를 통해서 자신만의 공간을 누리면서 동시에 '우리'라는 의식을 갖게 된다.

3. 최근에 다양한 '방'이 생긴 이유에 대해 알아봅시다.

　한국인에게 '방'은 편안함과 안락함을 주는 공간이다. 최근에 생긴 다양한 '방' 역시 이러한 편안함을 전제로 존재한다. 한국인은 방 문화를 통해서 자신만의 공간을 누리면서 동시에 '우리'라는 의식을 갖게 된다. 또한 산업이 발전하면서 삶의 기본인 의식주가 해결되자 여유로운 삶을 즐기고자 하는 사람들의 욕구가 팽배해졌다. 주5일 근무제로 바뀌면서 한국인들은 더더욱 여가 생활에 대한 관심이 많아졌다. 한국의 방 문화는 시간과 비용을 최대한으로 절약하면서도 최대한의 여가를 누리고자 하는 욕구의 반영이다.

4. 온라인에 형성된 방 문화에 대해 말해 봅시다.

미니홈피: '미니 홈페이지(mini homepage)'를 줄여 부르는 말이다. 자신의 방을 꾸미듯 개성 있게 장식할 수 있는 미니홈피는 '일촌 맺기'를 통해 가까운 친구들을 초대할 수 있는 1인 미디어로, 네티즌들이 인맥을 형성하는 주요한 소통의 장이다. 싸이월드에서 시작된 미니홈피는 블로그와 유사한 서비스로, 누군가에게 보여주고 싶은 일기장처럼 자신의 기분 상태를 표시하고 개인적인 낙서도 남길 수 있다. 또한 자신에게 의미 있는 기념일을 타인에게 알리거나 새로 찍은 사진을 사진첩에 올려 자신의 근황을 상세히 전할 수 있으며, 분위기를 돋우는 음악도 깔아놓을 수 있다. 미니홈피는 일반적인 홈페이지에 비해 관리하기가 쉽고, 일촌을 맺고 선물을 주고받을 수 있는 감성적 운영 방식 덕분에 인터넷 이용자들 대부분의 사랑을 받고 있다. 인터넷 이용자들 대부분이 미니홈피를 가지고 있을 정도로 보편화되었으나, 최근에는 개인 신상 정보 유출과 그에 따른 사이버 테러 등의 문제점도 드러내고 있다.

5. 아래에서 맞는 것에는 ○표, 틀린 것에는 ×표 하세요.

 1) '빨래방'은 세탁소와 비슷한 기능을 갖고 있다. (○)
 2) 한국의 노래방은 한국인의 회식문화와 밀접한 관련이 있다. (○)
 3) 주5일 근무제 실시로 여가에 대한 한국인의 관심이 높아졌다. (○)
 4) 노래방은 가족끼리 잘 가지 않는 곳이다. (×)

심화학습

1. 한국의 방 문화가 가져온 긍정적인 효과와 부정적인 효과에 대해 더 알아봅시다. (본문 참조)

2. 여러분 나라에도 한국의 방 문화에 해당하는 여가문화가 있는지 알아봅시다. (각자 풀이)

25 스포츠와 응원 문화

확인학습

1. 각 시대별로 한국인에게 사랑을 받았던 스포츠에 대해 말해 봅시다.

1960년대 한국인에게 가장 사랑을 받았던 스포츠는 프로레슬링이었다. 박치기왕 김일은 최고 인기스타였고, 온 동네 주민들은 TV가 있는 집에 모여 중계를 지켜보았다. 1970년대에는 고교야구의 인기가 높았다. 축구 또한 많은 한국인에게 사랑을 받았는데, 1972년 19세의 나이에 국가대표로 발탁되어 맹활약하고 1979년 독일 분데스리가에 진출한 차범근은 한국 축구를 대표하는 큰 별이기도 하다. 1980년대는 각종 스포츠 리그가 창설되며 그 어느 때보다 스포츠에 대한 열기가 뜨겁던 시기이기도 하다. 1982년 프로야구, 1983년에는 축구 슈퍼리그가 탄생했다. 뒤이어 민속씨름과 겨울철 실내스포츠인 농구, 배구가 각각 리그를 창설했다. 프로야구는 고교야구와는 또 다른 매력을 발산하며 명실공히 한국의 최고 인기스포츠로 자리 잡았다. 민족씨름 역시 남녀노소에게 인기가 높았으며, 이만기라는 스타를 배출하기도 했다. 특히 1988년에는 서울올림픽을 개최하여 한국의 국제적 위상을 높이기도 했다.

OECD에 가입할 만큼 경제력이 커진 1990년대에는 해외 인기 스포츠에 대한 수요가 폭발했다. 90년대 초반 최고 인기 종목은 NBA였다. NBA의 인기 중심에는 농구황제 '마이클 조던'이 있었다. 90년대 중반부터는 미국 프로야구(MLB)에 대한 관심이 고조되었다. '코리안 특급' 박찬호가 94년 LA다저스에 입단하면서 한국인 최초의 메이저리거가 되었고, 97년 14승으로 두 자리 수 승리를 기록하는 등의 활약을 하며 외환 위기로 실의에 빠진 한국인들에게 힘과 용기를 주기도 했다. 외환 위기 상황에서 등장한 또 하나의 스타는 LPGA 골프 선수 박세리였다. US여자오픈에서 보여준 맨발투혼은 국민에게 깊은 인상을 남겼고, 골프가 대중스포츠가 되는 데 기여하기도 했다.

2000년대에는 한일월드컵의 개최와 성공으로 축구의 인기가 높았고, 박지성, 이영표 등의 해외 진출은 해외 축구리그에 대한 관심을 높이기도 했다. 특히 영국의 맨체스터 유나이티드에서 활약하는 박지성 선수는 한국인들이 가장 좋아하는 스포츠 스타 중 한 명이다. 2000년대 후반 김연아의 등장은 피겨스케이팅에 대한 관심을 불러일으켰으며, 그녀는 2010년 밴쿠버 동계올림픽에서 금메달을 획득하며 인기의 절정을 달리기도 했다.

2. 한국의 응원 문화의 유래에 대해 말해 봅시다.

고대의 제천의식에서 조선 시대의 두레나 계에 이르기까지 한국의 역사 곳곳에서 응원 문화를 찾아볼 수 있다. 개인 또는 집단의 목적을 이루기 위해 모두가 하나가 되어 한뜻으로 화합해서 힘을 북돋아 주는 일, 이것이 응원 문화의 시작이다.

3. 2002년 월드컵에서 선보인 '붉은 악마'의 응원 문화에 대해 알아봅시다.

많은 한국인들은 경기에 출전한 한국 선수들을 응원하기 위해 선수들의 유니폼을 상징하는 붉은 티셔츠를 입고 거리에 모였다. 서울 시청 앞 광장을 비롯해 전국 곳곳의 길거리에 모여서 '대~한민국'을 외친 '붉은 악마'는 세계 언론의 주목을 이끌기도 했다. 응원이 끝난 후에는 쓰레기를 정리하고 질서 정연하게 귀가하는 모습을 보여주며 '뒷정리 문화'라는 선진 문화를 만들어내기도 했다. 이들의 응원은 국가대표 축구팀에 대한 응원을 넘어서서, 온 국민이 참여하는 하나의 큰 문화로 만드는 데에 큰 기여를 하였다.

4. 한국인의 응원 문화가 가져온 긍정적 요소에 대해 알아봅시다.

한국인의 길거리 응원 문화는 전 세계에 전파되어 한국과 한국의 스포츠를 알리는 계기가 되었다. 또한 시민이 자발적으로 거리 응원에 동참하여 '자발적 축제'의 장을 열었고 시민의식을 확인하는 계기이기도 했다. 한국인의 역동적인 문화의 힘을 확인하고 국민이 화합하는 계기를 마련하기도 했다.

5. 아래에서 맞는 것에는 ○표, 틀린 것에는 ×표 하세요.

1) 한국인에게 응원 문화는 낯선 것이 아니다. (○)
2) 한국에서 프로 스포츠는 2000년에 접어들어 시작되었다. (×)
3) '붉은 악마'라는 이름은 응원단이 입었던 셔츠 색에서 유래한다. (○)
4) 2002년 월드컵 이후로 한국의 응원 문화는 시들해졌다. (×)

심화학습

1. 한국인의 '신명'과 응원 문화의 연관성에 대해 더 알아봅시다.

한국의 전통 문화와 한국인의 심리를 이해하는 데에 '신명'은 중요한 개념이다. '신명'은 노동이나 축제 등의 과정에서 주로 발생하며, 창조적인 성과를 촉진하는 신이 나는 기운을 의미한다. 한국인의 경우 오랜 농경 문화의 전통으로 인해, 함께 일하면서 함께 놀이를 즐기는 집단적 문화가 형성되어 있다. 이러한 집단성의 문화와 한국인의 신명은 깊이 연관되어 있는 것이다. 두레나 품앗이 등 함께 일하는 노동 문화에서도 신명이 나며, 농악·굿판·윷놀이 등 함께 노는 놀이 문화에서도 신명이 난다고 한국인은 믿는다. 한국인의 길거리 응원 문화 역시 이러한 신명 개념에서 따로 떼어놓고 생각할 수 없다. 함께 같은 팀을 열렬히 응원하는 집단적 체험 속에서 한국인은 신명을 느낀다. 이러한 '신명'은 축제의 기운을 북돋으며 응원의 열기 역시 고조시킨다고 할 수 있다.

2. 여러분 나라의 응원 문화와 한국의 응원 문화를 비교해 봅시다. (각자 풀이)

 26 한국의 20대, G세대와 88만원 세대

확인학습

1. G세대에 대해 정리해 봅시다.

1) 유래
G세대의 'G'는 '세계적'을 뜻하는 영어인 'global'의 약자에서 유래했다.

2) 성장 배경
빈곤과 독재를 경험하지 않은 유복한 환경에서 성장했고 해외여행이나 조기유학, 어학연수 등이 보편화된 첫 세대로 어린 시절부터 디지털문화를 향유하며 다양한 경험을 했다.

2. G세대의 특징에 대해 써 봅시다.

한국의 다른 어떤 세대보다도 세계 무대에서 기죽지 않을 경쟁력을 갖추었고, 창의적이고 열린 사고 방식을 갖춘 미래지향적 세대로 평가된다. 또한 세상을 편견 없이 바라보며, 이전 세대가 한국 중심적인 시야로 세계를 보았다면 G세대는 세계화된 관점에서 세계에 대한 도전 욕구가 어느 때보다 강하다. 이전 세대와 달리 사회적인 쟁점에 대한 관심과 지식인으로서의 의무감이 덜하고 행복과 물질적 만족에 큰 가치를 두어 지극히 개인주의적이고 현실주

의적인 면모를 지니고 있다.

3. 88만원 세대에 대해 정리해 봅시다.

1) 유래
월 소득이 88만 원이라는 데서 유래했다.

2) 성장 배경
다른 어느 세대보다도 풍요롭게 자랐지만 이들은 어느 때보다 치열한 경쟁의 사회로 진출하게 된다. 학력 인플레이션이 심해져서 대학 교육의 희소성이 사라진 시대에 대학을 다닌 이들은 IMF 경제 위기 이후의 저성장, 무한 경쟁 시대의 사회로 진출하면서 어느 세대보다도 어려운 청년기를 보내고 있다.

4. 88만원 세대의 생활을 써 봅시다.

이들은 청년 실업이 뿌리 내리기 시작한 사회에서 비정규직으로 생활하고 있다.

5. 아래에서 맞는 것에는 ○표, 틀린 것에는 ×표 하세요.

1) G 세대의 부모는 베이비붐 세대이다. (○)
2) G 세대는 한국 중심적인 시각에서 벗어났다. (○)
3) 88만원 세대는 대학을 다니지 않는 세대이다. (×)
4) 청년 실업 문제를 해결하려는 정부의 정책들은 모두 실패했다. (×)

심화학습

1. 한국의 젊은이들이 선호하는 직업이 무엇인지 알아봅시다.

〈한국의 고등학생이 선호하는 직업〉

우리나라 고등학생이 가장 선호하는 직업은 교사라는 조사결과가 나왔다.

교육과학기술부는 한국직업능력개발원에 의뢰해 진로진학 상담교사가 배치된 1,350개 고교의 학생과 학부모 4,041명을 대상으로 조사한 '2011년 학교 진로교육 현황조사' 결과를 발표했다.

조사에 따르면, 고교생들의 직업 선호도는 교사(11%)가 가장 높았고 공무원(4.2%), 경찰관(4.1%), 간호사(3.9%)가 그 뒤를 이었다. 반면 학부모가 선호하는 직업은 공무원(17.8%)이 가장 많았고 교사(16.9%), 의사(6.8%), 간호사(4.8%) 순으로 나타났다.

학생들이 진로를 결정하는 데 가장 큰 영향을 준 사람은 부모란 응답이 43.3%로 가장 많았고, TV 등 언론(20.7%)이 뒤를 이었다. 학생들이 진로를 결정할 때 고려하는 요인은 과반(57.1%)이 '소질과 적성'을 꼽았고, 이어 학업성적(29%), 높은 소득(6.7%), 부모님 희망(4.2%) 순이었다.

학부모도 진로를 결정할 때 소질과 적성(62.8%)을 가장 중요하게 생각하는 것으로 나타났고, 다음으로 미래 전망(21.8%)을 꼽았다.

진로진학 상담에 대해 학생의 83.6%(매우 필요 37.5%, 필요 46.1%)가 필요성을 인정했다. 학생들이 진로진학 상담교사로부터 가장 도움을 받고 싶은 분야는 학과나 전공정보(30.6%), 나의 적성 발견(28.1%), 입시정보(19.3%) 순으로 나타났다.

(출처: 세계일보 2012. 1. 12일자 http://www.segye.com/Articles/NEWS/SOCIETY/Article.asp?aid=20120110005533&subctg1=&subctg2=)

2. 한국과 여러분 나라의 젊은 세대의 유사점과 차이점을 말해 봅시다. (각자 조사)

관련 웹사이트
통계청 http://www.index.go.kr/

Ⅶ 문학

 27 한국의 옛 노래: 시조와 가사

확인학습

1. 1에서 6까지 각 시조에 대하여 다음을 이야기해 봅시다.

1) 주제
  1: 봄밤의 정취(외로움)
  2: 만물을 비추는 달에 대한 칭송
  3: 떠난 임(연인)에 대한 그리움
  4: 나라(고려)에 대한 충신의 절개
  5: 살아서 다 못한 효성에 대한 회한
  6: 술 마시는 즐거움

2) 표현 방법
  1: 색채의 대비(시각적 이미지)가 뛰어남.
  2: 달의 성격을 친구의 우정에 비유함.
  3: 시간의 이미지를 물질화하여 표현함. '서리서리', '굽이굽이' 등 순 한국어의 사용이 두드러짐.
  4: '죽어', '있고 없고' 등의 '고'와 같은 동어 반복의 운율을 살림.
  5: '나다', '나이다'와 같은 부드러운 표현을 사용하여 효성의 지극함을 드러냄.
  6: '먹세그려'의 반복적 운율. 인생의 허무를 술 마시자는 행위로 간접적으로 표현.

3) 운율
  시조는 공통적으로 각장 2구 4음보로, 전체는 초장–중장–종장의 3장으로 구성된다. 이 중 마지막 연의 시작은 반드시 3음절로 구성된다. 이때 음절은 띄어쓰기의 음절 수가 아니라 한 음보의 마디 속의 음절 수를 의미한다. 이렇게 전체 3장 6구의 정형으로 구성된 시조를 평시조라고 한다. 이와 달리 6의 시조처럼 중장이 길어진 시조를 사설시조라고 한다.

2. 각 시조에서 알 수 있는 한국인의 사상이나 생활 태도에 대하여 이야기해 봅시다.

　　1, 2에서는 사대부들의 자연친화적 태도를 알 수 있다.
　　3에서는 선비가 아닌 기생의 솔직한 감상이 잘 드러난다.
　　4와 5에서는 유교의 덕목인 충과 효의 사상이 잘 드러난다.
　　6에서는 선비들의 풍류가 묻어난다.

3. 〈규원가〉에서 다음을 이야기해 봅시다.

1) 주제가 잘 드러난 곳
　　가사도 시조와 마찬가지로 1행 4음보로 구성된다. 하지만 그 행수의 제한이 없다는 점에서 시조와 다르다. 그러나 마지막 행만은 시조와 마찬가지로 첫 구 3음절로 구성된다.
　　가사에서도 시조와 마찬가지로 맨 마지막 행에 주제가 집약되어 있다. 이 밖에 이 노래에서는 시집살이를 하면서 남편의 사랑에만 기대어 살아야 하는 여성의 한이 곳곳에 잘 배어 있다. 첫 3행과 마지막 3행에 신세 한탄이 집약되어 있다.
2) 중국의 고사(古事)를 인용하여 표현한 곳

　　(어구 풀이 참조)

3) 지은이가 여성임을 알 수 있는 곳
　　군자호구를 바랐는데 경박자를 만났다는 내용, 여성의 희고 아름다운 얼굴을 표현하는 '설빈화안'이라는 표현, '옥창', '옥수' 등의 표현(구슬로 표현하는 것은 대개 여자와 관련), '부용장(내부가 들여다보이지 않도록 여자의 문을 가리는 장막)'의 표현, '우리 님'과 같은 표현(이는 여자만이 썼음).
　　이 밖에 전체적인 어조에서도 여성적인 특성이 느껴짐.

4. 위 시들에서 알 수 있는 시조와 가사의 특징을 정리해 봅시다.

① 시조
　　시조는 초장, 중장, 종장으로 이루어져 있고, 각각이 1행이고 4음보로 구성되며 종장의 첫 음보는 항상 3음절이다.

※ 기타 특성
　　'시조'라는 명칭의 원뜻은 시절가조(時節歌調), 즉 당시에 유행하던 노래라는 뜻이었으므로, 엄격히 말하면 시조는 문학의 명칭이라기보다는 음악곡조의 명칭이다. 조선후기에서 그 명칭의 사용은 통일되지 않아서 여러 명칭들이 두루 혼용되었다.
　　시조는 3장(章) 45자(字) 내외로 구성된 정형시라고 할 수 있다. 시조는 3행으로 1연을 이루며, 각 행은 4보격(四步格)으로 되어 있고, 이 4보격은 다시 두 개의 숨 묶음으로 나누어져 그 중간에 사이쉼을 넣게 되어 있다. 그리고 각 음보는 3 또는 4개의 음절로 구성되는 것이 보통이다. 이제 그 기본형을 도시(圖示)하면 다음과 같다.

　　초장 3 · 4　4 · 4
　　중장 3 · 4　4 · 4
　　종장 3 · 5　4 · 3

　　그러나 이 기본형은 어디까지나 하나의 가상적인 기준형에 지나지 않는 것이고, 절대 불변하는 고정적인 제약을 받는 것은 아니다. 한국어 자체의 성질에서 오는 신축성이 어느 정도 허용되는 규준이다. 먼저 음수율을 살펴보면 3 · 4 또는 4 · 4조가 기본 운율로 되어 있다. 이 기본운율에 1음절 또는 2음절 정도를 더 보태거나 빼는 것은 무방하다. 그러나 종장은 음수율의 규제를 받아 제1구는 3음절로 고정되며, 제2구는 반드시 5음절 이상이어야 한다. 이 같은 종장의 제약은 시조 형태의 정형(整型)과 아울러 평면성을 탈피하는 시적 생동감을 깃들게 한다.

참조 웹사이트

네이버 지식사전 http://terms.naver.com/entry.nhn?docId=695933 참조

② 가사

가사는 4음보 연속체로 된 율문으로 한 음보를 이루는 음절의 수는 3, 4음절이 많고 행수에는 제한이 없다. 마지막 행이 시조의 종장처럼 되어 있는 가사를 정격이라 하고, 그렇지 않은 것을 변격이라 한다.

※ 기타 특성

가사는 고려 말에 발생하고 조선 초기 사대부계층에 의해 확고한 문학 양식으로 자리잡아 조선 시대를 관통하며 지속적으로 전해 내려온 문학의 한 갈래이다. 4음 4보격을 기준 율격으로 할 뿐, 행(行)에 제한을 두지 않는 연속체 율문(律文)형식을 갖고 있다. 주요 작가층은 사대부계층이며, 장르 자체가 지닌 폭넓은 개방성 덕분에 양반가(兩班家)의 부녀자, 승려, 중·서민(中·庶民) 등 기술(記述) 능력을 갖춘 모든 계층이 참여했던 관습적 문학양식이다. 내용 또한 까다로운 제한요건이 없어 다채롭게 전개되었다.

참조 웹사이트

자세한 내용은 네이버 지식사전 http://terms.naver.com/entry.nhn?docId=564576 참조

심화학습

1. 사설시조가 창작된 시대적 변화에 대하여 알아봅시다.

사설시조는 장시조(長時調) 또는 장형시조(長形時調)라고도 한다. 평시조의 틀에서 두 구 이상에서 틀을 벗어나 각각 그 자수(字數)가 10자 이상으로 늘어난 시조이다. 형식은 일반적으로 초장(初章)·종장(終章)이 짧고, 중장(中章)이 대중없이 길며, 종장의 첫 구만이 겨우 시조의 형태를 지니는 것과, 3

장 중에서 2장이 여느 시조보다 긴 것이 있다.

시조를 형식상 분류하면 정제된 형식 속에서 규범을 지키면서 읊조리는 평시조와 형식과 규범을 벗어난 엇시조와 사설시조로 구분된다. 이 중에 사설시조가 형식면에서 더 파격적으로 벗어나 어조가 율조가 아닌 사설체로 되어 있고, 초장 중장 종장의 구분이 가능하다.

사설시조는 조선 숙종 대 이후 나타나기 시작하여 영·정조시대 서민문학이 일어났을 때 주로 중인(中人)을 비롯하여 시조작가·부녀자·기생·상인 등 서민들과 몰락한 양반이 불렀다. 형식에 구애받지 않고 자수(字數)가 자유롭기 때문에 내용적인 면에서 양반·귀족처럼 관념적·고답적인 것이 아니라, 주변 생활이 중심이 된 재담(才談)·욕설·음담(淫談)·애욕 등을 서슴없이 대담하게 묘사·풍자하고, 형식 또한 민요·가사·대화 등이 섞여 통일성이 없는 희롱사로 변하였다. 이와 같이 사설시조는 인간생활의 실상을 사실적으로 담아내고 있다는 점이 특징이다.

[출처: 사설시조 (辭說時調) | 네이버 백과사전]

2. 여인들이 지은 시조와 가사의 특성을 알아보고 여러분 나라의 전통 노래와 비교하여 봅시다.
   (각자 조사)

28 한국의 고전소설: 《춘향전》

확인학습

1. 《춘향전》에서 다음을 설명해 봅시다.

1) 시대적 배경

문학이란 사회의 거울이므로 춘향전에도 19세기 조선의 사회상이 광범위하게 반영되어 있다. 조선 후기 사회는 특히 봉건제도의 해체와 거기에 따르

는 근대사회로의 성장이 특징적이다. 전근대사회를 근대사회와 구분하는 기준의 하나로 신분제사회인지 아닌지의 기준이 있다. 전근대사회는 협동과 세습에 기초하여 형성된 신분제가 인간과 인간 사이에 차등을 두는 기본적인 요소로서 작용하였고, 또 사회 체계의 해체 과정을 나타낸다고 할 수 있다. 춘향전은 조선 후기 사회에 격심한 신분 변동이 진행되고 있음을 잘 보여주는 작품이다. 춘향이 천민 대우를 받던 기생이면서 양반으로의 신분 상승을 꿈꿀 수 있었던 것은 바로 이렇게 신분제 사회가 흔들리던 조선 후기의 사회적 성격에 바탕을 두고 있다.

2) 등장인물의 성격

춘향전은 한국인들이 가장 좋아하는 사랑 이야기이다. 한국에서 초등학교 이상의 교육을 받은 사람 중에서 춘향전을 모르는 사람이 있을까? 유럽에 로미오와 줄리엣이 있고, 중국에 양산백과 축영대가 있다면 한국에는 성춘향과 이몽룡이 있다고 자부할 만하다.

그러나 춘향전에는 성춘향과 이몽룡만 등장하는 것이 아니다. 춘향전은 어느 왕의 시대를 배경으로 하고 있고, 이몽룡의 아버지는 누구인가? 이에 대해서 답을 할 수 있는 사람은 뜻밖에 많지 않다. 즉, 춘향전은 한국인들이 잘 알지만 잘 모르는 이야기일 수도 있다.

춘향전의 등장인물을 살펴보는 것은 우리나라 고전문학의 백미인 춘향전을 보다 깊이 이해하는 한 방법이 되리라고 본다. 춘향전은 이본이 100종 이상에 이를 뿐 아니라, 현대에도 소설, 창극, 오페라, 무용, 드라마, 만화, 영화 등 다양한 장르로 끊임없이 재창작되고 있다. 또한 각 작품마다 등장인물이나 내용에도 약간의 차이가 있다.

−남원 관아의 여러 기생들: 명월, 도홍, 채봉, 연심, 명옥, 앵앵, 계향, 운심, 애절, 행화, 강선, 탄금, 금낭, 양대선, 월중선, 화중선, 낙춘 등, 남원부사로 내려 온 변학도의 부임 날 기생 점고에 나온 기생들.

−남원 관아의 여러 관속들: 회계 생원, 이방, 호장, 형리, 옥사쟁이, 공형 등.

−남원 인근의 수령들: 운봉, 구례, 곡성, 순창, 진안, 장수 등의 원들. 변학도의 생일 잔치에 초대되어 갔다가 어사출두를 만남.

−농부들: 전라도 남원 인근의 주민들로, 암행어사로 내려오는 몽룡에게 춘향의 소문을 들려 주는 인물들.

−방자: 남원 관아의 통인. 5월 단오에 풍광을 즐기려는 몽룡을 광한루로 안내하여 춘향과 만나게 하였고, 춘향을 사모하는 이몽룡의 밀회를 도와 줌. 영화나 드라마 등의 작품에서는 춘향의 편지를 전하기 위해 한양에 가거나 향단과 정을 나누는 등의 중요한 역할을 담당하기도 하나 원작에서는 그에 대한 언급이 없음.

−변학도: 한양 자하골의 양반으로 이한림에 이어 남원부사로 내려옴. 춘향의 소문을 듣고 수청을 강요했으나 거절당하자 옥에 가둠. 자신의 생일 날 춘향을 참하려다가 어사가 된 몽룡에 의해 봉고파직당함.

−봉사: 점술과 복술을 하는 맹인. 월매의 부탁을 받고 춘향의 꿈을 해몽해 줌.

−성참판: 춘향의 부친. 이름은 미상이나 참판 벼슬을 지낸 양반으로 월매를 소실로 취하고 만년을 지냄. 자식을 두기로 원하는 월매의 청을 수락하여 함께 명산을 찾아다니며 기도해 줌. 춘향이 성장하기 전에 세상을 떠난 듯하나, 죽음의 과정에 대해서는 언급이 없음.

−성춘향: 이 소설의 여주인공. 신선계의 인물인 낙포의 딸이었는데, 광한전의 적송자와 사랑을 나누다 옥황상제의 노여움을 받고 월매의 딸로 태어남. 남원부사 자제인 이몽룡과 오작교에서 만나 사랑을 나누었음. 후임 부사인 변학도의 수청 요구를 거절하다 장형을 받고 옥에 갇히는 등 수난을 당함.

−숙종: 조선 19대 임금. 과거에 장원급제 한 이몽룡에게 술잔을 건네며, 전라도 암행어사로 제수함. 춘향의 정절을 들은 뒤 정렬부인 칭호를 내림. 소설

에서는 요순 같은 성군이라고 묘사함.

– 아이: 월매의 심부름으로 춘향의 편지를 갖고 한양으로 가던 중 암행어사가 되어 내려오는 몽룡을 만나 편지를 전함. 방자가 편지를 전하는 것으로 나오는 영화나 드라마가 많으나 원작에서는 남원의 아이로 나옴.

– 월매: 춘향의 모친. 삼남의 이름난 기생으로 있다가, 성참판의 소실이 된 퇴기. 성참판과 함께 지리산에서 기도한 후 춘향을 낳음. 춘향이 몽룡과 가약을 맺는 것을 허락했고, 춘향이 옥에 갇힌 후 치성을 드리는 등 뒷바라지를 함.

– 이몽룡: 이 소설의 남주인공. 남원부사인 부친을 따라 남원에 머물던 중에 춘향과 사랑을 나누게 됨. 춘향과 이별한 후 장원급제를 하고 전라도 어사가 되어 와서 춘향을 구함. 정조를 지킨 춘향을 정실 부인으로 맞이하여 해로함.

– 이한림: 몽룡의 부친. 서울 삼청동의 양반으로 대대로 충효로 이름난 명문. 충효록을 읽던 숙종에 의해 남원부사가 됨. 동부승지로 승차하여 몽룡과 춘향이 이별하는 계기를 주었음.

– 향단: 춘향의 몸종. 춘향과 함께 광한루에 갔다가 함께 몽룡을 만남. 몽룡이 어사의 신분을 감추기 위해, 남루한 차림으로 왔을 때, 월매는 박대했으나 향단이 따뜻하게 대하는 등 주인에 대한 정성과 사리분별력을 지닌 인물. 방자와 사랑을 나누는 것으로 설정한 영화나 드라마 등의 작품이 많으나, 원작에는 그에 대한 언급이 없음.

2. 춘향과 이몽룡의 사랑은 어떠한 특징을 보이는지 말해 봅시다.

조선 시대의 고전소설은 대체로 세 가지 유형으로 구분할 수 있다. 청춘 남녀의 애정을 다루는 애정소설, 영웅의 파란만장한 일생을 다룬 영웅소설, 결혼한 부부의 가정과 가문을 다루는 가정가문소설이 그것이다. 애정소설은 한국 고전소설의 시발점

이라고 할 수 있는 『금오신화』에서 비롯하여 17세기를 거치면서 꾸준히 발전해 왔다. 동서고금을 막론하고 남녀 사이의 애정은 서사문학에서 가장 핵심적인 이야깃거리였다. 그러나 조선 시대는 성리학적인 이념을 굳게 고수했기 때문에 애정 이야기가 폭발적인 성장을 하지 못한 것이 사실이다. 소설 작가와 독자들은 애정에 대한 욕망을 끊임없이 억압당해 왔다고 볼 수 있다. 대신에 가문의 유지와 성리학적 윤리에 대한 자기반성을 부단히 요구하는 엄숙한 소설이 고급독자들을 사로잡았다. 『춘향전』은 이런 소설사의 분위기를 한꺼번에 부정했던 작품이다. 19세기라는 시대적 요구가 낳은 결과라고도 할 수 있다. 결혼하지 않은 남녀의 혼전 성행위가 자세하게 묘사되고, 사대부와 기생 집안의 여성이 사랑을 하고, 그런 여성이 사대부의 정실 부인이 되는 이야기는 아무리 소설이라고는 하지만 당시로서는 대단한 파격이 아닐 수 없다.

3. 《춘향전》이 영화나 드라마로 계속해서 만들어지는 이유는 무엇인지 생각해 봅시다.

소설은 감동의 문학이다. 인물과 인물, 자아와 세계의 대결을 형상화하는 문학이기 때문이다. 그 갈등이 선명하게 드러날수록 소설은 재미있다. 반대로 갈등이 복잡하고 내재적이어서 한눈에 알아차릴 수 없으면 따분해진다. 갈등이 선명한 것은 대중소설이나 멜로드라마가 되기 십상이다. 춘향전은 이런 의미에서 본다면 분명 대중소설이자 멜로드라마이다. 그렇다고 해서 가치를 폄하할 필요는 없다. 아마 당시의 독자들은 소설을 읽으면서 요즘 우리가 TV 드라마를 보는 것과 유사한 느낌을 받았을 것이다. 이를 통해 그들은 삶의 억압에서 잠시나마 벗어날 수 있었을 것이다.

1. 본문의 인용문을 중심으로 이 작품에 나타난 판소리의 특성에 대해 더 알아봅시다.

　　춘향전은 생동감이 넘치는 작품이다. 인물의 성격에서도 그렇지만 무엇보다 장면을 꾸미는 문장과 어휘의 생동감을 맛볼 수 있다. 조선 시대 소설은 대부분 한문 어투의 문체적 특징을 지니고 있다. 한문 어투가 조선 시대 소설의 가치를 떨어뜨리는 것은 아니다. 특히 대하 장편소설은 한문 어투로 인해 문체의 품격이 살아난다. 그러나 춘향전은 구어체로서의 문체적 특징을 지니고 있다. 의태어와 의성어가 적절하게 구사되고 있으며, 현장감 있는 대사가 구현되고 있다. 이러한 소설의 문체는 공연 문학인 판소리의 영향을 강하게 받았기 때문에 가능해진 것이다. 이것 또한 춘향전이 지니고 있는 독특한 특징이자 소설사적 의의가 아닐 수 없다. 물론 한국어에 익숙하지 않은 외국의 독자들은 이런 문장과 어휘를 대하면 낯설고 어렵다는 느낌을 먼저 받을 것이다. 그렇다고 대충 건너뛰지 말자. 이 작품 속에 사용되는 언어는 조선 시대 민중들이 실제로 사용했던 현장언어이다. 이는 이 작품이 구비문학의 대표격인 판소리의 영향을 받았기 때문이다. 이 작품을 읽으면서 살아 있는 과거의 언어를 마음껏 향유하고 학습하는 것이 중요하다.

2. 춘향전의 문학성은 풍자(諷刺)와 해학(諧謔)에 있다고 합니다. 이 글에 풍자와 해학이 어떤 방식으로 나타나 있는지 말해 봅시다.

　　이 소설은 원래 판소리의 사설에서 생겨난 작품이기 때문에 판소리 특유의 풍자와 해학을 등장인물들의 대사와 표현에서 많이 찾아볼 수 있다. 특히 변학도로 대표되는 당시의 탐관오리들에 대한 비판과 풍자가 많이 담겨 있다. 이 작품은 단순히 춘향과 이몽룡 사이의 사랑을 다룬 이야기가 아니라 부패한 지배층에 대한 민중의 비판과 풍자라는 또 다른 특성을 갖고 있다. 이 작품의 대사 가운데 지배층에 대한 비판과 풍자의 목소리를 발견하는 것이 중요한 것도 바로 이러한 맥락에서이다. (학생들로 하여금 작품의 구체적인 표현이나 풍자나 해학을 대표하는 인물들을 찾아보게 한다.)

29 한국의 현대시: 개화기부터 해방까지

1. 각 시의 주제를 말해 봅시다. (생략)

2. 위 시들을 사조(思潮)별로 나누어 그 특성을 말해 봅시다. (생략, 심화학습 1번 참조)

3. 위 시들 중 식민지 현실이 잘 나타난 시를 골라 시인의 현실인식에 대하여 말해 봅시다. (생략)

4. 한국어의 아름다움을 잘 느낄 수 있는 시를 찾아 그 표현 기교를 말해 봅시다. (생략)

1. 위 설명 글을 바탕으로 한국 현대시의 흐름을 정리해 봅시다.

(이 내용은 양승준, 양승국 편, [한국현대시 500선] 해설 참조)
(개화기부터 해방이전까지)

1) 전환기의 좌절과 희망
　　우리가 흔히 개화기(開化期)라고 부르는 시기는 보통 1870년대～1910년대를 말하지만, 개화기의 문학은 이보다는 조금 늦게 1890년대 이후 성립된다. 그 내용에서 개화기의 현실 인식을 담고 있는 개화기 문학은 산문에서는 역사·전기 문학과 이른바 신소설류가 그 중심이 되고, 시가에서는 전통 시가의 형식을 계승한 개화가사, 개화기시조와, 외래문화의 영향으로 새로 소개된 시형(詩形)인 창가와 신체시가 그 중심을 이룬다.

개화가사와 개화기시조는 공통적으로 개화 의식에 대한 비판적 경계심이 그 중심 주제를 이루면서 작가도 봉건적 인물이거나 미상인 경우가 대부분인 반면, 창가와 신체시는 개화기의 신흥 문물에 대한 찬양과 진취적인 기상을 드러내는 전문적 작가의 작품인 경우가 많다. 창가와 신체시는 개화기에 활발하게 설립된 각종 학교의 교가와 응원가, 그리고 기독교의 찬송가와 서양식의 행진곡 등의 음악의 영향을 크게 받아 성립하였다. 그러나 한편으로는 전대의 가사와 시조, 그리고 민요의 형식도 동시에 존재하고 그 어떤 하나의 형식이라고 볼 수도 없는 이른바 자유시형을 지닌 시가도 다수 발표되기도 하였다. 따라서 개화기 시가의 어떤 작품을 특정한 한 형식에 담아 두거나, 최초의 신체시 아니면 최초의 자유시 등으로 규정하는 것은 올바른 작품 이해의 방법이 되지 못한다.

이러한 1910년대의 시는 1919년 일대 전환을 이룬다. 1919년 1월 김동인(金東仁)과 주요한(朱耀翰)이 중심이 되어 창간된 『창조』는 최초의 근대 문예 동인지로서 자각적인 문학 활동으로서의 시와 소설을 다수 싣고 있으며, 1919년의 3·1 운동의 실패는 때마침 유행하던 세기말적 풍조와 맞물려 많은 지식인 시인으로 하여금 허무와 좌절을 읊조리게 하였던 것이다. 근대 의식이 개인의 주체 의식의 확보를 전제로 한다고 할 때, 1920년대의 근대시는 이러한 비관적 주체 의식 하에서 출발하며, 구체적으로는 『백조』를 중심으로 한 이른바 퇴폐적 낭만주의가 그 대표적 모습이다.

그러나 이러한 1920년대 초의 허무와 좌절은 곧이어 등장한 김소월(金素月)과 한용운(韓龍雲)에 의해 단순한 허무와 좌절이 아닌 새로운 차원으로 극복·승화되기에 이른다.

김소월은 김억(金億)·김동환(金東煥)·주요한 등과 함께 '민요조 서정시[민요시]'를 다수 발표한다. 민요조 서정시란 민요적인 3음보의 율조를 기본으로 하고, 설화적인 소재를 취급하며, 향토성 짙은 서정을 노래하는 시를 말한다. 김소월은 이러한 민요조 서정시를 창작하면서도, 정형적 율조에만 머물지 않으면서 개인의 비애를 넘어서는 민족적 정한을 노래함으로써 군계일학(群鷄一鶴)의 일급 시인으로 떠오른다. 그에 의한 민요조 서정시는 당대의 억눌린 식민지 정서를 해소해 줌으로써 무기력한 지식인의 자기 토로(吐露)의 현장으로부터 시의 본래적 존재 의의를 정립시켜 줄 수 있었다.

한용운의 등장은 훨씬 더 이채로우며 암흑 속의 등불과도 같은 것이었다. 우선 그의 이력에서 보듯 민족 지사이자 불교 운동가로서의 그의 시작(詩作)은 단연 주목받을 만한 것이지만, 그보다는 그의 시가 단순한 관념의 표출이 아닌 정제된 한국어의 갈고 닦음의 노작(勞作)이라는 점, 그러나 그는 일반적인 습작이나 추천의 흔적을 보이지 않은 채, 시집 『님의 침묵』으로 홀연히 문단에 등장했다는 점, 그리고 무엇보다도 여기에 실려 있는 모든 시가 전래의 한국시가 보여 준 그러한 낭만적 애상의 정조와는 전혀 거리가 먼 새로운 시 세계를 보여 주고 있다는 점에서, 한용운의 등장은 한국 근대시사의 획기적(劃期的)인 사건이었다. 이러한 한용운의 시 세계는 바로 한국 근대시의 새로운 전개를 알리는 서곡으로, 그로 말미암아 한국의 근대시는 한 차원 높아진 형이상학의 세계를 노래할 수 있었던 것이다.

이렇듯 1920년대의 시는 초기의 허무와 좌절에서부터 김소월과 한용운에 의해 새로운 희망과 의지의 전기(轉機)를 맞게 된다. 그런 한편으로 이러한 식민지 현실에 대한 울분을 적극적인 저항의 주제로 표현해 내는 일군의 시인들을 우리는 만나게 된다.

2) 식민지 현실의 폭로와 저항의 의지

1920년대 『백조』를 중심으로 한 퇴폐적 낭만주의는 1922년 '힘(力)의 예술'을 들고 일본에서 귀국한 김기진(金基鎭)과 그에 동조한 배재중학 동기생인 박영희(朴英熙)에 의해서 일대 전환을 맞게 된다. 1920년대 초의 한국의 문단은, 이광수(李光洙), 최남선(崔南善)의 계몽주의, 김동인(金東仁)을 중심으로 한 예술지상주의, 염상섭(廉尙燮)의 일본식 자연주의, 『백조』를 중심으로 한 퇴폐적 낭만주의 등의 흐름이 뒤섞여 있었다. 여기에 새로운 문학 운동으로서 '계급주의 문학'이 가세하게 된다.

계급문학은 보통 '프로문학' 또는 '경향문학'으로 불리지만, 활동 초기에는 '신흥문학' 또는 '신경향파 문학'이라고도 불렸다. 이 중 특히 '신경향파 문학'이라는 용어는 박영희에 의해 명명된 것으로 보통 KAPF(조선프롤레타리아예술가동맹) 조직 이전의 자연발생적 계급주의적 색채의 문학을 의미한다. 계급문학은 1922년 송영(宋影), 이적효(李赤曉), 박세영(朴世永) 등의 염군사(焰群社)라는 최초의 사회주의 예술 단체의 조직으로 구체화된다. 그러나 이 단체에서 발간한 『염군』이라는 잡지는 발간 금지를 당하여 그 자세한 작품 활동은 알 수 없다. 1924년에는 PASKYULA라는 문학 서클이 조직된다. 이 단체는 박영희, 안석영(安夕影), 김기진, 이익상(李益相) 등의 구성원이 자신들의 이름의 영문자를 모아 이름을 붙인 친목적인 문학 단체로서, 한두 번의 문학 강연회 외에는 뚜렷한 활동은 보이지 않는다.

이 두 단체가 1925년 8월 하나로 통합하여 조직한 단체가 바로 '카프 KAPF'이다. 그러나 이 단체도 창립 당시에는 뚜렷한 강령이나 활동 방침이 정해지지 않은 이름만의 서클적 성격의 모임에 지나지 않았다. 그러던 것이 1927년 박영희에 의해 분명한 목적의식의 활동 방침이 주창되고 다수의 구성원이 이에 동조하면서 카프는 1935년 해산될 때까지 한국 문단 내의 최대 구심점으로 자리 잡게 된다. 1920년대 중반부터 1930년대 중반의 약 10년 동안은 이러한 카프를 중심으로 한 계급문학 시대라고 하여도 과언이 아닐 만큼, 이들이 차지하는 문단의 비중은 매우 컸다.

1920년대 이후 각종 사회주의 단체들이 조직되면서 지식인들의 현실 비판 의식이 눈뜨게 되고 날로 가혹해져 가는 식민지 지배에 대한 저항 의지가 싹트게 되면서, 이러한 현실에 적극적으로 맞서고자 하는 저항문학 또는 현실주의(realism) 문학 운동이 활발히 전개된다. 이러한 문학 운동의 구심점 역할을 하였던 조직이 바로 카프로서 이들에 의한 계급 문학은 곧 일제에 대항하는 저항 문학의 성격을 띠게 되는 것이다. 이들의 문학은 1934년의 박영희의 전향 선언의 한 문구 "얻은 것은 이데올로기며, 상실한 것은 예술 자신이었다."에서 보듯 흔히 예술성의 포기로 비판받고 있기도 하지만, 그렇다고 이들이 막무가내로 문학 작품에서 선전·선동만을 주장한 것은 아니었다. 어디까지나 사상성을 근거로 한 예술적 감동이 이들 문학의 목표였다. 이들의 문학 활동은 비평과 소설 창작에서 두드러지지만 시에 있어서도 많은 훌륭한 작품을 남겼다. 비록 현실적 제약으로 많은 작품들이 복자(伏字)처리를 당하여 그 전모를 알 수는 없지만 이 단원에 소개되고 있는 작품만으로도 당시 치열하게 살아갔던 우리 선조들의 저항 문학 정신을 엿볼 수 있을 것이다.

이러한 현실 폭로와 저항의 의지는 일부 민족주의 시인들에 의하여서도 활발히 전개된다. 그 대표적 시인이 이육사(李陸史)와 윤동주(尹東柱)로 이들은 작품 활동과 독립 운동을 병행하다가 불행히도 해방을 보지 못하고 옥사하고 만다. 특히, 윤동주는 그의 모든 작품들이 사후에 유고집으로만 소개되는 비극적인 삶을 살다간 시인이지만, 그만큼 이들의 시에는 조국 광복에 대한 열망이 뜨거운 민족애로 넘쳐나는 것이다. 이 외에도 전문적인 시인이기보다는 소설 창작과 연극·영화 운동을 통하여 민족운동에 힘을 쏟았던 심훈(沈熏)의 유고시도 우리에게 진한 감동을 전해 준다.

〈보충자료〉
신경향파 문학과 카프

* 신경향파
  박영희가 「신경향파의 문학과 그 문단적 지위」

(『개벽』, 1925.12)에서 처음 사용한 후 한국문학사에서 문학 용어로 자리 잡았다. 원래는 서구에서는 경향문학이라 하여 순수 문학에 대립하는 진보적 성향, 즉 경향성(tendency)을 지닌 문학을 가리키는 용어인데, 박영희는 여기에 '신'자를 덧붙여서 새로운 용어를 만든 것이다. 카프 성립 이후 프롤레타리아 문학이 조직적으로 활동하기 이전의 자연발생적인 현실 부정적인 문학을 말하는 것으로 흔히 현실에 대한 감상적(感傷的) 저항과 파멸, 또는 관념적 자기 폭로의 주제를 취한다. 이러한 신경향파 문학이 대두될 수 있었던 배경으로는 ①김기진과 박영희가 주도하여 『백조』 중심의 낭만주의 문학을 비판하고 『개벽』을 중심으로 현실 비판적인 문학을 주창한 것, ②1차 세계대전 이후 세계 개조, 사회 개조, 자아 개조 등의 새로운 문화 운동이 활발하게 소개된 것, ③흑도회, 흑우회, 신생활사, 무산자 동지회 등의 사회주의 단체들이 국내에서 활동하게 된 것 등을 들 수 있다. 이에 해당하는 대표적인 작품들로는 「기적불 때」(희곡: 김정진, 1924.1), 「붉은 쥐」(김기진, 1924.11), 「탈출기」(최서해, 1925.3), 「사냥개」(박영희, 1925.4), 「기아와 살육」(최서해, 1925.6), 「홍염」(최서해, 1927.1) 등을 들 수 있다.

* 카프(KAPF: 조선프롤레타리아예술가동맹)

1925년 8월 조직된 문학 예술인들의 조직체로서 Korea Artista Proletaria Federatio의 에스페란토어식 표기의 머리글자를 따서 '카프(KAPF)'로 약칭한다. 1919년 3·1운동 이후 일제의 식민지 정책이 문화 정치로 전환하고, 러시아혁명의 영향으로 사회주의 사상이 광범위하게 확산되면서 새롭게 등장한 프롤레타리아 문예 운동 단체이자 한국 최초의 전국적인 문학 예술가 조직이다. 1922년 9월 이호, 이적효, 김두수, 최승일, 박용대, 김영팔, 심대섭, 송영, 김홍파 등이 조직한 염군사(焰群社)와 1923년 박영희, 안석영, 김형원, 이익상, 김기진, 김복진, 연학년 등이 조직한 파스큘라(PASKYULA)가 결합하여 1925년 8월 결성되었다.

창립 당시에는 구체적인 강령과 활동 방침 등이 정하여지지 않다가 1926년 1월 준기관지 성격의 『문예운동』을 발간하면서 문학 예술계의 전면에 등장하게 된다. 이후 1927년 3월 일본에서 조직된 '제3전선'파의 회원들인 이북만, 김두용, 조중곤, 한식, 홍효민 등과 합세하여 1927년 9월 구체적인 '조선프로예맹 강령'을 제정하면서 문예 운동의 구심점으로 활동하게 된다. 이후 카프는 1927년 10월 제3전선파들을 중심으로 일본에 동경 지부를 설치하고 1927년 11월 기관지 『예술운동』을 발간하면서 보다 분명한 계급주의적 색채를 드러내게 된다. 그러나 경성 지부와 동경 지부간의 운동 노선의 차이에 따라 1929년 5월 동경 지부는 『무산자』라는 독립적인 기관지를 발간하면서 독자적인 길을 걷게 되고, 1929년 11월 카프 동경 지부는 정식으로 해체된다. 이후 이들 동경 지부의 맹원들이 1930~1931년 국내에 귀국하여 카프의 보다 극좌적인 프롤레타리아 문예 운동을 주창하게 되고 이에 따라 카프의 주도권은 김남천, 임화, 권환, 안막 등의 소장파 맹원들에게 넘어가게 된다.

그러나 1931년 8월 '조선공산당 공산주의자협의회 사건'에 연루되어 카프의 김남천이 구속된 후, 내부적인 이론 투쟁 과정을 겪다가 박영희, 백철, 이갑기 등의 전향론이 제기되면서 더 이상의 조직적인 활동은 불가능해지고 만다. 이후 1934년 5월 프롤레타리아 극단 '신건설(新建設)'의 선전 삐라를 지니고 있던 극단원이 전주에서 검거되면서 전 문단(文壇)으로 수사가 확대되어 한설야, 이기영, 송영, 백철 등 많은 맹원들이 구속된다. 카프의 활동을 비합법적인 것으로 간주한 일제 당국의 방침에 따라 결국 1935년 5월 21일 서기장인 임화가 해산계를 제출함으로써 카프는 공식적으로 해산되고 만다.

이러한 카프는 프롤레타리아 계급의식에 근거한 문학의 현실 비판적인 성격을 강조하여 민족주의 문학 진영의 순수문학론의 입장과 대립하였다. 이와 함께 카프는 1926년 12월부터 전개된 김기진과 박영희의 '내용형식논쟁'을 기점으로 하여 '목적의

식론', '농민문학론', '동반자문학론', '리얼리즘론' 등 일련의 문학 논쟁을 전개하면서 1930년대 초까지 한국 문단의 구심점으로 활동하였다. 이러한 카프의 활동에 대하여 문학의 순수성을 무시한 정치주의적 문학운동이라는 비판도 가능하지만, 이기영, 임화, 한설야, 김남천 등의 많은 작가들이 카프에 참여하여 다수의 우수한 작품들을 창작해 내고, 활발하게 문학 이론을 전개하면서 한국문학의 근대성을 모색한 점은 높이 평가되어야 할 것이다.

3) 순수서정과 모더니즘의 세계

1930년대에 들어서면 한국의 근대시는 전대와는 다른 '현대적'인 모습들을 지니기 시작한다. 1929년을 전후하여 일본에서 외국 문학을 전공하고 귀국하는 이른바 '해외문학파' 멤버들이 문단에 편입되면서부터, 문학 활동에 있어서 내용보다는 기법에 관심을 두는 일군의 시인들이 부각되기 시작한다. 이들의 핵심은 단연 1930년에 출발하는 '시문학파'이다.

『시문학』은 1930년 3월 창간되었다. 이의 구성원은 박용철(朴龍喆).정지용(鄭芝溶).김영랑(金永郎).신석정(辛夕汀).이하윤(李河潤) 등으로, 이 중 정지용과 이하윤은 상당한 경력을 가진 기성 시인이며, 박용철과 김영랑은 『시문학』을 통해 비로소 문단에 등장하는 신인이며, 신석정은 미미한 시작 활동이 『시문학』에 의해 비로소 가치를 인정받은 재등단 신인에 해당한다. 이렇게 다양한 성격의 구성원들이 참여하였음에도 불구하고 『시문학』은 그 내부에 하나의 공통적 특질을 형성하고 있었다. 그것은 반이데올로기적인 순수 서정의 추구와 시어에 대한 예술적 자각으로 이 특질은 『시문학』.『문예월간』.『문학』 등으로 이어지는 이른바 '시문학파'의 계보 속에서 일관되게 추구되어온 관심사였다. 특히 정지용의 작품들은 전통성과 모더니즘의 경향을 동시에 지양.극복하는 독특한 자기 세계를 구축하고 있다는 점에서 전대의 한국 근대시를 한 단계 뛰어넘는 괄목할 성과를 이루어 낸다. 이렇게 1930년대의 한

국시는 바야흐로 '현대적'인 특징들을 드러내기 시작하며, 그 개화의 모습은 1930년대 중반 무렵의 모더니즘 문학 운동에서 발견된다.

서양에서의 모더니즘(modernism)은 19세기 말엽에 시작하여 1차 세계대전 전후에 전성기를 맞고 2차 세계대전 이후에 쇠퇴한 문예 운동으로서 여기에는 '쉬르리얼리즘(초현실주의)', '다다이즘', '주지주의', '이미지즘' 등이 포함된다. 초현실주의나 다다이즘은 전대의 낭만주의의 계보를 이어받은 모더니즘 운동으로서 전위적이고 실험성이 강한 예술 유파이며, 주지주의와 이미지즘은 고전주의의 계보를 이어받은 온건.합리적인 모더니즘 운동을 가리킨다. 이러한 모더니즘의 공통적 특질은 전통에 대한 비판, 주관성과 개인주의적 비젼, 예술의 심미성과 자기 목적성, 그리고 비연대기적 서술 방식, 주인공의 불분명한 성격, 복수적 시점과 의식의 흐름, 언어적 유희 등을 주요 기법으로 하는 형식적 혁명이라고 할 수 있다.

시에서는 이상과 김기림(金起林), 김광균(金光均), 소설에서는 이상(李箱)과 박태원(朴泰遠)으로 대표되는 1930년대 한국의 모더니즘은, 카프를 중심으로 한 계급주의 문학과 민족주의 문학 간의 대립 구도가 허물어지는 전형기(轉形期)의 문학적 산물이다. 이와 함께 모더니즘은 1930년대의 서구화와 도시화라는 현대 문명의 시대적 풍경과, 점점 가혹해지는 일제의 식민지 지배로 말미암은 지식인의 자기 소외, 고향 상실감과 무력감을 반영한다. 여기에는 한편으로는 적극적으로 과거를 부정하며 주체 분열의 자의식에서 몸부림친 이상의 문학이 있고, 그 한편에는 황폐화해 가는 도시 문명을 공허하게 바라보고 있는 김광균과, 그 속에서 문명 비판적인 세계사적 전망을 유지하려고 노력한 김기림 등의 문학이 있다. 이러한 한국의 모더니즘 문학의 이론적 근거는 김기림과 최재서(崔載瑞)에 의해 제공된다.

1930년대 순수문학과 모더니즘 문학은 시어에 대한 현대적 자각과 주체 의식의 반영, 그리고 기법의

혁신이라는 '현대성'으로 말미암아, 전대의 내용 중심주의의 문학에서 한 단계 발전한 문학사적 의의를 획득한다. 그러나 날로 노골화되어 가는 일제의 식민 통치 하에서, 고개를 수그리고 시인의 내면속으로만 침잠해 들어가거나, 애써 현실을 외면하는 공허한 유미주의적 자세는 현실주의적 관점에서 비판받아 당연할 것이다. 그렇더라도 이들에 의해 한국 현대시의 지평이 확대되고, 이들의 많은 작품이 오늘날에까지 널리 애송되고 있음을 생각한다면, 역시 시의 본질은 그 서정성에 있음을 다시 한 번 깨닫게 된다.

4) 생명의 의지와 전통의 깊이

1930년대 시문학의 주류는 보통 '시문학파'와 모더니즘, 그리고 세칭 '생명파(인생파)'의 세 부류로 나누어진다. 그 중 하나인 '생명파'는 1931년 『문예월간』으로 통해 등단하고 19399년 시집 『청마시초』를 펴낸 유치환과 1936년 창간된 『시인부락』 동인 서정주(徐廷柱)를 중심으로 한 시작(詩作) 경향을 말한다. 이들의 공통된 특징은 우리 자신의 삶의 문제를 치열하게 파고드는 생명 탐구와 삶의 의지의 형상화라고 할 수 있다. 시문학파와 모더니즘 시인들이 기법과 관련하여 미적 자의식의 문제에 관심을 가졌다고 한다면, 이들은 그러한 자의식을 지닌 주체 자체의 존재 문제에 보다 많은 관심을 가졌다고 할 수 있다. 그리하여 이들 '생명파' 시인들은 바로 시문학파와 모더니즘 시인들이 지니고 있는 본질적 결함, 즉 현실 문제에서 어느 정도 비껴나 있는 '공허한 현대성'을 극복함으로써 1930년대 한국 현대시의 영역과 깊이를 확장시켜 놓는다.

유치환 시의 가장 본질적인 특징은 허무의 의지라고 할 수 있다. 이 때, 그의 허무는 죽음에 대한 태도에서 비롯된다. 우선 죽음은 일제 말기의 극한 상황에 처한 그의 현실 인식과 결부되어 그의 시적 자아는 자학적 분노와 야성적 생명 의지를 보여 주며, 한편으로 인간의 숙명적 조건인 죽음은 연민과 애수를 낳아서, 그의 초기 시의 주조를 형성한다.

서정주는 전통적 서정과 향토적 미감(美感)의 바탕 위에 원초적 관능의 세계로부터 동양적인 영겁의 세계로 옮겨가면서 갈등과 화해의 테마를 일관되게 취급한다. 이것이 『화사집』에서 『귀촉도』로 옮아가는 그의 시 세계로, 그는 계속하여 해방 이후에도 이러한 화해의 정신을 시로써 실현한다.

중일전쟁 이후 일제의 식민 지배가 더욱 악랄해져 가는 1939년에 순문예지 『문장』과 『인문평론』이 창간되어 침체된 문단에 활력을 불어넣어 준다. 특히, 『문장』은 발간과 함께 신인 추천제를 실시하여 박목월(朴木月), 박두진(朴斗鎭), 조지훈(趙芝薰), 이한직(李漢稷), 김종한(金鍾漢), 김상옥(金相沃), 이호우(李鎬雨) 등의 유능한 시인들을 배출한다. 그러나 이러한 신인들이 미처 작품 활동을 제대로 전개하기도 전인 1941년 『문장』과 『인문평론』은 폐간되고, 문예지는 『국민문학』 하나로 통합되기에 이른다. 일제의 국민 문화 정책은 더욱 노골화되어, 1939년 '조선문인협회'가 조직되고 1940년에는 '국민총력조선연맹' 내에 문화부가 설치되고, 1943년에는 '조선문인협회'를 비롯한 여러 문학 단체가 하나로 합쳐 '조선문인보국회'가 결성된다.

이러한 일제의 문화 정책에 따라 많은 문인들이 친일과 변절의 길을 걷게 된다. 이광수(李光洙), 이태준(李泰俊), 유진오(俞鎭午), 임화(林和), 김기진(金基鎭), 백철(白鐵), 정지용(鄭芝溶) 등 수많은 대표적 문인들이 그 이유가 무엇이든 간에 이러한 굴욕과 훼절의 길을 선택하였음은 실로 한국문학사의 부끄러운 부분이 아닐 수 없다. 그러나 우리가 이미 잘 알고 있는 것처럼 우리의 문인들 중에는 죽음으로 일제에 대항한 투사도 있었으며, 멀리 국외로 도피하여 국권 회복의 그 날을 기다리며 분루(憤淚)를 삼킨 지사들도 있었다. 우리의 문학사는 비록 많지는 않지만 이러한 지조 있는 문인들 덕분에 그 향기와 빛깔을 더욱 선명히 할 수 있는 것으로, 1946년 공동 시집 『청록집』을 간행한 박목월, 박두진, 조지훈이야말로 이러한 역사의 한 고비에 우뚝 서 있는 위대한 시인들이 아닐 수 없다.

이 『청록집』의 간행으로 이들을 일러 세칭 '청록파(자연파)'라고 부르거니와, 이들은 붓을 꺾는 것조차 마음대로 되지 못하는 그 간악한 식민지의 1940년대를, 침묵이 아닌 독백으로 고통의 열매를 다듬고 있었던 것이다. 그 열매가 해방이 되자마자 세상에 드러날 수 있었다는 것은, 그들이 결코 암흑기의 터널 속에 주저앉아 공허하게 세월만 불러대고 있지는 않았다는 분명한 증거가 아닐 수 없다. 이런 의미에서 『청록집』에 수록된 다수의 시는 일반적으로 해방 이전의 시사(詩史)에서 다루어진다.

물론 이들이 다소의 상이한 시 세계를 보여 주고 있는 것은 사실이다. 가령 같은 자연을 취급한다 하더라도 박목월의 향토적 서정과 조지훈의 전통적 아취(雅趣), 그리고 박두진의 기독교적 자연은 분명히 다르다. 그러나 이들의 시는 공통적으로, 1930년대 김광균으로 대표되는 이미지즘이 보여 주는 자아 상실의 풍경화와도 또한 분명히 다르다. 이들 시에는 한결같이 식민지 시대 우리 민족이 처한 얼과 혼이 끈끈한 민족적 유대감으로 녹아 있는 것이다. 이러한 점에서 청록파의 시는 한국 현대시사의 값진 수확이 아닐 수 없다.

2. 위에서 언급되지 않은 중요한 한국의 현대시에 대하여 더 알아봅시다. (1번 참조)

3. 일제 강점기 한국의 현대시의 세계를, 비슷한 경험을 겪은 여러분 나라의 시인의 세계와 비교하여 봅시다. (각자 연구)

관련 웹사이트
한국현대문학관 http://www.kmlm.or.kr

 30 한국의 현대소설: 《우리들의 일그러진 영웅》

확인학습

1. 이 소설에서 가장 인상 깊은 장면을 말해 봅시다.
   (각자 풀이)

2. 이 소설은 한국 사회의 어떠한 면모를 말하고 있는 작품입니까?

자유당 정권이 막바지 기승을 부리던 시기에 나(한병태)는 좌천된 공무원인 아버지를 따라 서울에서 작은 읍(邑)의 초등학교로 전학한다. 나는 교활한 독재자 엄석대가 이루어 놓은 힘의 제국에서 가치관의 심한 혼란을 느끼며 외롭게 저항한다. 그러나 혼자만의 저항이 부질없음을 깨닫고 권력에 편승하여 그 달콤함에 젖어들 무렵, 새로운 담임선생이 등장한다. 민주체제로의 가능성이 없었던 환경은 새 담임에 의해 변혁을 겪고 엄석대 체제는 힘없이 붕괴하고 만다. 그러나 엄석대의 권위와 횡포는 다수의 아이들자신의 힘에 의해서 붕괴된 것이 아니라는 사실을 나는 정확히 인식한다. 즉, 새 담임이 아니었다면 반 아이들의 반성과 자각은 생기지 않았을 것이다. 학급은 새로운 체제에 시행착오를 겪으며 허우적거리지만 점차 민주적 질서를 회복한다. 그 후 사회인으로 성장한 나는 부조리한 현실에서 힘겹게 살아가며 엄석대에 대한 일종의 향수마저 느낀다. 그러던 중 피서길에서, 수갑을 차고 경찰에 붙들려 가는 엄석대와 맞닥뜨린다. 이 소설은 성장한 내(한병태)가 과거의 사건을 회상하는 형식인데, 나는 엄석대에게 도전했던 유일한 인물이었지만 나 역시 스스로 권력의 횡포를 막지 못한 한계를 절감한다. 따라서, 이 소설에는 지식인적 허무주의도 짙게 깔려 있다. 소설은 주인공인 한병태를 복합적 성격의 인물로 등장시킴으로써 독재자 엄석대의 일그러진 생애가 아니라 엄석대에 대한 화자의 해석에 초점을 맞춰 작품의 리얼리티를 확보한다. 그리하여 일견 부도덕한 독재자의 당연한 말로라는 다소 통속적인 알레고리 소설로 읽힐 수도 있는 한계를 극복하고 소설적 성공을 이루었다.

3. 이 작품의 시대적 배경에 대해 알아봅시다.

1950년대 말의 한 시골 초등학교를 배경으로, 부정한 방법으로 친구들 위에 군림하는 엄석대라는 인물을 통해 권력의 형성과 몰락과정을 상징적으로 그려내었다. 이 소설의 핵심적 구조는 30년 전 시골 학교로 전학오게 된 한병태가 5학년 학급에서 무소불위의 영향력을 행사하는 반장 엄석대의 전횡에 저항하다 굴종의 열매에 안주하기까지의 과정과 그 후 성인이 되어 형사에게 잡혀가는 엄석대를 보고 비관적 자기회의에 빠지는 현재의 모습까지 담고 있다. 이 작품의 시대적 배경은 4·19 혁명 직전의 혼란스러운 시대이지만 그 시대를 뛰어넘어 오늘날까지도 권력의 문제에 대한 소중한 통찰을 보여주는 작품이다.

4. 소설 속의 서술자가 주인공 엄석대에 대해 어떠한 태도를 보이는지 말해 봅시다.

이 작품에는 두 가지 질서가 형상화된다. 첫째는 엄석대로 대표되는 권위적 질서이며, 둘째는 6학년 담임선생님으로 대표되는 민주적 질서이다. 전자는 편의와 효용성을 장점으로 하며 후자는 자율을 장점으로 한다. 6학년 담임선생님에 의해 엄석대의 질서가 붕괴되는 것을 '혁명'이라고 부르면서도 화자는 담임선생님께 잘못을 비는 엄석대에 대해서는 '실망스러운' 마음을 드러내면서, 정작 담임선생님에 대해서는 '두뇌가 조직이면서 치밀하다'는 표현으로 그의 냉정함을 비판적으로 부각시킨다.

심화학습

1. 필자가 말하는 진정한 영웅과 일그러진 영웅을 비교해서 말해 봅시다.

민주주의 사회에서 진정한 영웅이란 합리적인 방법으로 의사를 결정하며 자신에게 주어진 자유와 권리를 충분히 자각하면서 공정한 무엇인가를 위해 애쓰는 사람일 것이다. 어쩌면 우리 모두가 영웅이기에 영웅을 필요로 하지 않는 사회가 진정한 민주주의 사회일지도 모른다. 작가가 암시하듯이 이 소설을 반드시 4·19 이전의 혼란스러운 상황에 국한시켜 생각할 필요는 없다. 작가는 일그러진 영웅이 존재하는 사회, 그 일그러진 모습이 우리 모두의 초상인 사회를 냉철한 시선으로 분석하고 있다. 그 냉철한 시선 너머에서 또 다는 사회의 모습을 떠올리고 더 이상 일그러진 영웅을 필요치 않는 사회를 꿈꾸고 실천하는 것이야말로 이 작품을 읽는 독자의 몫이다.

2. 여러분 나라의 학교 생활에 대한 소설이 있는지 알아봅시다. (각자 풀이)

3. 주인공 '나'의 경우를 중심으로 권력에 대한 저항이 권력의 메커니즘에 손쉽게 편입될 수 있는 이유는 무엇인지 생각해 봅시다. (각자 풀이)